HERMES

在古希腊神话中，赫耳墨斯是宙斯和迈亚的儿子，奥林波斯神们的信使，道路与边界之神，睡眠与梦想之神，亡灵的引导者、演说者、商人、小偷、旅者和牧人的保护神……

西方传统 经典与解释 HERMES
Classici et Commentarii
施特劳斯集
刘小枫 ● 主编

迫害与写作艺术

Persecution and the Art of Writing

［美］列奥·施特劳斯 Leo Strauss ｜ 著

刘锋 ｜ 译

华夏出版社

古典教育基金·"传德"资助项目

"施特劳斯集"出版说明

1899年9月20日,西方思想界的一代伟器施特劳斯出生在德国Hessen地区Kirchhain镇上的一个犹太家庭。人文中学毕业后,施特劳斯先后在马堡大学等四所大学注册学习哲学、数学、自然科学,1921年在汉堡大学以雅可比的认识论为题获得哲学博士学位。1924年,一直关切犹太政治复国运动的青年施特劳斯发表论文《柯亨对斯宾诺莎的圣经学的分析》,开始了自己独辟蹊径的政治哲学探索。70年代初,施特劳斯离开德国,先去巴黎、后赴英伦研究霍布斯,1938年移居美国,任纽约社会研究新学院讲师,11年后受聘于芝加哥大学政治系,直到退休。任教期间,施特劳斯先后获得芝加哥大学"杰出贡献教授"、德国汉堡大学荣誉教授、联邦德国政府"大十字勋章"等荣誉。

施特劳斯在美国学界重镇芝加哥大学执教近二十年,教书育人默默无闻,尽管时有著述问世,挑战思想史和古典学主流学界的治学方式,身前却从未在学界获得什么显赫声名。去世之后,施特劳斯才逐渐成为影响北美学界最重要的流亡哲人:他所倡导的回归古典政治哲学的学问方向,深刻影响了西方文教和学界的未来走向。上个世纪70年代以来,施特劳斯身后逐渐扩大的学术影响竟然一再引发学界激烈的政治争议——自由主义知识分子觉得,施特劳斯对自由民主理想心怀敌意,是政治不正确的保守主义师主;后现代主义者宣称,施特劳斯唯古典是从,没有提供应对现代技术文明危机的具体理论方略。为施特劳斯辩护的学人则认为,施特劳斯从来不与某种现实的政治理想或方案为敌,也从不提供解答现实政治难题的哲学论说;那些以自己的思想定位和政治立场来衡量和评价施特劳斯的哲学名流,不外乎是以自己的灵魂高度俯视施特劳斯立足于古典智慧的灵魂深处。施特劳斯关心的问题更具常识品质,而且很陈旧:西方文明危机的根本原因何在?施特劳斯不仅对百年来西方学界的这个老问题作出了超逾所有前人的深刻解答,而且提出了切实可行的应对方略:重新学习古典政治哲学作品。施特劳斯的学问以复兴苏格拉底问题为基本取向,这迫使所有智识人面对自身的生存德性问题:在具体的政治共同体中,难免成为"主义"信徒的智识人如何为人。

如果中国文明因西方文明危机的影响也已经深陷危机处境,那么施特劳斯的学问方向给中国学人的启发首先在于:自由主义也好,保守主义、新左派主义或后现代主义也好,是否真的能让我们解决中国文明的危机问题——"施特劳斯集"致力于涵括施特劳斯的所有已刊著述(包括后人整理出版的施特劳斯生前未刊文稿和讲稿;已由国内其他出版社出版的《霍布斯的政治哲学及其起源》《思索马基雅维利》《城邦与人》《古今自由主义》)除外),并选译有学术水准的相关研究文献。我们相信,按施特劳斯的学问方向培育自己,我们肯定不会轻易成为任何"主义"的教诲师,倒是难免走上艰难地思考中国文明传统的思想历程。

古典文明研究工作坊
西方典籍编译部甲组
2008年

根据芝加哥大学出版社 1988 年版译出

目　录

中译本说明（刘小枫） ································· 1

序 ·· 1
第一章　导论 ·· 1
第二章　迫害与写作艺术 ····························· 17
第三章　《迷途指津》的文学特性 ················ 34
第四章　《卡札尔人书》中的理性之法 ·········· 97
第五章　如何研读斯宾诺莎的《神学—政治论》 ····· 150

附录：
科钦　《迫害与写作艺术》中的隐微论（唐敏译） ······ 218

中译本说明

刘小枫

二战结束以后,定居美国的施特劳斯计划将自己近十年来写的文章集结成书(预定 1948 年出版),这部将以英文出版的文集定名为 Philosophy and The Law: Historical Essays(《哲学与律法:史论集》),共收 12 篇文章。这个书名与 1935 年施特劳斯在德国出版的《哲学与律法》一书同名,论题仍然是阿尔法拉比—迈蒙尼德所传承的柏拉图式政治哲学传统,但篇幅大为扩充。施特劳斯后来并没有按原计划出版这部篇幅颇大的论集(预计约 350 页),取而代之的是这本著名的《迫害与写作艺术》(1952 年版,连同长篇导言共 5 篇论文),其中题为"迫害与写作艺术"的文章,本来是计划出版的英文版《哲学与律法》中的第十篇。

施特劳斯为什么改变计划,我们不得而知。《迫害与写作艺术》这个书名与《哲学与律法》的书名仍然有某种联系——施特劳斯在序言中说,这本文集要探讨的仍然是哲学与政治的关系。如果"律法"意味着政治共同体的生活秩序,那么,"哲学与律法"也意味着哲学与政治共同体的关系。"迫害"显然是政治,但"写作艺术"等于哲学吗?恐怕未必。我们值得思考的是:哲学表达必须讲究"写作艺术"吗?如果必须,又是为什么呢?显然,《迫害与写作艺术》这个书名比《哲学与律法》更为明朗地挑明了哲学与政治的关系问题。我们需要问:为什么哲学的写作艺术问题至关重要——眼下这本小书会为我们作出解答。

施特劳斯每一本书的出版都具有思想史上的标志性意义,尽管如此,还应该说本书具有特别的标志性意义:至少它提醒我们古老的西方哲人一直没有忘记的苏格拉底问题。

本书虽然篇幅不大,但非常难译,施特劳斯用词极为精审,比如,书中显得经常混用 Law of Reason[理性之法]、rational nomoi[理性法]、rational law[理性律法],但有时又作了区分,何时混用何时区分,很可能不是随意的,中译必须极为小心翼翼。此外,书中有不少未附英译的拉丁语词短语或句子,以及中古希伯来文和阿拉伯文语词。

北京大学外国语学院韩敏中教授、谷裕教授、陈贻绎博士,友人王强先生,以及华东师大哲学系张缨博士为译本的翻译提供了各种形式的帮助,受译者之托在此谨表谢忱。

为了便于读者研读这本思辨绵密的小书,我们选译了一篇颇有见地的解读文章,收作附录。

2011年6月
古典文明研究工作坊

序

这些论文在这里被收入一本书中,主要考虑到它们全都探讨同一个问题,即哲学与政治的关系。在导论中,我试图从哲学一方来论述这个问题。在《迫害与写作艺术》一文中,我试图从本世纪的一些众所周知的政治现象出发来阐明这个问题。如同我在导论中所说的,我是在研究中世纪犹太哲学和伊斯兰哲学的过程中开始熟悉这个问题的。这个问题从两位最负盛名的中世纪犹太思想家(哈列维和迈蒙尼德)和被不无道理地称为"最后一个中世纪人"的斯宾诺莎的著作中呈现出来,最后三篇论文即在这些背景下来探讨这个问题。

我随意利用了我的文章《法拉比笔下的柏拉图》(载《金兹伯格[Louis Ginzberg]周年纪念文集》,美国犹太研究学会,纽约,1945,357-393页),以此作为导论。《迫害与写作艺术》原先发表在《社会研究》上(1941年11月,488-504页),《〈迷途指津〉的文学特性》原先收入《迈蒙尼德论集》(巴伦[S. W. Baron]编,哥伦比亚大学出版社,1941,37-91页),《〈卡札尔人书〉中的理性之法》最早刊于《美国犹太研究学会会刊》(XIII,1943,47-96页),《如何研读斯宾诺莎的〈神学—政治论〉》最早也刊于同一《会刊》(XVII,1948,69-131页)。

上述书刊的编者和版权所有人惠允我重刊这些论文,在此谨表谢忱。

列奥·施特劳斯

第一章 导论

[7]本书各篇文章的主题可以说属于知识社会学的范畴。知识社会学并不限于研究严格意义上的知识,它对自身的基础抱有一种批判态度,在研究对象上毫无偏向,不仅研究真正的知识,而且研究一切自称为知识的东西。相应地,我们应该期待,知识社会学也会在一定程度上关注对真正的整全知识的探求,或者说,它会在一定程度上关注哲学。这样看来,哲学社会学似乎是知识社会学的一个正当的分支领域。可以说,本书各篇文章提供了对未来的哲学社会学有用的材料。

我们不禁要问:为什么时至今日还没有出现哲学社会学?有人也许会说,知识社会学的开创者们没有意识到哲学,或者根本不相信哲学的可能性。不过,这种看法显得有些鲁莽。我们可以有把握地说,在知识社会学的开创者眼里,哲人最终或从一开始就是他们称为知识人或贤哲的混杂群体的一员。知识社会学出现在一个将思想与社会、知识进步与社会进步的根本和谐视为理所当然的社会里。知识社会学不太关注思想本身与社会本身的基本关系,而更关注不同类型的思想与不同类型的社会之间的关系。知识社会学在思想本身与社会本身的基本关系中没有见出一个重大的实际问题,它往往在不同的哲学中发现了不同的社会、阶层或族群精神的样本。知识社会学没有考虑到,全体哲人也许单独就构成了一个阶层,[8]全体真正的哲人之间的联系可能要比一个特定的哲人与一个特定的非哲人群体之间的联系更为重要。知识社会学之所以没有考虑到这一点,其直接原因是,知识社会学的大厦建筑在不充分的历史知识之上。早期知识社会学家掌握的第一手知识实际上仅仅限于他们对十九世纪和二十世纪初期西方思想的了解。

为了认识哲学社会学的必要性,我们即便不把目光转向其他思想风习,至少也应当把目光转向其他时代。本书作者在研究中世纪犹太哲学和伊斯兰哲学时碰巧遇到了一些需要借助于哲学社会学加以理解的现象。

当今学者对基督教经院哲学的理解水平与对中世纪伊斯兰哲学和犹太哲学的理解水平之间形成了强烈的反差。造成这种反差的最终原因是,研究基督教经院哲学的一流学者相信,他们的课题与哲学有直接的相关性,而研究中世纪伊斯兰哲学和犹太哲学的一流学者往往认为,他们的课题只能唤起历史兴趣。基督教经院哲学的重生在哲学层面上激发了对中世纪伊斯兰哲学和犹太哲学的兴趣:阿威罗伊(Averroes)和迈蒙尼德(Maimonides)仿佛就是伊斯兰哲学和犹太哲学中的托马斯·阿奎那。但是,站在基督教经院哲学的立场上看,甚至站在接受了信仰原则的任何立场上看,中世纪伊斯兰哲学和犹太哲学都很可能低于基督教经院哲学,顶多只是基督教经院哲学的独特取径的先导。① 如果中世纪伊斯兰哲学和犹太哲学必须得到正确理解的话,它们就必须具有哲学意义,而非古文物意义,这又要求人们不再把它们看成是基督教经院哲学的对应物。

为了认识基督教经院哲学与伊斯兰和犹太哲学的根本差异,我们最好从最显著的差异——原始文献资料上的差异——入手。[9]就实践哲学或政治哲学而言,这一差异尤其突出。亚里士多德的

---

① 参较阿布拉瓦内(Isaac Abravanel)对《约书亚记》第10章第12节的注疏(法兰克福版,1736,21-22页)。

《政治学》、西塞罗和罗马法在基督教经院哲学中所占据的位置,在伊斯兰哲学和犹太哲学中被柏拉图的《王制》(*Republic*)和《法义》(*Laws*)所占据。直到十五世纪,西方世界才重新发现了柏拉图的《王制》和《法义》,而早在九世纪,它们就有了阿拉伯语译本。有两位最负盛名的伊斯兰哲人为这两篇著作写下了注疏:法拉比(Fārābī)写了《法义》注疏,阿威罗伊写了《王制》注疏。这里提及的区别不但涉及政治哲学的内容,尤其重要的是,它还涉及政治哲学对整个哲学的重要性。中世纪最伟大的犹太思想家迈蒙尼德将法拉比看成是最伟大的伊斯兰哲人之一,甚至是继亚里士多德之后最大的哲学权威。柏拉图的《王制》给了法拉比很大的启发,促使他将严格意义上的整个哲学呈现于政治框架内。迈蒙尼德特别推崇的那部法拉比著作包括两部分,第一部分讨论上帝和宇宙,第二部分讨论城邦,作者给它起的书名是《论政治统治》。法拉比撰写的另一部类似的著作被冠以《美德之城人民意见的诸原则》(*The Principles of the Opinions of the People of the Virtuous City*)的标题;在我所见到的手稿中,这部著作被称为"一部政治之书"。意味深长的是,基督教经院哲学对法拉比的了解肯定不如对阿维森纳(Avicenna)和阿威罗伊的了解那么多。①

为了理解这些明显的差异,我们必须考虑犹太教和伊斯兰教与基督教的根本差异。犹太教徒和穆斯林心目中的启示具有律法(Law, torah, shari'a)的特征,而不具有信仰(Faith)的特征。② 与

---

① 参见《教会史》(*Church History*), XV, 1946, 62 页。加尔代(Louis Gardet)和阿纳瓦蒂(M. - M. Anawati):《伊斯兰教神学引论》(*Introduction à la théologie musulmane*),巴黎,1948,245 页:"……法拉比们、阿维森纳们、阿威罗伊们。有两个名字出现(在基督教世界):阿维森纳……以及后来的阿威罗伊……"[译按:原文为法语]

② 例如,可参较加尔代和阿纳瓦蒂,上引书,332、335、407 页。

此相应,伊斯兰和犹太哲人在反思启示时首先注意到的不是一个信条或一系列教义,而是一个社会秩序(虽然是一个包罗万象的秩序),这个秩序不仅规制行为,而且规制思想或意见。[10]启示经过如此理解后,便适合于被忠诚的哲人解释成完美的律法、完美的政治秩序。作为哲人,falāsifa①(大家这样称呼他们)试图对启示现象达成圆满的理解。但是,启示的发生必须以次因(secondary causes)为中介,或者说,启示必须是一个自然现象,只有在这种情况下,启示对人而言才是可理解的。上帝通过中介将自身启示给人,这个中介是一个先知,即一个人。因此,法拉西法就试图这样来理解启示过程:从根本上说,它与人的一种独特的"同性质"(connatural)完善相联系,或与之相等同;事实上,它乃与人的最高完善相联系,或与之相等同。作为忠诚的哲人,法拉西法被迫在神律的法庭前为自己的哲学探求进行辩护。他们十分看重哲学,这就促使他们把启示解释成完满的政治秩序,而这一秩序之所以完满,恰恰因为它让所有做了充分准备的人承担起献身哲学的义务。为此目的,法拉西法必须假定,完满秩序的创立者,即先知立法者,不但是最高级的政治家,同时也是最高级的哲人。他们必须将先知立法者设想成哲人王,或哲人王的最高完善形态。但是,哲人王及其治下的共同体不是亚里士多德政治学的主题,而是柏拉图政治学的主题。神法不仅规定了行为,而且规定了关于神性事物的意见,这类神法尤其是柏拉图《法义》的主题。因此,毫不奇怪,阿维森纳将探究预言的哲学学科看成是政治哲学或政治科学,认为有关预言的标准著作是柏拉图的《法义》。要知道,先知的专门职能(正如阿威罗伊所说的),或最伟大的先知的专门职能(正如迈蒙尼德所说的),就是从

---

① 希腊语"哲人"一词的阿拉伯语转写[译按:falāsifa为复数。以下音译作"法拉西法"]。

事最高级的立法活动。

柏拉图的《法义》在我们正在研究的这个时期以"柏拉图的理性法"(Plato's rational laws[nomoi])而为人所知。由此看来,法拉西法接受了存在着"理性法"这一想法。[11]不过,他们反对"理性诫命"的概念。"理性诫命"的概念被伊斯兰教神学的一个学派(凯拉姆派)所运用,并被某些犹太教思想家所采纳。它对应于基督教的"自然法"概念,而基督教的"自然法"概念又可以等同于"理性之法"(law of reason)和"道德律"。法拉西法反对"理性诫命"的概念,实际上隐含地提出了一个观点:道德原则不是理性的,而是"可能的"或"被普遍接受的"。他们所接受的"理性法"不同于"理性诫命"或自然法,因为理性法并不具有强制性。廊下派的自然法学说主要通过西塞罗和一些罗马法学家传给西方世界,这一学说对哲人的实践哲学或政治哲学没有什么影响。

人们对法拉西法的教诲作出了各种解释。在一些通行的解释中,法拉西法在哲学上的不妥协姿态没有得到充分认识,①部分原因在于法拉西法自己的缄默。哈列维(Yehuda Halevi)和迈蒙尼德等人的著作提供了了解法拉西法意图的最佳线索。鉴于这些伟人反对法拉西法,有人也许觉得他们的证言的价值会因此而大打折扣。不过,至少法拉比的某些著述确证了哈列维和迈蒙尼德所暗示的那种解释。由于我们目前所知有限,法拉比的后继者们在多大程度上接受了他在关键问题上的看法,实难断言,但毫无疑问,只要哲学影响着伊斯兰和犹太思想,这些观点就起着酵母的作用。

---

① 加尔代和阿纳瓦蒂,上引书,268-272页,320-324页。

法拉比在探讨柏拉图哲学的短论中极其清楚地表达了他的思想。① 他的三部曲题为《论柏拉图和亚里士多德的宗旨》(*On the Purposes of Plato and of Aristotle*),阿威罗伊引作《两种哲学》(*The Two Philosophies*),②其最短小的第二部分便是《柏拉图》。第三部分尚未编辑,[12]所讨论的是亚里士多德哲学。在第一部分(《论获得幸福》[*On the Attainment of Happiness*])中,法拉比讨论了为实现民族和城邦的充分幸福所必需的属人的事情,其中最主要的要求就是哲学,更准确地说,是哲人的统治,因为"哲人、最高统治者、王、立法者和伊玛目(Imām)的含义完全相同"。这一主导论题显然可追溯到柏拉图,而且作者自己也指出了这一点。法拉比在第一部分结尾说,前此所描述的哲学源于柏拉图和亚里士多德,这两人都"给了我们哲学",同时还向我们指明了"通往哲学的道路,以及在哲学被弄得模糊不清或遭到毁灭后重新引入它的方法"。法拉比还说,接下来的两部分对柏拉图和亚里士多德哲学的描述将清楚地表明,柏拉图和亚里士多德的目标完全相同。在法拉比的《论柏拉图和亚里士多德的宗旨》中,有两点给人留下了最深刻的印象。第一,这篇著作的来由是,它关注"在哲学被弄得模糊不清或遭到毁灭后"如何恢复哲学的问题。第二,这篇著作不太关注柏拉图和亚里士多德的探索结果是否一致的问题,而更关注两人的共同目标。法拉比确认了

---

① 完整的标题是"柏拉图的哲学:全书的各个部分、各个部分的重要程度"。罗森塔尔(F. Rosenthal)和瓦尔策(R. Walzer)对原文进行了编辑、注释,并将它翻译成拉丁语(《阿尔法拉比论柏拉图的哲学》[*Alfarabius De Platonis Philosophia*],伦敦,1943)。

② 阿威罗伊的同时代人伊本·阿克宁(Joseph ibn Aknīn)也使用过后一个标题(参见哈尔金[A. S. Halkin]:《伊本·阿克宁的〈雅歌〉注疏》[*Ibn Aknīn's Commentary on the Song of Songs*],*Alexander Marx Jubilee Volume*,纽约,1950,423页)。

两位哲人的目标,从而也就直截了当地将它视为正当目标,这一目标以我们所能合理期待的最大的清晰度从他对柏拉图哲学的概述中——而非从其他来源中——呈现出来。这一目标很可能证明了所有严格意义上的法拉西法的潜隐目标。因此,法拉比的《柏拉图》就为 falsafa[哲学]①本身提供了最佳线索。

在法拉比看来,柏拉图的探究工作始于一个问题:人的完善或幸福的本质是什么?柏拉图认识到,人的幸福在于一门特定的科学和一种特定的生活方式。这门科学是关于一切存在物的本质的科学,把它提供出来的技艺是哲学。至于这里所说的生活方式,把它提供出来的技艺是君王之术或政治之术。但是,哲人与君王是等同的,因此,单是哲学就为幸福的产生提供了必要和充分条件:[13]为了产生幸福,并不需要用其他东西,用某种被认为高于哲学的东西来补充哲学。按照法拉比的设想,柏拉图或亚里士多德的目标在对哲学的这一似乎老套的赞誉中充分显现出来。

对哲学的这种赞誉是要排除人们有可能赋予宗教(从一般层面上看)和启示宗教(从特殊层面上看)的认知价值。要知道,法拉比无条件地称誉的哲学是异教徒柏拉图和亚里士多德的哲学。在《各科举隅》(*Enumeration of the Sciences*)中,法拉比将"伊斯兰科学"(费格赫[fiqh]和凯拉姆)说成是对政治科学进行推断的结果。正因为如此,这些科学就不再专属于伊斯兰教,而变成了解释和捍卫任何一种神律或任何一种实证宗教的技艺。不管在《各科举隅》中存在着怎样的含糊之处,在《柏拉图》中,一切都写得清清楚楚,不容歧解。法拉比借柏拉图之口宣称,人的最高完善以关于存在物的科学为根本特征,将这种科学提供出来的不是宗教冥想,不是对存在物的宗教探寻,不是宗教推论技艺,而是哲学。法拉比甚至认为,在

---

① 希腊语"哲学"一词的阿拉伯语转写。

认知探索的阶梯上，宗教知识位于最低一级，就连语法和诗歌都要高于它。《柏拉图》全篇的宗旨是要说明，即便用法拉比时代的宗教知识来替换柏拉图时代的宗教知识，这一论断也不会受到丝毫影响。

法拉比将《论获得幸福》作为三部曲的开场白，然后在第二部分和第三部分概述了柏拉图和亚里士多德的哲学。他在《论获得幸福》的开篇理所当然地采用了"此生此世的幸福"与"来生的终极幸福"的区分。《柏拉图》是三部曲的第二部分，因而也是最隐晦的一部分，在这里，两种幸福的区分完全被漏掉了。有一个事实是，《柏拉图》（包含《高尔吉亚》《斐德若》《斐多》和《王制》的概述）全篇无一处提到灵魂不朽，这就解释了法拉比何以在《柏拉图》中闭口不谈两种幸福的区别：法拉比笔下的柏拉图不声不响地拒斥了柏拉图的来生学说。

法拉比在《柏拉图》中之所以能够走得这样远，不仅因为这篇专论是一部更大著作的最隐晦、最短小的一部分，[14]而且因为它明确陈述了另外一个人的观点。前面已经提到，法拉比在《论获得幸福》和《柏拉图》中以不同的方式处理了两种幸福的问题，而他在《各科举隅》和《柏拉图》中又以略为不同的方式处理了宗教知识的问题。循此规则，法拉比在《德性的宗教社团》和《论政治统治》中（即在他以自己的名义说话的著作中）对来生问题发表了或多或少正统的观点。更准确地说，法拉比在《德性的宗教社团》中发表了纯粹正统的观点，在《论政治统治》中发表了虽带有异端倾向但仍属可容忍范围的观点。然而，他在《尼各马可伦理学》注疏中却公然宣称，除此生幸福外再无别的幸福，所有不同的说法都是"胡话和无稽之谈"。①

　　由此可见，法拉比利用了注疏家或历史学家的特殊豁免权，他凭借这种豁免权在其"历史"著作中，而不是在以他自己的名义说话的著作中对重大问题发表看法。但是，作为一位注疏家，法拉比难道就不会在不表示丝毫异议的情况下阐述他作为一个人所反对的观点吗？作为一位研究哲学的学者，他难道就不会被他作为一个信徒所憎恶的东西所吸引吗？他的心灵难道就不能属于拉丁阿威罗伊主义者(Latin Averroists)那种心灵类型吗？只要把这种猜想摆出来，几乎就足以让人看到，它是没有根据的。拉丁阿威罗伊主义者从非常字面化的意义上解释最极端的异端学说，而法拉比则正好相反，他从极端非字面化的意义上解释一种相对可容忍的学说。法拉比正是作为一个单纯的柏拉图注疏者，才被迫接受了来生学说。他公然背离柏拉图教诲的字面意义，不愿屈就柏拉图的魔力，[15]这充分说明，他拒绝相信不同于此生幸福的幸福，拒绝相信来生。法拉比在一篇旨在"从头至尾"描述柏拉图哲学的专论文字中居然缄口不谈灵魂不朽的问题，这一事实无可置疑地证明了一个推论：他在其他一些著作中所作的肯定灵魂不朽的陈述必须被看成是对公认观点的迁就。

　　法拉比笔下的柏拉图将哲人与君王等同起来。但是，法拉比对哲人和君王与立法者之间的确切关系一直保持缄默。至少可以说，

---

① 伊本·图菲勒(Ibn Tufail)：《哈义·本·叶格赞的故事》(*Hajj ibn Yaqdhān*)，L. Gauthier 编，贝鲁特，1936，14 页。参较施泰因施奈德(Steinschneider)《阿尔法拉比》(*Al-Farabi*)94 页和 106 页上引用的阿威罗伊的评论("因为在讨论《尼各马可伦理学》的书中，[阿尔法拉比]似乎否认存在着与抽象理智的连续性。他说，这是亚历山大的观点，不应当认为人的目标是思辨上的完善以外的东西"[译按：原文为拉丁语])。参较托马斯·阿奎那：《〈尼各马可伦理学〉卷十注疏》，lect. 13 结尾，以及《反异教大全》，III, 48 章结尾。

他没有将立法者与哲人王明确等同起来。不管这意味着什么，①法拉比在《柏拉图》中暗示说，哲学并不简单地等同于君王之术：哲学是最高的理论技艺，君王之术是最高的实践技艺。在《柏拉图》里，理论与实践的根本区别是一个贯穿始终的主要论题。法拉比坚持认为，若欲达至幸福，就既需要哲学，又需要君王之术。这意味着，他在一定程度上同意正统观点：光是哲学不足以将人引向幸福。在法拉比看来，为了达至幸福，就需要用某种东西来补充哲学，但这种东西不是宗教或启示，而是政治——虽然是柏拉图式的政治。他用政治取代了宗教，这样，他就为哲人与亲近哲学的君王之间的世俗联盟奠定了基础，并且开启了一个新的传统：在西方，这个传统的最负盛名的代表人物是帕多瓦的马西利乌斯（Marsilius of Padua）和马基雅维里。② 法拉比谈到，需要有一座美德之城，他将其称为"另一座城"。法拉比意在用彼城（the other city）来取代彼世或来生。彼城处于此世与彼世的中途，因为它确是一座世俗之城，但并不存在于"行动"中，而是存在于"言辞"中。

法拉比所理解的柏拉图或亚里士多德的目标要求实现最佳的政治秩序或美德之城吗？对这个问题实际上是难以作出肯定回答的。[16]法拉比区分了苏格拉底的探求和柏拉图的探求，还区分了"苏格拉底之道"和柏拉图最终采取之道，从而隐约勾画出这个问题。见于柏拉图《法义》的"苏格拉底的科学和技艺"只是柏拉图的科学和技艺的一部分，另一部分则是见于《蒂迈欧》的"蒂迈欧的科学和技艺"。"苏格拉底之道"的特征是，它强调对正义和美德的科

---

① 这其中的意义在如下事实中表现出来：在《柏拉图》的最后三个段落中，"哲人""君王""完美的人""探究者"与"立法者""有德的人"被当作是可以互换的。

② 参见本书92页注释2。[译按：此处的页码和注释序号已转换成中译本页码和注释序号。下同。]

学探求,而柏拉图的技艺则要提供"关于一切存在物的本质的科学",尤其要提供关于神性事物和自然事物的科学。苏格拉底之道和柏拉图之道可回溯到两人对现实城邦的不同态度。哲学的政治或社会地位造成了关键性的难题:在柏拉图时代的国家和城邦里没有教学和探究的自由。于是,苏格拉底就面临着一个抉择:要么选择安全和生命,从而顺从其他公民的虚假意见和错误生活方式;要么选择不顺从和死亡。苏格拉底选择了不顺从和死亡。柏拉图找到一个办法来解决因苏格拉底的命运而引出的问题,这个办法就是在言辞中建立美德之城:人只有在"彼城"中才能达到完善。但是,在法拉比看来,柏拉图"重复"描述了苏格拉底之道,并"重复"提及他那个时代的城邦和国家里的大众。① 重复就等于对第一个陈述作了重要修改,就等于修正了苏格拉底之道。柏拉图之道不同于苏格拉底之道,它把苏格拉底之道和忒拉绪马霍斯(Thrasymachus)之道结合起来。要知道,苏格拉底之道没有妥协的余地,因而仅仅适合于哲人与精英打交道,而忒拉绪马霍斯之道既比苏格拉底之道更严苛,又没有苏格拉底之道那么严苛,因而就适合于他与大众打交道。法拉比想要说明的是,柏拉图将苏格拉底之道与忒拉绪马霍斯之道结合起来,从而避免了与大众的冲突,使自己不致遭罹苏格拉底的命运。相应地,对彼城的革命性探求就失去了必要性:[17]柏拉图放弃了这一探求,转而采取一种保守的行为方式,即用真理或近似真理的东西来逐渐取代流行意见。但是,如果不暂时接受流行意见,用真理或近似真理的东西来取代流行意见就不可能是一个循序渐进的过程:正如法拉比在别处宣称的,一个人生长于某个宗教

---

① 关于"重复"(repetition)一词的确切含义,参见本书 60–63 页。

社团，就要顺从该社团的意见，这是未来哲人的必备资格。① 如果不暗示出一些虽指向真理，却并不过于明目张胆地反驳流行意见的意见，用真理或近似真理的东西来取代流行意见同样不可能是一个循序渐进的过程。可以说，法拉比笔下的柏拉图最终用哲人隐秘的君王身份取代了哲人王。哲人王在美德之城公开施行统治，而哲人则是一个"完美的人"——恰恰因为他是一个"探究者"。作为"完美的人"，哲人以私人方式生活在一个不完善的社会里，是这个社会的一员，他力图在可能的范围内使这个社会人性化。法拉比对柏拉图策略的这些评论清楚界定了法拉西法的活动的一般特性。

鉴于上述考虑，如果将法拉西法的教诲与他们最经常或最明显地教导的思想等同起来，那是十分轻率的。另外，法拉西法的一些反对者似乎也认为，有必要帮助法拉西法将他们的教诲隐藏起来，因为这些反对者担心，一旦公布法拉西法的教诲，就会对那些信仰不够坚定的信徒造成危害。这样一来，要想弄清楚法拉西法的严肃教诲，就更加困难了。

法拉比对真正哲人的方法做了一些提示，他的后继者们在其著述中对显白教诲与隐微教诲的哲学上的区分有不少评论，证实了法拉比的提示。法拉比在《柏拉图》中说明了之所以需要这种古旧的或被遗忘的区分的最明显、最简单的原因。哲学和哲人"处于严峻的危险中"。社会不认可哲学，不认可从事哲学探究的权利。哲学与社会之间不存在谐和关系。[18]哲人远远不是社会或党派的拥护者，他们仅仅捍卫哲学的利益，而在这样做时，他们确实相信自己是在捍卫人类的最高利益。② 为了保护哲学，就需要有显白教诲，

---

① 《论获得幸福》（k. tahsīl as-sa'āda，海得拉巴，1345，45 页）。参较笛卡儿的"权宜道德准则"的头两条（《方法谈》，III）。

② 法拉比：《柏拉图》，§17。

哲学必须披挂显白教诲的盔甲才能出场。之所以需要显白教诲，是出于政治上的原因。显白教诲是哲学借以显现给政治共同体的形式，是哲学的政治层面，是"政治的"哲学。循此以进，我们或许终将明白，为什么法拉比将整个哲学呈现于政治框架内，为什么他的那些最具综合性的著作是"政治之书"。法拉比的《论柏拉图和亚里士多德的宗旨》以"两种哲学"的标题而为人所知，这个标题很可能暗示出"两种哲学"或"两种学说"的区别：一种是外部的哲学或学说，另一种是内部的哲学或学说。在严肃评价柏拉图主义或——更准确地说——法拉西法的新柏拉图主义时，尤其在严肃评价法拉西法有时对具有新柏拉图主义倾向的《亚里士多德的神学》的利用时，都不能忽略这种可能性。这里只需指出一点就够了：在法拉比的《柏拉图》里找不到任何受新柏拉图主义影响的痕迹。

在目前对哲学和社会的关系的大多数反思中，人们理所当然地认为，哲学从来都享有政治或社会地位。然而，在法拉比看来，哲学在柏拉图时代的城邦和国家里不受认可。他透过自己的整个研究步骤表明，在他自己时代的城邦和国家里，即"在哲学被弄得模糊不清或遭到毁灭后"，哲学探究的自由甚至更少了。在伊斯兰世界里，"哲学"和"哲人"开始意指一种可疑的活动和一群可疑的人，甚至干脆意指无信仰和无信仰的人。这个事实充分表明，哲学的地位多么不安稳：哲学的正当性没有受到认可。① 从哲学社会学的观点来看，这里涉及基督教与伊斯兰教和犹太教的一个最重要的区别。[19]对基督徒来说，神圣教义是启示神学；对犹太教徒和穆斯林来说，神圣教义至少主要是对神律的律法解释（塔木德或费格赫）。与前一种意义上的神圣教义相比，至少可以说，后一种意义上的神圣教义与哲学的共通性要少得多。说到底，正是由于这个原因，哲学

---

① 参较加尔代和阿纳瓦蒂，上引书，78、225、236 页。

在犹太教和伊斯兰教中的地位原则上要比它在基督教中的地位更不安稳:在基督教中,哲学成了每个研究神圣教义的人所受训练的有机组成部分,这种训练是被正式认可的,甚至是必需的。在伊斯兰教和犹太教世界里,哲学探究最终崩溃了,而在西方基督教世界里,同样的事情并没有发生,究其原因,在某种程度上就是由于这一差异。

由于"凯拉姆学"在伊斯兰教中取得了地位,哲学在伊斯兰教中的地位就介于它在基督教中的地位与它在犹太教中的地位两者之间。因此,有必要讨论一下哲学在犹太教内部的地位。很显然,一个人必须接受大量的哲学训练,才能通晓基督教的神圣教义,相反,一个人不必接受任何哲学训练,就能成为素养深厚的《塔木德》专家。哈列维和迈蒙尼德有着深厚的哲学素养,但是,像他们那样的犹太人却理所当然地认为,做一个犹太人与做一个哲人是相互排斥的。初看上去,迈蒙尼德的《迷途指津》(Guide for the Perplexed)在犹太教中相当于托马斯·阿奎那的《神学大全》,但实际上,《迷途指津》在犹太教内部从来不曾取得《神学大全》在基督教内部所享有的权威——哪怕只是部分这样的权威。迈蒙尼德的《迷途指津》在犹太教内部并不相当于《神学大全》,他的《密西拿托拉》(Mishne Torah)——即他的犹太教律法汇编——才相当于《神学大全》。最能说明问题的莫过于《迷途指津》和《神学大全》两书开篇的差异。《神学大全》第一条探讨的问题是,除了哲学学科以外,是否还需要有神圣教义。托马斯·阿奎那可以说是在哲学的法庭前为神圣教义进行辩护。相反,我们甚至很难想象迈蒙尼德会在《迷途指津》或任何其他著作的开篇讨论如下问题:除了哲学学科以外,是否还需要有哈拉卡(Halakha,神圣律法)。[20]《迷途指津》的最初几章看上去就像是对圣经中的一节(《创世记》第一章第 27 节)所作的散漫注疏,而不像是一部哲学或神学著作的开篇。如同阿威罗伊一样,迈蒙尼德不太需要从哲学的角度来证明神律及其研究的正当性,而是更迫切地需要从律法的角度来证明哲学的正当性,即从律法的角度来讨论一个问题:神律是否允许,或禁止,或命令对哲学进行研究。迈蒙尼德提出若干理由来证明,必须为某些涉及神性事物的理性真理保守秘密,而托马斯·阿奎那恰恰用同样的理由来证明,涉及神性事物的理性真理需要通过神启呈现出来。① 迈蒙尼德偶尔谈到,犹太教传统强调上帝的正义,而非上帝的智慧。据此,他在阿加达(Aggadah,或传奇)的某些元素中见出了犹太教内部相当于哲学或神学的东西;阿加达是犹太教传说的一部分,一般认为,它的权威性远远低于哈拉卡。② 斯宾诺莎直截了当地说,犹太人蔑视哲学。③ 迟至1765年,门德尔松(Moses Mendelssohn)还感到有必要为倡导逻辑研究进行申辩,有必要说明为什么不得阅读外来书籍或渎神书籍的禁令不适用于逻辑学著作。④ 传统犹太教与哲学的问题实际上相当于耶路撒冷与雅典的问题。无视如下两方面的关联十分困难:(一)《创世记》第一章对哲学的主要对象——天和天体——的贬抑、第二章不得吃食知善恶树上的果子的禁令、圣名"我是自有永有的"、关于律法既不在天上也不在大海那边的训诫、先知弥迦关于主对人的要求的说教;(二)有关的《塔木德》经文,如:"如果一个人思考四样东西(上面的、下面的、前面的、后面的),他最好

---

① 可将《迷途指津》I 34 与托马斯·阿奎那《反异教大全》I 4 和《论真理》问题 14、回答 10 进行比较。

② 可将本书 36 页注释 1 提到的那些段落与《迷途指津》III 17 (35 a, Munk) 进行比较。

③ 《神学—政治论》XI 结尾。参见同上, I(§41 Bruder)。另参见瓦伊达(Georges Vajda):《中世纪犹太思想引论》(*Introduction à la Pensée Juive du Moyen Age*),巴黎,1947,43 页。

④ 《全集》,周年纪念版, II, 202 - 207 页。

不曾来到世上",[21]"除了哈拉卡的四个腕尺,上帝在他的世界里一无所有。"①

哲学在犹太教和伊斯兰教中处于岌岌可危的地位,不过,对哲学而言,这也不能算是彻头彻尾的不幸。基督教世界对哲学的正式认可使哲学受到教会监控。在伊斯兰教—犹太教世界里,哲学所处的岌岌可危的地位反倒确保了它的私人性质,从而确保了它不受监控的内在自由。在这方面,哲学在伊斯兰教—犹太教世界所处的地位类似于它在古典希腊所处的地位。经常有人说,希腊城邦是一个全控社会,它收纳并规制了道德、神灵崇拜、悲剧和喜剧。然而,有一种活动本质上是私人的、超越政治的,这就是哲学。就连哲学学园也是由无权无势的人建立的,是由私人建立的。伊斯兰和犹太哲人看出了这种事态与他们自己时代的事态的相似性,他们对亚里士多德的某些意见作了详尽阐述,将哲学生活比作隐士的生活。

法拉比将如下观点归于柏拉图:希腊城邦的哲人处于严峻的危险中。在作出这一陈述时,他仅仅重复了柏拉图本人所说的话。法拉比也注意到,柏拉图的技艺在很大程度上使他规避了这一危险。但是,我们不能因为柏拉图的成功就无视危险的存在,不管这种危险在形式上怎样千变万化,它都始终与哲学相伴随。认识这一危险,认识它已经和可能表现出的各种形式,这是哲学社会学的首要任务,乃至唯一任务。

---

① 参较迈蒙尼德:《迷途指津》I 32(36 b Munk)和他的《密西拿》注疏导言(《摩西之门》,E. Pococke 编,牛津,1655,90 页)。

第二章　迫害与写作艺术

> 恶经常被证明能起到解放心灵的作用——这是历史上最令人羞耻、同时也最没有疑问的事实之一。
>
> ——勒基（W. E. H. Lecky）

一

[22]大约一个世纪以来，众多的国家实际上一直享有公开讨论的充分自由。不过，在这些国家，这种自由现在受到了压制，取而代之的是一种强制：人们的言论必须与政府认为合宜，或政府严肃持有的观点相一致。有鉴于此，花一点功夫简要考察一下这种强制或迫害对思想及行动的影响，是完全值得的。①

---

① 写作就是行动。[译按：原文为拉丁语]参见布莱克斯通（Sir William Blackstone）：《注疏》（*Commentaries*），第四卷第六章。参较马基雅维里：《李维史论》（*Discorsi*），III, 6（*I Classici del giglio*, 424 – 426 页）；笛卡儿：《方法谈》（*Discours de la méthode*），VI 开头。

许多人,或许年轻一代的大部分人,①都把政府倡导的观点当作真实的观点予以接受,即使不是马上接受,至少过一段时间也会接受。他们是怎样相信的呢?时间因素又是在何处参入的呢?他们并非受到强制而不得不相信,[23]因为强制不能使人确信一个观点。强制只能平息矛盾,从而为信念铺平道路。在许多情况下,所谓的思想自由都等同于一种选择能力,甚至实际上就由这种能力所构成:拥有思想自由意味着能够在少数身为公共演说家或作家的人的两个或多个不同观点之间进行选择。② 如果妨碍了这种选择,许多人所能保有的唯一一种思想独立性就不复存在了,而这也是唯一具有政治重要性的思想自由。因此,所谓"马的逻辑"(logica equina)之所以至为有效,迫害是一个不可缺少的条件。按照搭乘马车上天的巴门尼德的观点,或按照《格列佛游记》中慧骃国(Houyhnhnms)马民们的观点,我们不能谈论,或者说不能合理地谈论"不存在的事物"。也就是说,谎言是不可思议的。这一逻辑并不为马民或搭乘马车上天的哲人所独有;事实上,它以略为变化的形式决定了许多普通人的思想。普通人当然承认,人会说谎,而且事实上的确要说谎,但他们又会补充说,谎言不能长久,经不起重复——更不用说不断的重复——的考验,因此,一个被不断重复却从未遇到驳难的陈述必定是真的。按照另外一种论证,一句话如果出自普通人之口,可能是一句谎言,但如果出自一个负责任、受尊敬

---

① "苏格拉底:你看你有没有办法使他们相信这个故事?格劳孔:不,这些人是永远不会相信这个故事的。不过,我看他们的下一代会相信的,后代的后代子子孙孙迟早总会相信的。苏格拉底:……我想我是理解你的意思的。"柏拉图:《王制》,415 c6 - d5[译按:中译见柏拉图:《理想国》,郭斌和、张竹明译,商务印书馆1986年版,129页]。

② "理性不过是选择",这是密尔顿《论出版自由》(Areopagitica)的核心论题。

的人之口,尤其是出自一个位高责重的人之口,其真理性在道德上就是确然无疑的。这两个省略三段论引出了一个结论:一句话若被政府首脑不断重复,且从未遇到驳难,其真理性就绝对不容置疑。

这意味着,在有关的国家,如果一个人的思想不遵循"马的逻辑"规则,换句话说,如果一个人能够进行真正的独立思考,那就无法迫使他接受政府倡导的观点。这样看来,迫害无法阻止独立思考,甚至无法阻止独立思想的表达,因为一个人可以安然无恙地将自己知道的真理告知厚道、可靠的熟人,更准确地说,告知明白事理的朋友。无论在两千年前,还是在今天,情况都同样如此。① [24] 迫害甚至不能阻止异端真理的公开表达,因为只要一个有独立思想的人虑事周全,他就可以不受伤害地公开表达自己的观点。倘若他能够采取字里行间的写作方式,他甚至能够以出版物的形式发表观点,而不会给自己带来任何危险。

"采取字里行间的写作方式"(writing between the lines)——这一表达式标明了本文的论题,因为迫害对著述活动的影响恰恰在于,它迫使所有持异端观点的作家运用一种独特的写作技巧,我们在谈及"采取字里行间的写作方式"时所想到的就是这样一种技巧。这一表达式明显是隐喻性的,只要用非隐喻的语言来转述它的意思,我们就会发现一个未知领域(terra incognita)。迄今为止,这个领域的众多问题还从来没有被探讨过,它为饶有趣味,甚至十分重要的研究提供了广阔的空间。可以说,引导着这一领域的探索者的几乎全部预备性工作就埋藏在古代修辞家的著述里。这样说是有道理的,完全不用担心有人指责我们严重地夸大其词。

回到当前的主题,我们来看一个简单的例子。我有理由相信,这个例子离实际情况并不像初看上去那么遥远。我们可以很容易

---

① 柏拉图:《王制》,450 d3 - e1。

地想象出一位生活在极权国家的历史学家,他也许是这个国家唯一政党的一名广受尊敬的党员,从来没有人怀疑过他。这个国家的政府倡导一种对宗教史的特定解释,而这位历史学家在从事研究的过程中,很有可能对政府倡导的这种解释的合理性产生怀疑。没有人会阻止他猛烈抨击他心目中的自由观点。当然,他在抨击自由观点前不得不对它加以陈述;他会以一种平静、低调,甚至有些乏味的方式来陈述自由观点,而这种陈述方式似乎是完全自然的;他会使用许多专门术语,给出大量引文,过分看重一些无关紧要的细节;他把注意力完全集中于学究们的琐屑争吵,似乎忘记了人类的圣战。他只在触及争论的核心时才以简洁、活泼的文风写下三四个句子,而这种文风恰恰容易引起喜欢思索的年轻人的注意。这一核心段落陈述了对手的论据,清晰、有说服力、不留情面,即便在自由主义的全盛时期,[25]也没有人像这样陈述过这些论据,因为在自由主义大获全胜,因而接近于休眠状态时,自由信条往往会生出一些赘疣,而这位历史学家在陈述自由信条时,默不作声地省去了所有多余的蠢话。他的一位明白事理的年轻读者第一次瞥见了禁果。对自由信条的抨击——这是作品的主干——恶毒地引申了圣书或执政党的书中那些最恶毒的话语。这个聪明的年轻人,因为年轻的缘故,在此之前一直被那些极端的话语所吸引,现在则只有厌恶的感觉,在偷吃禁果以后,甚至觉得那些话语无聊透顶。他把历史学家的书读了第二遍,又读了第三遍,这时他注意到历史学家对从权威的书中摘出的引文所作的刻意安排,从中觉察到一些新的重要信息,可以补充出现于十分短小的第一部分中间的那几个简洁陈述。

由此可见,迫害产生出一种独特的写作技巧,从而产生出一种独特的著述类型:只要涉及至关重要的问题,真理就毫无例外地透过字里行间呈现出来。这种著述不是写给所有读者的,其针对范围仅限于值得信赖的聪明读者。它具有私下交流的全部优点,同时免于私下交流最大的弊端:在私下交流中,惟有作者的熟人才能读到它。它又具有公共交流的全部优点,同时免于公共交流最大的弊端:作者有可能被处以极刑。通过自己的著作对少数人说话,同时又对绝大多数读者三缄其口,这真是一个奇迹。一个人何以能做到这一点呢?使这种著述成为可能的那个事实可用一个公理来表示:没有思想的人都是粗心的读者,有思想的人才是细心的读者。因此,如果一位作者只想对有思想的人说话,他在写书时就只需做到这一点:只让那些非常细心的读者觉察到书中的意义。但是,有人会反驳说,也许会有一些聪明人,一些细心的读者,他们并不值得信赖,一旦找出作者,就会向当局告发他。事实上,倘若苏格拉底的格言(美德即知识,因而有思想的人本身就值得信赖,而不会是残忍无道的)是完全错误的,这种著述就根本不可能出现。

[26]另外一个公理只有在迫害不能超越法律程序时才有意义。这个公理就是,一位普通智力的作者要比最聪明的审查官更聪明,因为论证负担完全在审查官一方:审查官(或检察官)必须证明,作者持有或发表了异端观点。为了做到这一点,审查官就必须证明,作品的某些文学性瑕疵不是偶然的,相反,作者故意用了一种特定的含混说法,或故意写下了一个糟糕的句子。也就是说,审查官必须证明,作者十分聪明,是一个好作者,因为一个故意在写作中犯下大错的人必定掌握了写作的艺术。最重要的是,审查官还必须证明,作者在写下那些令其显得有罪的句子时处于自己通常的能力水平。智者千虑,必有一失,审查官又如何能够证明这一点呢?

二

在过去,独立思想遭到压制的情况屡见不鲜。有理由假定,在以往的各个时期,能够独立思考的人从比例上说与今日一样多,其中至少有一些人既有领悟力,又十分谨慎。于是,我们就会问,昔日某些最伟大的作家是否透过字里行间来表达他们对当时最重要的问题的看法,从而利用文学技巧使自己免遭迫害?

受某些习惯的制约,我们难以考虑到这种可能性,更难以考虑到与之相关的各种问题。这些习惯乃源于历史研究比较晚近的进展,或与之相联系。初看上去,历史研究之所以有这样的进展,是因为人们普遍接受并偶尔运用了如下几项原则。按照这些原则的要求,对过去的每个时期都必须按其本身来理解,而不能按外在于它的标准来评判;对每个作家都必须尽量按其本身来解释,若用一个具有一定重要性的词语来解释一个作家,[27]这个词语就必须能够从字面上转译成该作家的语言,它是该作家使用过的,或是当时的通用词语;对一个作家观点的描述最终须得到作家本人的明确陈述的证实,只有这样的描述才能被当作真实的描述予以接受。这些原则中的最后一项具有决定性的意义:它似乎先验地将昔日作家那些仅仅透过字里行间暗示出的观点从人类知识领域中排除出去。如果一位作家在每个书页上不厌其烦地明确断定甲是乙,同时又在字里行间暗示甲不是乙,现代历史学家仍会要求人们提供明确的证据来证明该作家确实相信甲不是乙。这样的证据根本不可能找到,于是现代历史学家就在辩论中获胜了:他把透过字里行间进行的解读一概贬为任意的猜想,要是他很懒的话,他就干脆把这种解读当作直觉知识加以接受。

对这些原则的运用产生了重要后果。直到今人记忆所及的年代,许多人都牢记博丹、霍布斯、伯克、孔多塞和其他人的著名论断,相信近代政治思想与中世纪和古代政治思想在基本概念方面存在着差异。现在这一代学者接受了当代最负盛名的历史学家之一的教导:"至少从二世纪律法家到法国大革命时期的理论家,政治思想史是连续不断的。它在形式上有变化,在内容上有变更,但其基本概念则一成不变。"①直到十九世纪中叶,人们一直认为阿威罗伊敌视所有的宗教。在勒南(Renan)成功抨击了今日所谓的中世纪神话后,当今的学者又认为阿威罗伊是一个忠诚甚至笃信宗教的穆斯林。② 以前的作家相信,"取消宗教和巫术思想"是希腊医学家的典型态度。一位比较晚近的作家则断言:[28]"作为科学家,希波克拉底式的医学家……信奉超自然教条。"③莱辛是历史上最深刻的人文主义者之一,他异常罕见地集学术、审美趣味和哲学于一身。莱辛确信,有些真理不应也不能宣示出来。他认为,"所有古代哲人"都对他们的显白教诲和隐微教诲进行了区分。伟大的神学家施莱尔马赫曾以异常有力的论据断言,柏拉图的教诲只有一个。在此之后,关于古代哲人隐微写作的问题实际上就被缩小了,仅仅限于亚里士多德"显白言辞"的意义。在这方面,当今最出类拔萃的人文主义者之一断言,将一种隐秘教诲归于亚里士多德,这"显然是一个

---

① 卡莱尔(A. J. Carlyle):《西方中世纪政治理论史》(*A History of Mediaeval Political Theory in the West*),I(第二版,伦敦,1927),2 页。

② 勒南:《阿威罗伊与阿威罗伊主义》(*Averroès et l'Averroïsme*,第三版,巴黎,1866),292 页以下。戈捷(Léon Gauthier):《伊本·鲁世德(阿威罗伊)关于宗教与哲学的关系的理论》(*La théorie d'Ibn Rochd [Averroès] sur les rapports de la religion et de la philosophie*,巴黎,1909),126 页以下,177 页以下。参较同一作者的《伊斯兰教经院哲学与基督教经院哲学》(Scolastique musulmane et scolastique chrétienne),*Revue d'Histoire de la Philosophie*,II(1928),221 页以下,333 页以下。

③ 艾德尔斯坦(Ludwig Edelstein):《希腊医学及其与宗教和巫术的关系》(Greek Medicine in its Relation to Religion and Magic),*Bulletin of the Institute of the History of Medicine*,V(1937),201、211 页。

很晚的发明,源于新毕达哥拉斯主义的精神"。① 按照吉本(Gibbon)的看法,优西比乌斯(Eusebius)"间接地承认,他讲述了全部有助于增进荣耀的事情,同时略去了全部有可能使宗教蒙羞的事情"。当今一位历史学家认为,"吉本断言《教会史》(Ecclesiastical History)极不公平,这本身就是一个带有偏见的判断"。② 直到十九世纪末,许多哲人和神学家都相信霍布斯是一个无神论者,而时至今日,许多历史学家都暗中或明确否定了这一观点。有一位现代思想家,他虽然感到霍布斯严格说来算不上一个虔诚信奉宗教的人,但却在霍布斯著作中发现了新康德主义宗教哲学的轮廓。③ 孟德斯鸠本人以及他的一些同时代人相信《论法的精神》有很好的、甚至绝佳的构思。[29]拉布莱耶(Édouard Laboulaye)仍然认为,《论法的精神》在构思上有一些表面的含糊之处,还有其他一些表面的文学性瑕疵,这都要归因于审查或迫害。但是,当今最出色的政治思想史家之一

---

① 莱辛:《恩斯特与法尔克》(Ernst und Falk),第二篇对话;《莱布尼茨论永罚》(Leibniz von den ewigen Strafen),《著作集》(Werke, Petersen and v. Olshausen 版), XXI, 147 页。施莱尔马赫:《柏拉图著作集》(Platons Werke,柏林,1804),第一卷,1, 12 – 20 页。耶格(Werner Jaeger):《亚里士多德》(Aristotle,伦敦,1934),33 页。另参见格朗特(Sir Alexander Grant):《亚里士多德的伦理学》(The Ethics of Aristotle,伦敦,1874), I, 398 页以下;策勒(Eduard Zeller):《亚里士多德与早期逍遥学派》(Aristotle and the Earlier Peripatetics,伦敦,1897), I, 120 页以下。

② 肖特韦尔(James T. Shotwell):《史学史》,I(纽约,1939),356 页以下。

③ 滕尼斯(Ferdinand Tönnies):《霍布斯》(Thomas Hobbes,第三版,斯图加特,1925),148 页;卡特林(George E. G. Catlin):《霍布斯》(Thomas Hobbes,牛津,1922),25 页;赫尼希斯瓦尔德(Richard Hönigswald):《霍布斯与国家哲学》(Hobbes und die Staatsphilosophie,慕尼黑,1924),176 页以下;施特劳斯:《斯宾诺莎的宗教批判》(Die Religionskritik Spinozas,柏林,1930),80 页;卢比恩斯基(Z. Lubienski):《霍布斯伦理—政治体系的基础》(Die Grundlagen des ethisch – politischen Systems von Hobbes,慕尼黑,1932),213 页以下。

则断言,"实际上,主题并没有太多的连贯性,书中充斥着大量不相关的内容","孟德斯鸠的《论法的精神》不能说有什么结构安排"。①

这里的几个例子并不完全是随意挑选的,它们表明,旧观点和新观点的典型区别并不全由历史精确性的提高所致,同样也因为思想气候发生了更加根本的变化。理性主义传统曾是旧观点的公分母,在十九世纪的实证主义中仍有相当大的影响。然而,在过去几十年,越来越多的人要么进一步改造了这一传统,要么就彻底否定了它。这一变化是否——又在多大程度上——必须被视为一种进

---

① 萨拜因(George H. Sabine):《政治理论史》(A History of Political Theory,纽约,1937),556、551页。梅内克(Friedrich Meinecke):《历史主义的兴起》(Die Entstehung des Historismus,慕尼黑,1936),139页以下,151页注释1。拉布莱耶:《〈论法的精神〉引言》(Introduction à l'Esprit des Lois),《孟德斯鸠全集》(Oeuvres complètes de Montesquieu,巴黎,1876),第三卷,xviii页以下。拉布莱耶在这个语境中引用了达朗贝尔《孟德斯鸠颂词》(Éloge de Montesquieu)中一段重要的话。另参见贝尔托里尼(Bertolini)《对〈论法的精神〉的经过推理的分析》(Analyse raisonnée de l'Esprit des Lois),上引书,6、14页,23页以下,34页,60页以下。达朗贝尔、贝尔托里尼和拉布莱耶的评论实际上只是对孟德斯鸠自己的一些提示的解释。例如,孟德斯鸠在序言中说,"如果有人想探寻作者的意图,他就只能在本书的构思中很好地发现它。"[译按:原文为法语](另参见第十一卷结尾,以及爱尔维修的两封来信,上引书,第六卷,314、320页)。达朗贝尔说,"一个人可以在这样的著作中留下一些晦涩之处,这种晦涩与秩序的缺乏是一回事。有的地方或许对普通读者来说十分晦涩,但对作者心目中的读者来说就不是这样了,况且蓄意造成的晦涩根本就算不上晦涩。孟德斯鸠有时需要阐述某些重要的真理,但如果直截了当地将这些真理和盘托出,就有可能造成危害,没有什么好结果,于是他就谨慎地将它们掩盖起来。通过这种无害的手法,他向那些会因为真理而受到伤害的人掩盖了真理,同时又把真理传达给智者。"[译按:原文为法语]同样,"雄辩家"色诺芬的一些同时代人也相信,"写得漂亮、有条不紊的东西实际上写得并不漂亮,也并不有条不紊"(《狩猎》,13.6)。

步或退步,只有哲人才能回答这个问题。

一项更为适度的责任落到了历史学家身上。他将仅仅、且正确地提出如下要求:不管思想气候已经或将要发生怎样的变化,历史精确性的传统还是应该延续下去。[30]相应地,他不会接受那种把过去最重要的事实先验地排除在人类知识之外的人为的精确性标准,而是要让自己的研究所遵循的确定性准则适应于研究主题的性质。然后,他会遵循类似这样的规则:如果采取字里行间阅读法要比不采取字里行间阅读法更不精确,那就必须严格禁用这种方法。字里行间阅读法的出发点是,必须精确考虑作者的明确陈述,只有在这种情况下,采取这种方法才是正当的。我们必须完全理解一个陈述的语境以及整部作品的文学特性和构思,然后才能合理地宣称,对这个陈述的解释是充分甚或正确的。我们需要首先按一个段落本来的样子来理解它,除非我们充分考虑到这种理解方式的全部合理的可能性(其中一种可能性就是,这个段落或许是反讽的),否则,我们就无权删除这个段落,或订正其原文。如果一位写作艺术的大师犯了一些连聪明的中学生都会觉得丢脸的错误,那就有理由假定,这些错误是有意犯下的,尤其当这位作者——不管多么偶然地——讨论了在写作中故意犯错的可能性时,情况就更是如此。如果没有证据在先,在解释一部戏剧或一篇对话时就不能把作者的观点等同于戏剧或对话中一个或多个角色的观点,也不能把作者的观点等同于所有角色或富有吸引力的角色所赞同的观点。一个作者的真实观点未必就是他在最大多数段落中表达的观点。总而言之,精确性不能混同于只顾细节,不顾全面。真正注重精确性的历史学家会坦然接受一个事实:在辩论中取胜,或向每个人证明自己是对的,这完全不同于理解昔日伟大作家的思想。

既然如此,就必须认为,字里行间阅读法很可能不会让所有学者达成完全一致。但是,如果有人据此反对字里行间阅读法本身,那就可以这样来反驳:目前通行的各种方法也并没有让学者们在非常重要的问题上达成普遍甚或广泛的一致。上个世纪的学者往往诉诸一位作者的著作甚或思想的起源来解决文学问题。[31]他们认为,一本书内部或同一作者两本书之间的矛盾或分歧证明作者的思想发生了变化。如果矛盾超过了一定的限度,他们有时就在毫无外证的情况下断定,这些著作中的某一部必定是伪作。这种方法近来名声不好,现在许多学者倾向于对文学传统持更加保守的态度,不太容易被单纯的内证所打动。然而,传统论者与高派考据家(higher critics)之间的冲突远未平息下来。在一些重要情形下,传统论者让我们看到,高派考据家根本就没能证明他们的假设。但是,即便高派考据家的全部答案最终被证明是错误的,导致他们远离传统、诱使他们尝试新方法的那些问题也常常表明,他们意识到某些特定的困难,而这些困难尚未打搅典型的传统论者的酣睡。要充分回答这些问题中最严肃的问题,就需要对昔日伟大作家的文学技巧进行有条理的反思。这样做的缘由在于这里所涉及的文学问题的典型性质:构思的模糊性、一部著作内部或同一作者两部或多部著作之间的矛盾、重要论证环节的省略,如此等等。这种反思必定超越现代美学甚至传统诗学的疆界,我相信,它将迫使学者们考虑迫害现象——这只是个时间早晚的问题。在此不妨提到一个情况,这一情况其实不过是同一事实的另外一个方面。我们有时观察到两种解释的冲突:一种是对昔日某个伟大作家的传统的、表面的和编注性的解释,另一种是对该作家的更有灵性、更深入和专论性的解释。两种解释都得到了该作家明确陈述的证实,就此而言都同样精确。但是,现在只有少数人会考虑到这样一种可能性:传统解释或许反映了作者的显白教诲,而专论性解释则驻留在作者的显白教诲和隐微教诲的中途。

现代历史研究兴起时,[32]迫害主要存于人们微弱的记忆中,而不是一种强烈的体验。在过去,解释者往往透过伟大作家的字里行间进行解读,其着眼点主要落在这些作家的根本意图上,至于这些作家最经常地重复的观点,则并不那么重要。历史研究抵制甚或摧毁了这种解释倾向。在这个历史主义的时代,若想恢复早先的方法,就会遇到一个问题:字里行间阅读法有正当与非正当之别,区分的标准是什么?如果迫害与字里行间的写作方式之间确实存在着必然的关联,那就有一个不可缺少的负面标准:有关的书必定是在一个盛行迫害的时代写成的,也就是说,是在一个利用法律或惯例推行某种正统的政治观点或其他正统观点的时期写成的。此外还有一个正面标准:如果一个有才能、头脑清晰、完全了解正统观点及其全部枝节的作家偷偷地、附带地反驳了这一观点的一个必然前提或结论,而他在其他所有地方一直都明确承认或坚持该前提或结论,我们就可以合理地推测,他反对正统思想体系本身。遇到这种情况,我们就必须再度研究这位作家的整部著作,而且研究的细致程度比先前要高得多,天真成分要少得多。在某些情况下,我们甚至拥有明确的证据,证明这位作者仅在字里行间暗示出他对最重要的问题的看法。但是,这样的陈述通常并不出现在序言里,也不出现在其他某个非常醒目的地方。如果把目光仅仅盯住过去三百年流行起来的对迫害的认识和对言论自由、坦诚的态度,这些陈述中的一些甚至根本就不会被注意到,至于理解就更谈不上了。

三

迫害这个概念涵括了多种多样的现象,从最残忍的类型(如西班牙宗教裁判所)到最温和的类型(如社会排斥),应有尽有。在这两个极端之间,存在着一些从文学史或思想史的角度来看非常重要的类型。[33]例如,在公元前五世纪和四世纪的雅典、中世纪早期的某些伊斯兰国家、十七世纪的荷兰和英国、十八世纪的法国和德国,就出现过这样的迫害——尽管这些时期都相对比较自由。但是,只要看看阿那克萨哥拉、普罗塔戈拉、苏格拉底、柏拉图、色诺芬、亚里士多德、阿维森纳、阿威罗伊、迈蒙尼德、格老秀斯、笛卡儿、霍布斯、斯宾诺莎、洛克、培尔、沃尔弗、孟德斯鸠、伏尔泰、莱辛和康德①的传记,在某些情况下,甚至只要看看他们书的扉页,就可以发现,他们在一生的至少某个时期目睹或遭遇了一种比社会排斥更实在的迫害。我们也不能忽略了一个事实:宗教迫害与对自由研究的迫害不是一回事。在有的时期、有的国家,一切类型或至少是多种类型的崇拜活动都受到许可,但自由研究却遭到禁止。② 遗憾的是,所有的权威学者都未能充分强调这一事实。

人们对公开讨论的自由持什么样的态度,关键取决于他们如何看待大众教育及其限度。一般说来,前现代哲人在这一点上要比现代哲人更为谨慎。大约十七世纪中叶以后,越来越多曾受过迫害的异端哲人出版自己的著作,不仅是为了传达个人的思想,而且因为他们想要促成迫害现象的消灭。他们相信,压制自由研究,压制自由研究成果的发表,这只是一个偶然现象,是政治体(body politic)结构不健全的结果,普遍黑暗的王国将被普遍光明的共和国取而代

---

① 康德的个案是独一无二的。沃恩(C. E. Vaughan)是一个不太喜欢怀疑,也不喜欢任何其他类型的怀疑主义的历史学家,但就连他在谈到康德时也说,"我们几乎要怀疑康德是在戏弄他的读者,他对大革命怀有一种隐秘的同情。"参见《政治哲学史研究》(Studies in the History of Political Philosophy,曼彻斯特,1939),II,83页。

② 参见赖马鲁斯(H. S. Reimarus):"片断",《论对自然神论者的容忍》(Von Duldung der Deisten),莱辛《著作集》(Werke, Petersen and v. Olshausen 版),XXII,38页以下。

之。他们期待着有那么一天,随着大众教育的发达,[34]完全的言论自由有可能得到实现——为了更好地说明问题,不妨夸张一点说:他们期待着有那么一天,任何人都不会因为听到真理而受到伤害。① 他们把自己的观点隐藏起来,但有一个限度:只要能尽量保护自己免遭迫害就足够了。他们如果做得比这更微妙的话,就达不到启迪越来越多不具哲人潜质的人的目的了。因此,透过字里行间阅读他们的书相对比较容易。② 但是,先前有一种类型的作家则持根本不同的态度。他们相信,"智者"与"俗众"之间有一道鸿沟,这是人类本性的一个根本事实,不管大众教育取得怎样的进展,都不会对它有丝毫影响:哲学或科学根本上是"少数人"的特权。这些作

---

① 这个极端的目标除了能在最平静的情况下达到外,是否还能在别的情况下达到呢?在我们这个时代,这个问题由麦克利什(Archibald MacLeish)在《战后作家与战前读者》(Post - War Writers and Pre - War Readers, *Journal of Adult Education*, vol. 12, June, 1940)中提了出来。麦克利什是这样说的:"完全的表白、极度的绝望、极端的怀疑,这些都属于奢侈享受。也许,作家们若不是生活在最有秩序、最安定的年代里,就应该放弃这种享受。我不知道。"

② 在此,我特别想到霍布斯,他对前面勾勒的发展过程的意义是怎么评价也不嫌过分的。滕尼斯清楚地认识到这一点,他特别强调了他的主人公的两句格言:"俗众会慢慢受到教育的","哲学为了获得发展,就应该是自由的,既不受恐惧、也不受羞耻感的妨碍"。[译按:原文为拉丁语](滕尼斯,上引书,iv 页,195 页)霍布斯还说,"对思想学说的压制只能使人联合起来,只能激怒人,也就是说,只能增强那些已经相信这些思想学说的人的怨恨和力量。"见《英语著作集》(*English Works*, Molesworth 版), VI, 242 页。在《论自由和必然性》(*Of Liberty and Necessity*, 伦敦,1654,35 页以下)中,霍布斯对纽卡斯尔侯爵写道:"我必须承认,如果我们在考虑绝大部分人类时着眼于他们实际是怎样的,而不着眼于他们应该是怎样的……我就必须承认,关于这个问题的争论只会伤害而不会增益他们的虔敬。因此,倘若主教大人(布拉姆霍尔主教)不希望得到这个答案的话,我就不会把它写下来了。我把这个答案写下来,只是希望大人您和主教大人不要把它泄露出去。"

家还确信,哲学本身受到大多数人的怀疑和敌视。① 即便并没有什么特定的政治势力让他们感到惧怕,那些从这一假定出发的人还是会被迫得出一个结论:公开传播哲学真理或科学真理是不可能的,也是不可欲的,不仅暂时如此,而且永远如此。他们必须对除哲人之外的所有人隐瞒自己的观点。有两种办法可以让他们做到这一点:要么只对一群精心挑选的弟子进行口头教导,[35]要么通过"简略的暗示"就最重要的主题写些东西。②

所有具备阅读能力的人当然都有机会接触到各种著作。因此,选择第二种方式的哲人就只能阐述适合于不懂哲学的多数人的意见:严格说来,他的全部著作都不能不具有显白性质。这些意见不会在所有方面都与真理相一致。作为一个对"灵魂中的谎言"深恶痛绝的哲人,他清楚地知道如下事实:这些意见只是"貌似可能的虚构故事",或"高贵的谎言",或"有一定概率的意见"。他不会在这一点上自欺欺人。这样一位哲人会让他那些懂哲学的读者从诗性或辩证的表述中把真理剥离出来。但是,倘若他明确指出他的哪些陈述是高贵的谎言,哪些是更高贵的谎言,他就难以达到自己的目的了。事实上,他只需要让一批懂哲学的读者注意到,他并不反对说一些高贵的谎言、讲一些貌似真理的故事,他就为他们做了几乎已超过足够限度的事情了。至少从文学史家的观点来看,典型的前现代哲人(很难把他们与前现代诗人区别开来)与典型的现代哲人

---

① 西塞罗:《图斯库卢姆谈话录》,II, 4。柏拉图:《斐多》,64 b;《王制》,520 b2 – 3 和 494 a4 – 10。

② 柏拉图:《蒂迈欧》,28 c3 – 5;《第七封信》,332 d6 – 7, 341 c4 – e3 和 344 d4 – e2。前面提到的那种观点可与民主信条相调和,这一点已由斯宾诺莎作了十分清楚的说明。斯宾诺莎不仅拥护自由主义,而且拥护民主制(《政治论》,XI, 2, Bruder 版)。参见斯宾诺莎:《知性改进论》,14 和 17,以及《神学—政治论》,V 35 – 39, XIV 20 和 XV 结尾。

最显著的区别就在于,他们对"高贵的(或正当的)谎言"、"虔诚的欺瞒"、"迂回方法"(ductus obliquus)①或"真理的节约"持完全不同的态度。一个伟人居然会故意欺骗他的大多数读者——每个正派的现代读者哪怕只是听到这样的暗示,就一定会惊讶不已。② 不过,诚如一位自由神学家曾讲过的,足智多谋的奥德修斯的这些模仿者只不过比我们更诚实:[36]我们说"考虑一个人的社会责任",按他们的说法则是"高贵地说谎"。

一本显白的书因此就含有两种教诲:一种是具有教谕性质的大众教诲,处在前台;另一种是关于最重要的问题的哲学教诲,仅仅透过字里行间暗示出来。这并不是要否认某些伟大作家会把某个名声不好的人物当作传声筒,公开表达某些重要的真理,但这样一来,他们实际上就表明了自己多么强烈地反对把这些真理直接宣示出来。昔日最伟大的著述中出现如此多有趣的魔鬼、疯子、乞丐、智术师、醉汉、享乐主义者、小丑,是很有道理的。不过,这些书的真正读者对象既不是不懂哲学的大多数人,也不是完美的哲人本身,而是那些有可能成为哲人的青年:必须一步一步地让潜在的哲人远离大众观点。出于所有实际的、政治的目的,大众观点对真理来说是不可缺少的,而真理则是纯粹理论性的,引导着真理的是大众教诲表述方式的某些明显让人困惑的特征:晦涩的构思、矛盾、笔名、对过去陈述的不精确的复述、怪异的表达式,等等。这些特征不会打搅那些只见树木、不见森林的人的酣睡,但对那些能够见到森林的人

---

① 托马斯·莫尔:《乌托邦》,第一卷后一部分。
② 对奥古斯丁所说的"大问题、秘密讨论、有学识者之间的轮番辩论"[译按:原文为拉丁语]的相当广泛的讨论,可见于格老秀斯的《论战争法与和平法》(*De Jure Belli ac Pacis*),III,第一章,§7ff,尤其是§17,3。除其他人的著作外,参见帕斯卡尔:《致外省人书简》(*Provinciales*)第九、第十封信;泰勒(Jeremy Taylor):《怀疑者的向导》,第三卷,第二章,规则5。

来说,它们则是具有唤醒作用的绊脚石。这种类型的所有书之所以存在,乃出于成熟的哲人对他的族类中的"小狗"①的爱,与此同时,他也希望得到他们的爱:所有显白著述均为"缘于爱的书写言辞"。

显白著述预设了一个事实:存在着一些任何正派的人都不会公开宣示的基本真理,因为它们会对许多人造成伤害,而这些人在受到伤害后,自然又容易去伤害宣示不愉快真理的人。换句话说,显白著述有一个预设前提:研究自由和发表全部研究成果的自由并没有作为一项基本权利得到保证。因此,从根本上说,这种著述是与一个不自由的社会联系在一起的。这样,人们就完全有理由提出一个问题:在一个真正自由的社会里,显白著述又有什么用呢?答案很简单。[37]在柏拉图的《会饮》中,阿尔喀比亚德斯——雅典之子,如整个雅典一样直言不讳——将苏格拉底及其言辞比作外表丑陋不堪、里面却藏有美丽无比的神物形象的雕塑。昔日伟大作家的著作甚至外表都很美。不过,这种可见的美与藏于深处的珍宝的美相比还只能算是奇丑无比。只有通过漫长、艰难、却总是愉快的努力,才能把这些珍宝发掘出来。我相信,哲人们在倡导教育时心里所想的正是这种总是很艰难,却又总是很愉快的工作。他们感到,教育为一个一向紧迫的问题——一个典型的政治问题——提供了唯一的答案,这个问题就是,如何将并非压迫的秩序与并非放纵的自由协调起来。

---

① 试比较柏拉图的《王制》,539 a5 – d1 和《苏格拉底的申辩》,23 c2 – 8。

第三章 《迷途指津》的文学特性

> 因为以后的确定性在于从以前的迷惑中解脱出来,我们如果不知道症结在什么地方,就无法从中解脱出来。
>
> ——亚里士多德
> [译按:原文为希腊语]

[38]在众多解释过或正致力于解释迈蒙尼德学说的历史学家中间,几乎没有人不同意这样一个原则:迈蒙尼德的学说根本上是一种中世纪的学说,因而就不能从现代前提出发加以理解。有鉴于此,研究迈蒙尼德的学者们的观点分歧未必是由于他们对该原则本身有不同的看法,而是由于他们对该原则作了不同的解释,或在运用该原则时抱有不同的态度。在此,我们的目标是要真正地、准确地理解迈蒙尼德的学说。本文的基本假定是,只有彻底运用这一原则,才可望实现我们的目标。①

---

① 在脚注中,圆括号前面的罗马数字和阿拉伯数字分别表示《迷途指津》的第几篇、第几章。圆括号内分号前的数字表示 Munk 版第几页,分号后的数字表示 Joel 版第几页、第几行。《密西拿托拉》(*Mishneh Torah*)第一卷,我用的是 M. Hyamson 版(纽约,1937)。

一、主题

《迷途指津》的解释者应首先提出一个问题:这部著作的研究主题属于哪一门或哪几门科学?[39]迈蒙尼德几乎一上来就回答了这个问题,他说,这部著作是要研究真正的律法学。

真正的律法学不同于通常意义上的律法学,即费格赫(fiqh)。①"费格赫"一词在《迷途指津》中当然出现过不止一次,但直到全书快要结束时,迈蒙尼德才解释了它的涵义。费格赫通过对权威律法条文的"演绎",精确规定了使人的生活变得高尚的行为,尤其是敬拜行为。② 费格赫最科学的处理方法就是把律法编成融贯、清晰的法典,例如迈蒙尼德在《密西拿托拉》中便成就了这样一部法典,他本人将《密西拿托拉》称为"我们那部关于费格赫的巨著"。真正的律法学不同于对律法所作的律法主义研究:前者关注的是人应该想什么、相信什么,后者关注的则是人应该做什么。③ 可以说,广义的律法学包括两部分:实践部分,由《密西拿托拉》予以探究;理论部分,由《迷途指津》予以探究。有一个事实证实了这一观点:《密西拿托拉》仅在禁令和诫命隐含着信仰和观点时才论及信仰和观点,而《迷途指津》论及诫命和禁令,则只是为了解释它们的缘由。

律法学的两个部分——或两种类型——的关系可以换一种方

---

① I,导言(3a;2,14f.,26f.)。[译按:fiqh 原指伊斯兰教法学。以下均音译作"费格赫"。]

② III,54(132b;467,20-25);参见 III,27(59b;371,29);51(123b;455,21-22)。

③ II,10(22b;190,14);I,导言(11a-b;13,3-5)。参见本页注释2引用的段落。

式来说明:通常意义上的律法学研究哈拉卡(halakah),真正的律法学则对应于阿加达(aggadah)。迈蒙尼德曾计划撰写两部书来探讨圣经和《塔木德》的非律法部分,而《迷途指津》实际上是这两部书的替代品。尤其值得注意的是,《迷途指津》最重要的特征同样也是一部分阿加达文献的特征,另一方面,也正是这一特征既将《迷途指津》与哈拉卡著述区别开来,也将它与哲学著述区别开来。①

但是,既然迈蒙尼德用了一个伊斯兰教术语来表示通常意义上的律法学,[40]我们就有必要考虑一下,哪一个伊斯兰教术语最恰切地标示出作为《迷途指津》研究主题的律法学。研究费格赫的学者探讨律法规定的行为,但不探讨"宗教的根基",也就是说,他们并不试图证明律法所教导的观点或信仰。毋庸置疑,研究宗教根基的科学与真正的律法学是相同的。② 既然迈蒙尼德把研究宗教根基的学者与穆台凯里姆(Mutakallimûn),③即研究凯拉姆(kalâm)④的学者等同起来,我们就不妨认为,真正的律法学就是凯拉姆。⑤ 诚然,迈蒙尼德对凯拉姆发起了猛烈抨击,但是,尽管他无情地反对穆台凯里姆的假定和方法,但他却自称完全认同穆台凯里姆的意图。⑥ 凯拉姆学的意图是要捍卫律法,尤其是针对哲人的观点捍卫

---

① I,导言(5b 和 11b; 5, 18ff. 和 13, 12 - 15)。参见 I, 70 (92b; 120, 4 - 8); 71 (94a; 121, 25 - 28)。

② III, 51 (123b - 124a; 455, 21 - 23)。参见 III, 54 (132a - b; 467, 7 - 9),并参照 I, 导言(3a; 2, 12 - 14)。

③ [译按]伊斯兰教教义学家。

④ [译按]伊斯兰教教义学。

⑤ I, 71 (96b - 97a; 125, 12)。参见 I, 73 (105b; 136, 2)。莱昂(Messer Leon)将迈蒙尼德称为 shoreshi[研究根基的人];参见施泰因施奈德:《犹太文学》(Jewish Literature),310 页。

⑥ II, 19 (40a; 211, 24 - 25); I, 71 (97b; 126, 4 - 5);另参见 I, 73 (111b; 143, 6)。

律法。① 不可否认,《迷途指津》的核心部分旨在捍卫律法的主要根基,即对创世的信仰,其所针对的是哲人的一个主张,即认为有形世界是永恒的。② 迈蒙尼德的凯拉姆与严格意义上的凯拉姆的区别在于,迈蒙尼德坚持认为,智识与想象之间存在着根本区分,而正如他所断定的,穆台凯里姆错误地将想象当成了智识。换句话说,迈蒙尼德坚持认为,有必要将符合事物本性的自明预设当作出发点,而严格意义上的凯拉姆则将种种随意的预设当作出发点,这些预设之所以被选中,并非因为它们是真实的,而是因为它们使人能够比较容易地证明律法所教导的信仰。因此,迈蒙尼德真正的律法学和凯拉姆属于同种(genus),③两者的属差(specific difference)在于,[41] 严格意义上的凯拉姆是想象性的,而迈蒙尼德的凯拉姆则是一种有智识或有见识的凯拉姆。

到目前为止,我们对真正的律法学作了尝试性描述。为了抵制人们对《迷途指津》的性质所持的某些更为常见的观点,这番描述十分有用,甚至不可缺少。我们现在需要对《迷途指津》的主题作出更确切的描述,为了达成这一目的,就必须有一个新的开端:我们必须再度提醒自己注意这部著作开篇的那些权威性陈述。

迈蒙尼德指出,他的著作的意图是要解释各种圣经用词和圣经比喻。这种解释是必要的,因为两者的外在意义容易引起严重的误解。鉴于内在意义隐藏在深处,是一个奥秘,对每个这样的词语或

---

① 法拉比:《各科举隅》('Ihsâ al-'ulûm),第五章。(参见法拉克拉[Falakera]在《智慧的开端》[Reshit Hokmah]中的希伯来语译文,David 编,59 页以下。)法拉比对凯拉姆的讨论以及这一讨论的框架对理解《迷途指津》极其重要。另参见柏拉图:《法义》,X, 887b8 和 890d4-6。I, 71 (94b, 95a; 122, 19-22; 123, 2-3)。

② I, 71 (96a; 124, 18-19); II, 17 (37a; 207, 27-28)。

③ 参见亚里士多德:《尼各马可伦理学》,1098a8-10。

比喻的解释就等于揭示了奥秘。因此,《迷途指津》作为一个整体就致力于揭示圣经的奥秘。① 但是,奥秘有许多含义。它可以指被一个比喻或词语掩盖起来的奥秘,也可以指掩盖着一个奥秘的比喻或词语。就第二层含义而言,可以更方便地说,《迷途指津》致力于解释圣经的奥秘。因此,真正的律法学就不过是对圣经,尤其是《律法书》的奥秘的解释。

《律法书》有多少需要解释的段落,就有多少奥秘。② 但是,我们至少可以把那些最重要的奥秘主题列举出来。按照一种列举方法,这些主题包括:神的属性、创世、神意、神的意志和知识、预言、上帝的名号。另外一种列举方法列出了一个更为清晰的主题顺序:创世论(Ma'aseh bereshit)、神车论(Ma'aseh merkabah,《以西结书》第1章和第10章)、预言、上帝的知识。③ 不管这两种列举方法有怎样的联系,可以肯定的一点是,[42]创世论和神车论是最高级的圣经奥秘。因此,迈蒙尼德就可以这样说:《迷途指津》的首要意图或主要意图就是要解释创世论和神车论。真正的律法学乃致力于解释圣经的奥秘,尤其是创世论和神车论。④

---

① I,导言(2b – 3b, 6a, 6b – 7a; 2, 6 – 29; 6, 12 – 19; 7, 10 – 8, 3)。参见上引书(2a, 8a; 1, 14; 9, 6)。

② 尤其参见 III, 50 开头。

③ I, 35 (42a; 54, 20 – 26); II, 2 (11a – b; 176, 18 – 23)。

④ II, 29 (65b; 243, 17 – 19); III, 导言(2a; 297, 5 – 7)。参见 I, 71 (93b; 121, 20 – 22) 中论述的费格赫与《律法书》奥秘之间的区别,并参照书的开始处论述的费格赫与真正的律法学之间的区别。相关的解释,参见阿尔特曼(A. Altmann):《迈蒙尼德与犹太神秘主义的关系》(Das Verhältnis Maimunis zur jüdischen Mystik),*Monatsschrift für Geschichte und Wissenschaft des Judentums*, LXXX (1936), 305 – 330 页。

二、一部哲学著作？

《迷途指津》旨在解释圣经的奥秘教义,这一发现似乎仅仅揭示了一个自明之理。不过,这一发现却包藏着一个后果:《迷途指津》不是一部哲学著作。

我们常常把《迷途指津》称为哲学著作,这是由于我们在十分宽泛的意义上使用"哲学"一词。例如,我们通常毫不犹豫地将古希腊智术师(Greek Sophists)算作哲人,我们甚至谈论奠定了群众运动基础的哲学。目前对"哲学"一词的用法可回溯到哲学与科学的分离——这一分离是在近代的几个世纪里才出现的。迈蒙尼德根本不知道"哲学体系"为何物,因而也不知道,冷静的科学已经从各种高高在上的体系中解放了出来。对他而言,哲学的内涵要比今天狭窄得多,或者说精确得多。可以毫不夸大地说,对他而言,哲学实际上就等于亚里士多德——"哲人的君王"——和亚里士多德学派的学说及方法。① 迈蒙尼德反对这种意义上的哲学,[43]他在捍卫犹太教信条时所针对的正是"真正意义上的哲人"的观点。② 在他看来,与真正意义上的哲人的错误观点相对立的不是真正的哲学,尤其不是具有宗教性质的哲学,或宗教哲学,而是"我们的观点,即我

---

① I, 5 开头;II, 23 (51a; 225, 4)。不过,海涅曼(I. Heinemann)走得有点太远了,他说(《希腊罗马古代和犹太中世纪的人的目标确定理论》[布雷斯劳,1926]),"Failasǔf 不是指哲人,而是代表着亚里士多德或亚里士多德学派。"[译按:原文为德语] 参见 I, 17, 71 (94b; 122, 26 – 28); II, 21 (47b; 220, 20); III, 16 (31a; 334, 22 –24),在这里,迈蒙尼德提到了非亚里士多德学派的 falsafa[哲学]或 falâsifa[哲人]。

② 参见譬如说 III, 16 开头。

们的律法的观点",或"我们这群律法信徒"的观点,或"我们先师摩西的律法的信徒"的观点。① 很显然,迈蒙尼德假定哲人组成了一个群体,②不同于律法信徒的群体,这两个群体互相排斥。既然他本人是律法的信徒,他就不可能是哲人。有鉴于此,他的一本解释自己对所有重要问题的看法的著作就不可能是哲学著作。这并不是要否认如下事实:迈蒙尼德承认——甚至强调——哲人与律法信徒在除创世之外(但这却是一个决定性的问题)的所有问题上的一致性。因为毫无疑问,两个群体之间的这种一致性恰好证明它们并不相同。

或许,历史学家能够给予当代哲人的最大帮助莫过于为他们提供必要的材料,用以重构一套合适的用语。结果,如果历史学家羞于探讨细节,他就很可能失去他原本能够给予他人和自己的一个最大的益处。有鉴于此,我们将毫不犹豫地不把《迷途指津》称为哲学著作。为了充分证明我们的方法的正当性,我们只需考虑一下迈蒙尼德对哲学的划分。在迈蒙尼德看来,哲学包括两部分:理论哲学和实践哲学。理论哲学又可进一步分为数学、物理学和形而上学,而实践哲学则包括伦理学、经济学、"城邦治理术"和"大国或众国

---

① 参见譬如说 II, 21 (47a; 220, 17f.); II, 26 (56a; 230, 30); III, 17 (34b; 338, 21), 21 (44b; 351, 17–18)。

② 迈蒙尼德将这种群体——哲人群体是它的一个个别实例——称为 pirka 或 perik(伊本·提本[Ibn Tibbon]:kat[宗派、学派],其希腊语对应词是 αἵρεσις[流派、学派]。参见贝格施特雷瑟[G. Bergsträsser]:《胡乃因·伊本·伊萨克论叙利亚语和阿拉伯语的加伦著作翻译》[*Hunain ibn Isḥâq über die syrischen und arabischen Galen-Uebersetzungen*,莱比锡,1925,阿拉伯文本,3 页]);参见 II, 15 (33a; 203, 17f.); III, 20 (42a; 348, 16)。

治理术"。① [44]《迷途指津》显然不是一部数学著作或经济学著作。另外,研究迈蒙尼德的学者实际上都完全同意,《迷途指津》也不研究两种政治学中的任何一种。同样,《迷途指津》也不是一部伦理学专著,因为迈蒙尼德将伦理学论题明确排除在这部著作之外。② 由此看来,《迷途指津》可能研究的科学就只剩下物理学和形而上学了,而这两门科学乃是最高级的科学。③ 这一观点似乎得到了迈蒙尼德两项声明的证实:一、《迷途指津》的主要意图是要解释创世论和神车论;二、创世论等同于物理学,神车论等同于形而上学。④ 这两个陈述似乎引出了一个逻辑结论:《迷途指津》的主要意图是要讨论物理学和形而上学。然而,迈蒙尼德的另一个明确陈述又与这一结论截然相悖,他说,全部物理学和无数的形而上学论题都被排除在《迷途指津》之外。在这个脉络下,迈蒙尼德特别提到关于天使的学说。⑤ 这样看来,《迷途指津》按其本身来处理的唯一哲学主题似乎就是关于上帝的学说。⑥ 但是,迈蒙尼德又进一步将经哲人证明过或由哲人以其他方式圆满处理过的所有主题排除在外,让人毫不怀疑,哲人成功地证明了上帝的存在,以及上帝的单一性

---

① 《论逻辑术语》(Millot ha‑higgayon),第十四章。参见沃尔弗森(H. A. Wolfson):《中世纪犹太哲学中科学的分类》(The Classification of the Sciences in Mediaeval Jewish Philosophy), Hebrew Union College Jubilee Volume, 1925, 263‑315 页。

② III, 8 结尾处。参见 I, 导言(11a‑b; 13, 3‑5)。

③ III, 51 (124a; 456, 1‑4)。

④ I, 导言(3b; 3, 8‑9)。参见本书 38 页注释 4。

⑤ II, 2 (11a‑12a; 176, 3‑27)。另参见 I, 71 (97b; 126, 13‑15)。关于现世的哲学学说,参见 II, 22 (49b‑50a; 223, 15‑17);关于灵魂的哲学学说,参见 I, 68 开头。

⑥ 请注意,迈蒙尼德把神车论或形而上学与关于上帝的教义等同起来,参见 I, 34 (40b; 52, 24‑25)。

和无形体性。① 迈蒙尼德据此明确指出，这三种学说不属于《律法书》的奥秘，②因而就既不属于创世论，也不属于神车论，[45] 而创世论和神车论乃是《迷途指津》的主要论题。于是，我们就被迫得出一个结论：任何类型的哲学论题，就其作为哲学论题而言，都不是《迷途指津》的主题。

这样，我们就面临着一个令人困惑的矛盾：一方面，迈蒙尼德把《迷途指津》的主要论题与物理学和形而上学——哲学的最高论题——等同起来，另一方面，他又把所有已由哲人圆满处理过的论题排除在他的研究范围之外。为了解决这个矛盾，人们或许可以这样认为：《迷途指津》旨在探究哲人尚未圆满处理过的"物理学"和"形而上学"论题。这就等于说，就"物理学"和"形而上学"超出了哲学而言，《迷途指津》的论题是"物理学"和"形而上学"，因此，《迷途指津》不是一部哲学著作。

不过，人们也许会反驳说，这种看法忽略了一个事实：迈蒙尼德明确地、无条件地把创世论和神车论分别与物理学和形而上学等同起来。如果我们暂时假定这一反驳意见是正确的，我们看来就没有别的选择，只能承认，关于《迷途指津》主题的问题是不会有什么答案的。然而，事实上，唯一可能的答案③是显而易见的，正因为如此，我们才未能注意到这一答案。这里涉及两个表面上相互矛盾的事实：一、《迷途指津》的主题是创世论和神车论；二、尽管迈蒙尼德把创世论和神车论分别与物理学和形而上学等同起来，但他却把物理学和形而上学排除在《迷途指津》之外。人们可用如下表述来调

---

① I, 71 (96b; 124, 29 – 125, 6); II, 2 (11a – 12a; 176, 3 – 27)。参见 II, 33 (75a; 256, 21 – 25)。

② I, 35。

③ 亦即在前一段落所提出的那个看法被排除的条件下所能给出的唯一答案。但是，另参见本书 54 页以下。

和这两个矛盾事实:《迷途指津》的意图是要证明,创世论和神车论分别等同于物理学和形而上学,而迈蒙尼德在刚开始时只是断定存在着这样的等同。物理学和形而上学确实是哲学学科,一部探讨物理学和形而上学的著作确实是哲学著作。但是,迈蒙尼德无意于探讨物理学和形而上学本身;他的意图是要证明,这两个哲学学科的预设学说等同于圣经的奥秘教义。① [46]对这种等同的证明不再是哲人的义务,而是研究真正律法学的学者的义务。由此看来,《迷途指津》在任何情况下都不是一部哲学著作。②

作为一个推论,我们必须补充说,《迷途指津》不能被称为神学著作,因为迈蒙尼德根本不知道有一门不同于形而上学的神学学科。《迷途指津》也不是一部宗教著作,因为迈蒙尼德明确地将宗教论题,连同伦理学论题一道排除在他的著作的主题范围之外。③ 在我们重新找到一批适合于迈蒙尼德思想的灵活用语之前,最稳妥的做法就是仅仅这样来描述《迷途指津》:它是一部旨在解释圣经的奥秘教义的书。

三、律法和必要性的冲突

迈蒙尼德在着手解释《律法书》的奥秘时遇到一个似乎难以克

---

① 在中世纪哲学中,关于启示的教义被等同于关于理性的学说,关于这一点,参见古特曼(Julius Guttmann):《犹太哲学》(*Die Philosophie des Judentums*, 慕尼黑,1933),71 页及下页。

② 另参见本书 36 页(和注释 1),以及本书 52 页(和 53 页注释 2)、55 页(和 56 页注释 1)。

③ III, 8 结尾。

服的困难:"律法禁令"①不允许人们解释这些奥秘。迈蒙尼德试图解释律法的奥秘,但这种解释恰恰为同一律法所禁止。按照塔木德贤哲(talmudic sages)的训令,神车论不应传授给哪怕一个人,除非这人有智慧,能够自己领悟,而且,即便对这样一个人,所能传授的也仅限于"章节标题"(chapter headings)。至于圣经的其他奥秘,《塔木德》同样明确反对将它们透露给许多人。② 解释一部书的奥秘就等于把这些奥秘传授给成千上万的人。因此,前面提及的《塔木德》禁令就隐含着这样一层意思:不得撰写旨在解释这些奥秘的书。③

迈蒙尼德接受了这一禁令。对他而言,这一禁令不仅具有律法上的约束力,[47]而且显然是明智的,完全合乎他自己的一个深思熟虑的判断:普通的口述教诲胜过书面教诲。这一观点可回溯到一个古老的哲学传统。④ 迈蒙尼德所了解的亚里士多德著作是"深奥的",而不是"显白的"。亚里士多德阐述问题的方法经常表明,这种方法源于柏拉图或苏格拉底的辩证法。迈蒙尼德甚至很有可能知道写作必定招致危险这个真正的经典论断,因为法拉比在探讨柏拉图哲学的论著中总结了柏拉图《斐德若》的著名思想。⑤ 尽管如此,对迈蒙尼德而言,具有头等重要性的不是哲人们的含糊劝告,而是律法明白无误的禁令。⑥

---

① III,导言(2a 和 b;297,16 和 25)。
② I,导言(3b-4a;3,9-19);33(36a;48,19-21);34(40b;52,24-53,3);III,导言。
③ I,导言(4a;3,19-20);III,导言(2a;297,15-16)。
④ I,71(93b;121,14-24);III,导言(2b;297,25-26)。参见 I,17 和导言(4a;3,19-20)。
⑤ 参见《智慧的开端》中法拉克拉翻译成希伯来语的这部法拉比论著,David 编,75 页下端。
⑥ 写作是低劣的,这也反映在:那些不是由先知本人写的圣经书卷被称为"著作"。参见 II,45(94a,95b;283,1-5;284,21-285,3)。

如果一部旨在解释圣经奥秘的书为律法所禁止,那么,《迷途指津》作为一个谨守律法的犹太人的著作,怎么能是一部书呢? 值得注意的是,迈蒙尼德本人在《迷途指津》中从来没有将它称作书,而是始终将它称作 maqâla(ma'amar)。① Maqâla(如同 ma'amar 一样)有几种含义。它可以指一部专论,例如,迈蒙尼德在谈到阿弗洛底西亚的亚历山大(Alexander of Aphrodisias)的《统治论》(*Treatise on Government*)时就在这个意义上使用该词。但是,它也可以指一段言语——这正是它的原初含义。迈蒙尼德不将《迷途指津》称作书,而是将它称作 maqâla,这实际上暗示出《迷途指津》的教诲具有基本的口传性质。由于在像《迷途指津》这样一部书里,暗示要比明确陈述更重要,因此,迈蒙尼德关于口述教诲优于书面教诲的论断很可能必须从字面上加以理解。

从某种意义上说,《迷途指津》根本不是一部书,而只是谈话或言语的替代品。既然如此,[48]我们就不能像阅读譬如说伊本·西那(Ibn Sina)的《治疗论》(*Al - Shifâ*)或托马斯·阿奎那的《神学大全》那样去阅读《迷途指津》。首先,我们宁可假定,研究《迷途指津》的正确方法在一定程度上类似于传统犹太教研究律法的方法。② 这意味着,如果我们想知道迈蒙尼德对譬如说摩西预言的看法,我们就不能只去查阅他的著作中明确讨论该问题的那个章节,即便我们可以从中找到迈蒙尼德对该问题所作的十分清晰、似乎具

---

① 阿布拉瓦内在《解释〈迷途指津〉奥秘的短论》中指出了这一事实。伊本·提本在他翻译的《迷途指津》序言中将它称为"这部重要的书,这部论著《迷途指津》"。

② 参见沃尔弗森:《克雷斯卡斯对亚里士多德的批判》(*Crescas' Critique of Aristotle*,剑桥,1929),22 页以下。迈蒙尼德指出了两种禁令的相似性:一种禁止将口传律法写下来,另一种禁止将律法的隐秘教诲写下来。参见 I,71 开头。

有定论性的陈述。同样,光是把这些陈述与意外出现于其他章节的不同陈述进行对比,也还有欠充分。我们必须考虑迈蒙尼德针对完全不同的"案例"作出的相似"判决",并且还要熟悉通行于这种口头讨论的一般类比规则。就《迷途指津》这样一部书而言,展示作者的一个清晰陈述就等于提出了一个问题。只有经过漫长的讨论,才能弄清作者的答案,而讨论的结果又会引出(而且,其目的就是要引出)新的"难题"。如果《密西拿托拉》确实只是《塔木德》之后对有关哈拉卡的口头讨论的最大贡献,我们就有同样的理由断定,迈蒙尼德在写作《迷途指津》时延续了先前从阿加达的角度对《塔木德》所进行的讨论。《密西拿托拉》没有终止有关哈拉卡的讨论,相反,它实际上为这些讨论提供了新的起点;同样,《迷途指津》也没有对圣经的奥秘教义作出终极解释,①相反,它实际上提出了一些故意未予解决的难题,从而恢复了对圣经奥秘教义的口头讨论。

然而,虽然迈蒙尼德在《迷途指津》中所运用的方法已经最大限度地接近于口述教诲方法,但《迷途指津》并不因此就不再是一部书了。于是,《迷途指津》的存在本身就隐含着对一项明白无误的禁令的有意识违反。迈蒙尼德看来就暂时打算在受到许可的私密口述教诲与遭到禁止的书面教诲之间走一条中间道路。[49]最接近于私密谈话的写作类型莫过于与密友的私人通信了。实际上,《迷途指津》就以书信形式写成,而这些书信是写给迈蒙尼德的朋友和爱徒约瑟夫(Joseph)的。② 迈蒙尼德把书写给一个人,从而确保自己不违反不得向两个或两个以上的人解释神车论的禁令。不仅如此,迈蒙尼德在致约瑟夫的"题献书"(Epistula dedicatoria)中无意间顺带提到,约瑟夫具备研究隐秘学问的学者所需的全部素质。他还解

---

① 参见譬如说 III, 导言(2b; 298, 1 - 2);I, 21 (26b; 34, 10 - 12)。
② 特别参见 II, 24。

释说,之所以需要进行书面交流,是因为弟子离开了自己。① 倘若迈蒙尼德不将这些"写给朋友的私人信函"予以公布,这一辩护理由原本是站得住脚的。这里存在着一种不一致;而且,即便迈蒙尼德从未遇到过约瑟夫,或约瑟夫从未离开过他,他显然也决心写出《迷途指津》。② 不过,如果由此假定"题献书"完全是反讽性的,那就大错特错了。我们只需问自己一个问题:促使约瑟夫过早离开的最终原因是什么? 一旦提出这样一个问题,我们所面对的就不再是私人的、轻松的事情,而是公共的、严肃的问题。可以说,约瑟夫离开迈蒙尼德的原因在于,他是一个身处大流散时期的犹太人。促使迈蒙尼德违背明确禁令的不可能是私人需要,而只能是具有全民族意义的紧迫的必要性。唯有挽救律法的必要性才促使他打破了律法。③

[50]采取这种非常措施的必要性乃缘于长期持续的大流散。《律法书》的奥秘是"古希腊智慧、因而也是阿拉伯智慧的源头",④自古以来,这些奥秘就口耳相传,以逮后世。口传律法原本也不应

---

① 对"题献书"的这些简要评论难以对这份非同寻常的文献作出充分解释,而只是触及它那更为表层的含义。迈蒙尼德提到约瑟夫的诗,目的是想说明,约瑟夫具备优美地表达其思想的不可缺少的能力。参见 I, 34 (41a; 53, 14),并参照 I, 导言(7a - b; 8, 7 - 8)。关于约瑟夫的其他素质,参见托布(Shem Tob)对"题献书"所作的注疏。

② 迈蒙尼德完成《迷途指津》的时间究竟在认识约瑟夫之前,还是在认识他之后,这是一个有争议的问题。根据迪森德鲁克(Z. Diesendruck)在《论〈迷途指津〉的完成日期》(On the Date of the Completion of the Moreh Nebukim, *Hebrew Union College Annual*, XII - XIII, 496 页)中的说法,《迷途指津》完成于 1185 年,约当约瑟夫开始寄居于迈蒙尼德处时。即便《迷途指津》直到 1190 年(这是最晚的完成日期,参见上引文,461、470 页)才最后完成,迈蒙尼德在约瑟夫到来之前肯定对该书已有构思,并做了部分详细工作。

③ I, 导言(9b; 10, 28 - 29),参见菲尔斯滕塔尔和蒙克的解释。

④ 巴伦(Baron):《视野》,105 页,参照 I, 71 开头。另参见 II, 11 (24a - b; 192, 17 - 29)。

形诸文字,即便人们最终以书面形式对它进行了编纂,塔木德贤哲还是明智地坚持认为,隐秘教诲必须通过口耳相传由一个学者传给另一个学者,从而传给后代。贤哲的规诫得到了遵循,没有任何一本现存的书包含着全部或部分隐秘教诲。传给迈蒙尼德的只有《塔木德》和《米德拉什》(Midrash)的一些微弱提示或暗示。① 但是,口述传统的连续性预设了一种常态的政治状况。正因为如此,只有当犹太人自由地生活在自己的国家里,没有被其他无知民族征服时,《律法书》的奥秘才得到了完全理解。② 所罗门国王拥有最高政治权威的时期尤其幸运,因为所罗门国王几乎完全理解圣诫的隐秘理由。③ 所罗门之后,智慧和政治权力就不再统一于一体了,接着便出现了衰落,直到最后犹太人完全丧失了自由。犹太民族被掳时期,关于奥秘的完备知识蒙受了进一步损失。以赛亚的同时代人尚能理解他的简要暗示,而以西结的同时代人则需要多得多的细节才能把握奥秘教义。随着预言本身的中断,知识的衰颓更为明显。④ 罗马人的胜利造成了更大的灾难,因为较之第一次大流散,这次新的大流散将延续更长的时间。⑤ 随着时间的推移,《律法书》奥秘赖以实现口头交流的外部条件越来越不稳定,[51]过不了多长时间,

---

① I,导言(9b;10,26-27);71(93b-94a;121,9-26)[tanbihât yasîra wa-ishârât(简单的警告及指示)这几个词让人想起伊本·西那的《指导与评论》(Ishârît wa-tanbâhât)的标题。另参见 II,29(46a;244,8)];III,导言(2a-b;297,15-20)。在这里,迈蒙尼德暗中认为,像《论创世》(Sefer ha-Yesirah)或《身体的尺寸》(She'ur komah)这样的书是假的,没有任何价值;参见巴伦:《视野》,89页。

② I,71(93b;121,10-11)。

③ III,26(58a;369,14-16)。参见巴伦:《视野》,51-54页。

④ III,6(9b;307,12-15);II,32(73b;254,23-24),36(80a;263,19-26)。

⑤ 参见 I,71(93b;121,10)。另参见《密西拿托拉》,导言。

这种交流就将完全不可能了。面对这样的前景,迈蒙尼德决定将隐秘教诲形诸笔墨。

现在,很自然就会出现一个问题:迈蒙尼德是如何掌握奥秘教义的? 有一次,迈蒙尼德在提出弥赛亚降临日期时(《致也门犹太社区书》)曾提及一个明显具有口述性质的传统。迈蒙尼德说,他从他的父亲那里接受了这个传统,而他的父亲又从他的父亲和祖父那里接受了它,循此以往,这个传统可一直回溯到大流散开始的时候。若按迈蒙尼德的这句话来进行概括,我们就必须假定,迈蒙尼德所拥有的关于《律法书》奥秘的全部知识都源自一个一直上溯到第二圣殿时期的从未间断的口述传统。这样,我们就不仅必须接受迈蒙尼德晚年皈依卡巴拉(Kabbalah)的传说,而且还将被迫承认,迈蒙尼德在其整个成熟时期都是一个卡巴拉主义者,因为在这种情况下,《迷途指津》的内容就不过是一种基于(口述)传统的隐秘教诲。严格说来,在迈蒙尼德完成《迷途指津》之前似乎并不存在什么卡巴拉,①因此,我们就可以说,迈蒙尼德是第一个卡巴拉主义者。

然而,迈蒙尼德的明确陈述排除了这些大胆的假设。他不仅否认曾有幸通过特殊启示洞悉了神车论的隐秘意义,而且也不承认他所拥有的关于奥秘教义的知识是从老师(人世间的老师)那里学来的。② 迈蒙尼德显然相信,奥秘教义的口述传统在他出世以前很久就已经中断了。也正是由于这个缘故,迈蒙尼德在加昂(Gaonic)文献中找不到真正的犹太奥秘传统的任何痕迹,而与此同时,他又声

---

① "这个术语(卡巴拉)直到很晚的时候才被用来描述神秘主义。据可查证的资料,盲人伊萨克(Isaak dem Blinden)是第一个这样使用这个概念的人(约1200年)。"[译按:原文为德语] 肖伦(G. Scholem):《犹太教百科全书》(*Encyclopaedia Judaica*),IX,632页。

② III,导言(2b; 297, 27 - 28)。但参见 III, 22 (46a; 353, 21 - 22)。另参见 I, 62 (80b; 104, 26)中所提及的一个虚假的"神秘"传统。

称在《塔木德》和《米德拉什》中发现了这样的痕迹。同样,他也找不到在民族中间仍有生命力的神圣教义的任何残佘。① 这样看来,迈蒙尼德并不是一个古老传统的最后传人,[52]而是重新发现这个失落已久的传统的第一人。他遵照圣经和贤哲教导的提示,同时利用若干思辨前提,重新发现了隐秘教诲。② 迈蒙尼德的前辈对圣经和《塔木德》已有透彻研究,在这方面,他并没有什么特出的地方。有鉴于此,他的重新发现一定是由于他对哲学的"思辨前提"有了特别深入的领会。迈蒙尼德没有意识到,他由此而将一种外来因素引入了犹太教,因为"安达卢西亚"犹太人在他出世以前很久就已然接受了哲人的教诲——前提条件是,这些教诲符合《律法书》的基本原则。③ 这样看来,哲学教诲在某种意义上乃属于迈蒙尼德的家族传统。迈蒙尼德甚至可能相信,中世纪哲学研究的复苏与犹太教奥秘教义的消失几乎同时发生,因此,传统的链条从来就不曾中断过。毕竟,在他看来,哲学教诲的可辩护部分不过是犹太人业已失去的遗产的最后残余。④

业经启蒙的安达卢西亚的哲学传统因而就给了迈蒙尼德最初的刺激,促使他去探求圣经的奥秘。经过大半生的不懈努力,迈蒙尼德成功地发现了大量的圣经奥秘。与此同时,他清楚地意识到,即便有人能够重复他的成就,这样的人也不会太多,因为在伊斯兰国家,哲学的时代行将结束。迈蒙尼德担心,宝贵的教义有可能再度失落好几百年,因此,他就决心不顾《塔木德》的禁令将它形诸文字。不过,迈蒙尼德做事很谨慎,他坚持在难以做到的服从与明目

---

① I, 71 (94a; 121, 25 – 122, 3); III, 导言(2b; 297, 17 – 18)。
② III, 导言(2b; 297, 28 – 29)。
③ I, 71 (94a; 122, 9 – 10)。
④ 参见本书48页。另参见阿尔特曼,上引论文,315页以下。

张胆的违逆之间走一条中间道路。① 他认为自己有义务以书面形式对圣经奥秘作出解释,同时让这种解释满足口头解释所须满足的全部条件。换句话说,他必须成为不言而言、言而不言这门艺术的大师。

[53]按律法的要求,只能传授"章节标题"。迈蒙尼德决心遵守这一规诫。但是,律法还提出了进一步的要求:即便"章节标题"也不能传授给哪怕一个人,除非这人有智慧,能够自己领悟。只要以口头教导的方式传授隐秘教诲,这一要求就很容易得到遵循:如果老师认识学生时间不长(情况多半如此),他可以先和学生谈一些无关紧要的问题,藉此测试一下他的智识能力,然后再向他解释某些圣经奥秘。但是,读者就不一样了,因为一本书出版时,绝大多数读者可能尚未出世。既然如此,作者又如何考察他的读者呢? 是否存在一种代理考察方式呢? 如果确有这样一种考察方式,作者就不仅能让不够格的读者无法理解自己的著作(这并不需要花费什么力气),而且还会让他连"章节标题"的表述都搞不清楚。这种手法无疑是存在的,我们只须想一下某位高人的做法。这位高人想把一个他认为并非对人人有益的真理传授给另一个人,而这人也许有能力接受它,也许没有能力接受它。他会对通行观点的一个遥远的、显然无关紧要的后果或前提稍加质疑,从而给这人一个暗示。如果听话人领会了这个暗示,老师就会更充分地解释自己的疑惑,慢慢地将他引向一个必定比通行观点更接近于真理的观点(因为这一观点是经过一定的反思得出的)。但是,如果学生不能领会这个暗示,老师又会怎么做呢? 他会干脆停下来。这并不意味着他会停止说话,相反,他会接着往下讲,把起先那个发人深省的语句的更为传统的意义告诉给学生,从而把学生引回到通行观点的安全区域,因为倘

---

① 参见 III,导言(3a; 298, 8-9)。

若他突然停止说话,那就只能让学生感到困惑,不会给他带来任何帮助。实际上,这种中断方法不仅能被用于言谈,而且能被用于写作,唯一的区别在于,作家在任何情况下都必须停下来,因为他肯定不能让大多数读者弄清"章节标题"。换句话说,作家必须接二连三地用长时间的沉默——即无关紧要的空话——来打断他那些简短的暗示。[54] 不停地说些无关紧要的空话,这真是一种痛苦的折磨,但一位好的作者不怕这种折磨。结果,在给出一个涉及隐秘教诲某一章的暗示后,他又会继续写下一些句子。初看上去,这些句子似与传统相合,但细读之下可以发现,它们实则含有一个新的暗示,涉及隐秘教诲的另一章。这样,他就使读者不能过早觉察到隐秘教诲,因而也就不存在理解不当的问题了。也许有的读者不仅注意到,而且理解了最初的暗示,他们甚至还能理解与最初的暗示直接相关的后续暗示,但就连这样的读者在揣测第二个暗示时也会遇到很大的困难,因为这个暗示涉及论证的另外一个部分。无须补充说,隐秘教诲有多少章,章下有多少节,就有多少组暗示,这样一来,一位机灵的作者就拥有几乎无穷的可能性,可以交替使用各组暗示。

现在,我们就可以充分理解迈蒙尼德这段话的意义了:

> 在这里(指《迷途指津》),你只能要求我提供一些章节标题。在本论中,就连这些标题也并非按其内在顺序或其他任何顺序来加以安排。相反,它们是散乱的,与其他问题混在一起,而解释这些问题正是本论的意图所在。①

诚然,迈蒙尼德只是在解释神车论时说了这番话,但毫无疑问,

---

① I, 导言(3b; 3, 11-14)。

他在解释创世论乃至《律法书》的全部奥秘时也采用了同样的方法。① 正因为如此,我们就必须格外谨慎地阅读整部著作,而在理解一部科学著作时,根本不需要这样的谨慎。② 由于《迷途指津》的全部典型教诲都具有隐秘性质,因此,我们就毫不惊讶地看到,迈蒙尼德以最强烈的口吻恳求读者不要向其他人解释书里的任何一部分内容,除非特定的教义已由著名的律法教师作了清晰的说明③ [55]——也就是说,除非它是一个普通话题,一个《迷途指津》只是偶尔提及的话题。

《迷途指津》旨在解释一种隐微教义,但这种解释本身又具有隐微性质。换句话说,《迷途指津》是要对隐微教义作出隐微解释。由此看来,这是一部七印严封的书(a book with seven seals),我们怎样才能打开它的封印呢?

四、道德困境

迈蒙尼德以强烈的口吻恳求大家不要解释《迷途指津》的隐秘教诲,任何一个懂得体面,因而尊重像迈蒙尼德这样一位高人的历史学家都不会随意漠视这一恳求。完全可以说,倘若解释者在试图解释《迷途指津》的隐秘教诲时,甚至在第一次觉察到它的存在和意义时没有感到良心的苦责,他就尚未切近问题,而要真正理解一部书,切近问题乃是一个不可或缺的条件。因此,充分解释《迷途指

---

① II, 29 (46a; 244, 10f.)。参见 I, 导言(3b - 4b; 3, 17 - 4, 22),17, 35 (42a; 54, 20 - 28)。另参见 III, 41 (88b; 409, 16)。

② I, 导言(8b; 9, 26 - 10, 2),同上(3b; 3, 11 - 14);同上(4b; 4, 12 - 15)。

③ I, 导言(9a; 10, 4 - 8)。

津》主要是一个道德问题。

然而,我们有权反对提出这个道德问题,因为我们所处的历史情境与十二世纪的历史情境截然不同。由于这个缘故,我们完全有理由不以过于个人化的方式来对待迈蒙尼德的意愿。初看上去,这一反对意见确实显得武断,其立论根据是这样一个假定:我们根本不需要真正地、充分地了解迈蒙尼德的隐秘教诲,就能充分了解十二世纪的历史情境。但是,如果更仔细地观察,就可以发现,历史学家心目中的历史情境并不是指个人的隐秘思想,而是指明显的事实或观点,这些事实或观点为一个时期所共有,因而给这个时期打上了特定的烙印。我们碰巧遇上了一批称职的历史学家,由于他们的研究工作,我们对流行于十二世纪的各种观点有了深入的了解,而且我们每个人都可以看到,这些观点与流行于我们这个时代的观点截然不同。当时的人们普遍相信《律法书》的神启性质,[56]相信永恒不变的律法的存在,这一信念主宰了公共舆论,而今日的情形则完全不同,公共舆论主要受历史意识支配。《塔木德》禁止人们通过写作讨论圣经的隐微教义,迈蒙尼德违反了这一禁令,他自己提出的辩护理由是,必须挽救律法。同样,尽管迈蒙尼德恳求大家不要解释《迷途指津》的隐秘教诲,但我们可以诉诸历史研究的要求来证明漠视这种恳求的正当性,因为如果不把迈蒙尼德的隐秘教诲揭示出来,那么,无论犹太教的历史,还是中世纪哲学的历史都有欠完整,而这种状况将十分可悲。若考虑到历史研究的基本条件,即思想自由,这一论证就显得更为有力。只要我们认可不得解释某种学说的禁令的正当性,思想自由看来就同样是不完全的。在我们这个时代,思想自由所受到的威胁远甚于过去几个世纪,有鉴于此,我们不仅有权,而且有义务解释迈蒙尼德的教诲,以促成对如下问题的更好理解:思想自由究竟意味着什么?——它预设了怎样的态度,要求作出怎样的牺牲?

这样看来,迈蒙尼德解释者的立场在一定程度上就与迈蒙尼德本人的立场相同。他们都面临着不得解释隐秘教诲的禁令,同时又面临着解释隐秘教诲的必要性。因此,我们可以认为,解释者比较明智的做法就是采取迈蒙尼德的方法来解决困境,即在难以做到的服从与明目张胆的违逆之间走一条中间道路,对《迷途指津》的隐微教诲作出隐微解释。鉴于《迷途指津》是对隐微教诲的隐微解释,对《迷途指津》的充分解释就必须是对这种隐微解释的隐微解释。

这一提议听起来像是一个悖论,甚至有些荒唐可笑。但是,对《迷途指津》的合格读者而言,它就不会显得荒谬了。伊本·卡斯皮(Joseph ibn Kaspi)就是这样一位读者,他还真的写了一篇具有隐微性质的《迷途指津》注疏。最重要的是,对《迷途指津》的隐微解释不但明智,甚至必要。

当迈蒙尼德通过他的书把圣经的奥秘教义透露给更多的人(其中有些人可能并不像他那样遵从《塔木德》禁令,也不像他那样有智慧)时,[57]他并不完全指望这些读者会遵从律法,或应允他本人的强烈恳求。正如迈蒙尼德所言,对奥秘的解释不仅为律法所禁止,而且本质上是不可能的:①奥秘按其本质就会阻止一切泄露行为。于是,"奥秘"一词就获得了第三重含义:奥秘不仅可以指具有内在意义的圣经词语或比喻,以及隐秘意义本身,而且可以指隐秘意义所指涉的事情——或许这是"奥秘"一词的主要含义。② 先知所说的事情充满奥秘,因为它们不像普通科学描述的事情那样始终

---

① I,导言(3b;3,15)。参见 I,31 开头。
② "存在物的奥秘和《律法书》的奥秘",II,26(56b;232,5)。关于"奥秘"一词各种含义的区别,参见培根:《学术的进展》(*Advancement of Learning*),G. W. Kitchin 编,205 页。

易于理解;①只有在精神短暂而稀有的日光划破精神的漫漫长夜时,先知所说的事情才能被理解。无疑,这些事情不能靠自然理性、而只能靠先知式的洞察力予以把握。由于这个缘故,日常语言就完全不足以描述先知所说的事情,只有借助于比喻性的神秘言辞,才有可能描述它们。② 实际上,就连对先知教诲的解释也只能依靠比喻性的神秘言辞,对这一解释的解释同样如此,因为二级解释与一级解释所针对的是同一奥秘主题。可见《迷途指津》不能用日常语言来解释,而只能用比喻性的神秘言辞来解释。正因为如此,迈蒙尼德不仅要求研究这些奥秘的学者达到成熟的年龄,拥有明智、精细的头脑,完全掌握政治统治术和各门思辨科学,能够理解他人的晦涩言语,[58]而且要求他们自己也能以晦涩的方式论述问题。③

如果每个学者确实必须满足所有这些条件,我们就不得不马上——即在作出严肃的努力以阐明《迷途指津》的隐微教诲之前——承认,现代历史学家完全不可能解释这部著作。解释《迷途指津》的意图本身就意味着,自命的解释者傲慢无比,简直令人无法容忍,因为他隐含地自称禀有柏拉图式哲人王的全部素质。不过,虽然一个谦逊的人在面对上文提及的各种要求时多半会主动放弃理解《迷途指津》全书的尝试,但他却很可能希望加入致力于解释

---

① I,导言(4b;4,15)。这段话隐含着隐微科学与显白科学之间的根本区别。关于这些区别,参见戈德齐赫尔(I. Goldziher):《论灵魂的本质》(*Kitâb ma'ânî al–nafs*,柏林,1907),28–31 页。按照一种通常的区分,"外部的科学"(al–'ilm al–barrânî)与亚里士多德哲学,还有凯拉姆相同;"内部的哲学"(al–falsafa al–dâhila 或 al–falsafa al–hâssa)由 muhakkikûn[真理探寻者]予以探究,它所处理的是"自然的奥秘"。隐微科学的学说是通过细微暗示而提供的知识。参见 I,17 开头,35 (41b;54,4),71 (93b;121,20)。

② I,导言(4a;4,4–7)。参见埃弗迪(Ephodi)和托布对这段话所作的注疏。I,导言(4a–b;3,23–4,20)。

③ I,34 (41a;53,12–19),33 (37b;48,22–25)。

《迷途指津》的学者队伍中去,做些边边角角的工作,为理解这部书略尽绵薄之力。如果单凭一人之力不能理解这部书,通过许多人——尤其是阿拉伯学专家、犹太学专家和哲学史学者——的大力合作,理解这部书则是完全可能的。诚然,迈蒙尼德在谈到研究隐秘教诲的学者必须满足的条件时并没有提到上述学科,事实上,他十分轻视一般的历史学。① 但是,可以公平地说,迈蒙尼德并不知道,也不可能知道现代意义上的历史学。现代历史学是一个在某种意义上将哲学和政治学综合起来的学科,这种综合对于充分理解奥秘学说是不可缺少的。不过,不管我们多么看重现代历史学家的素质,他们并不能理解隐微文本,而且他们也不是写作隐微文本的作家。现代历史意识的兴起与隐微教诲传统的中断正好同时发生,因此,所有研究迈蒙尼德的现代学者都必然缺乏理解——更不用说撰写——隐微著作或注疏所必需的专门训练。既然如此,在今日的情况下,对《迷途指津》的解释就完全不可能了吗?

我们刚才得出的结论——毋宁说把我们引入绝境的结论——背后有一个基本假定,我们现在就来更仔细地考察一下这个假定。[59]诚然,迈蒙尼德明确指出,直接而清晰地传授事情的奥秘,或《律法书》的奥秘,本质上是不可能的。但是,他同样明确地断定,律法禁止这样的传授。问题在于,理性律法并不禁止本身不可能,因而不属于人的思考或行动范围的事情,而《律法书》是典型的理性律法。② 这样一来,这两个陈述似乎就互相抵牾了。我们现在还不能断定,这两个陈述中究竟哪一个应被当作单纯的显白陈述而弃置一旁。既然如此,明智的做法就是把问题暂时搁置起来,而仅仅简单讨论一下可能的答案。问题有三种可能的解决方案:(一)迈蒙尼德

---

① 参见巴伦:《视野》,3-4页。
② III, 26。参见 III, 17 (33a-b; 337, 8-15)。

也许确实相信,以神秘方式谈论奥秘是必要的、不可避免的;(二)迈蒙尼德也许勉强承认,清晰明白地讨论奥秘是可能的;(三)迈蒙尼德也许赞同某种未知的中间立场。初看上去,第一种解决方案被排除的概率无疑占到了三分之二,因为它与我们想要理解《迷途指津》的意愿截然相悖。但是,即便我们最终必须接受第一种方案,我们也不必彻底沮丧,因为我们完全可以把这种观点当作错误观点予以拒斥。可以说,隐微教诲背后有一个基本假定:人类被严格地分成有灵感、聪明的少数人和没有灵感、愚蠢的多数人。但是,在这两个群体之间,难道就没有不同类型的过渡群体吗?难道每个人没有被赋予意志自由,从而根据个人努力的大小变得或聪明或愚蠢吗?[①]不管天生的领悟能力有多重要,对这种能力的运用,也就是方法,难道不是同样重要吗?方法几乎按其定义来说就弥合了这两个不平等的群体之间的鸿沟。事实证明,现代历史研究所采用的各种方法足以破解图像文字和楔形文字;同样,这些方法也应该足以破解像《迷途指津》这样一部书,[60]只要有一个出色的现代语文译本,我们就有可能理解它。因此,我们的问题就大大简化了,现在我们只需找到一种能够破解《迷途指津》的方法就足够了。既然如此,阅读这部书的一般规则和最重要的特殊规则是什么呢?

五、奥秘和矛盾

初看上去,《迷途指津》中有一个特征将它变成了一部七印严封的书,使近世一代一代的读者难以索解。然而,也正是这一特征为我们真正理解这部书提供了线索。我指的是这样一个事实:《迷途

[①] 《密西拿托拉》,"悔悟",5, 2。

指津》旨在对一个隐微文本作出隐微解释。人们假定,这一解释属于二次方的隐微工作,说得保守一点,其隐微程度也至少比隐微文本本身高一倍,因而理解的困难程度也要高一倍。不过,这个假定只是一个普遍的谬误。实际上,对文本的任何解释——不管多么隐微——都旨在促成对它的理解,只要作者不是一个异常无能的人,解释就肯定是有帮助的。如果我们在迈蒙尼德的帮助下理解了圣经的隐微教义,我们同时也就理解了《迷途指津》的隐微教诲,因为迈蒙尼德必定把律法的隐微教义当作真正的教义予以接受。换句话说,因为迈蒙尼德的缘故,我们有机会接触到隐秘教义的两个不同版本:一个是圣经原版,另一个是《迷途指津》的衍生版。每个版本单独抽取出来都是完全不可理解的,但我们如果把两个版本进行比照,就有可能同时破解两个版本。这样看来,我们的立场就类似于考古学家的立场。考古学家遇到一段不知用什么文字写成的碑文,随后他又发现了另外一段碑文,这段碑文实际上是以前遇到的那段碑文的译文,而译文用的又是另外一种未知的语言。迈蒙尼德有两个遭到现代批评反对的基本假定:(一)圣经是隐微文本;(二)圣经的隐微教义与亚里士多德的隐微学说十分近似。不过,我们是否接受这两个假定,其实都无关紧要。对迈蒙尼德而言,圣经确实是隐微之书,甚至是有史以来最完美的隐微之书。因此,迈蒙尼德在着手自己写一部隐微著作时就没有别的选择,只能把圣经当作范型。[61]也就是说,迈蒙尼德根据他在阅读圣经时惯于遵循的规则来写作《迷途指津》。由于这个缘故,我们若想理解《迷途指津》,就必须按迈蒙尼德在这部著作中所遵循的圣经解释规则来阅读它。

　　迈蒙尼德如何阅读圣经呢?更准确地说,迈蒙尼德如何阅读《律法书》呢?他把《律法书》当作一个单一作者的作品来阅读,这个作者与其说是摩西,还不如说是上帝。因此,对他而言,《律法书》在内容和形式两方面都是有史以来最完美的书。尤其是,迈蒙尼德并不相信(如近代圣经评断力图让我们相信的),《律法书》形式上的缺陷——例如主题的突然改变、多少有些变化的重复——是由于某些无名氏编纂者根据不同的原始资料对它进行了编纂。对他而言,这些不合规范的缺陷乃是有意为之,目的是要隐藏和泄露一种更深的秩序,一种深刻的意义,更确切地说,一种神圣的意义。迈蒙尼德在写作《迷途指津》时恰恰将这种有意的杂乱无章当作自己的范型。我们如果接受近代圣经评断的观点,就必须说,迈蒙尼德将一部无意间被搞得杂乱无章的书当作自己的范型,写了一部有意显得杂乱无章的书。无论如何,《迷途指津》确实是一部有意显得杂乱无章的书,其所传授的隐秘教诲的"章节标题""并非按其内在顺序或其他任何顺序来加以安排。相反,它们是散乱的,与其他问题混在一起"。① 《迷途指津》有很多地方表面上写得很糟,研究这部书的学者对此十分熟悉,在此仅举一个例子就足够了。迈蒙尼德在有一个地方解释了若干将空间位置、局部运动等归于上帝的圣经表达式(I,8-26),但说着说着就突然停下来,然后开始阐述人的意义(I,14),讨论以隐微方式教导神车论的必要性(I,17),如同圣经突然中断约瑟的故事,而插入犹大和他玛的故事一样。因此,我们在《迷途指津》中每次遇到主题的突然改变时,都必须遵循迈蒙尼德在面对圣经的一个类似的明显瑕疵时惯于遵循的解释规则:[62]我们必须通过猜测搞清楚这个明显瑕疵的隐秘理由。正是这个只有通过推测才能企及的隐秘理由将分散的"章节标题"连缀起来——即便它并没有提供"章节标题"本身。无疑,将分散的"章节标题"连缀起来的推理链条,甚或一些"章节标题"本身,并没有在章节内部予以说明,而是用密写墨水写在章与章之间、句子与句子之间、篇与篇之间的空白地方。

---

① I,导言(3b;3,11-14)。

另外还有一种偏离规则的情形,出现在迈蒙尼德对各组圣经戒律的解释中(Ⅲ,36－49)。迈蒙尼德在每章的开头都要提到《密西拿托拉》的某卷或某几卷,因为在这些地方,正在讨论的相关律法被编成了法典。迈蒙尼德只在一章(第四十一章)偏离了这一规则。只要看看上下文,就很容易发现,这不是偶然的。迈蒙尼德在上下文中异常清楚地说明了涉及圣经诫命的经文与对这些诫命的传统解释之间的差异,而正如他明确指出的,他的意图是要解释"经文",而不是要解释费格赫。①《密西拿托拉》旨在探究费格赫。因此,倘若迈蒙尼德在本章开头提及《密西拿托拉》中相应的"一卷",即《论审判官》,那就很容易让人产生误解。顺便补充一句,对这一偏离规则的情形进行充分讨论,将有助于解释一个同样令人困惑的难题:迈蒙尼德何以将关于服丧的律法纳入《论审判官》。限于篇幅,这一解释就只好付诸阙如了。

上述种种均为有意制造谜团的手法,是由圣经范型提示给迈蒙尼德的。作为这种手法的最后一个实例,我们不妨提一下同一主题的重复,这类重复表面上没有任何变化,或只有微不足道的变化。迈蒙尼德注意到,以西结两次见到同一神车异象,这是最隐秘的主题,而两次异象不过是以赛亚所见异象的相应重复。② 对迈蒙尼德而言,同样重要的是,在《约伯记》中,参加交谈的人表面上不断重复彼此的话,[63]尤其是,以利户被认为要比约伯、以利法、比勒达和琐法更有智慧,但他似乎并没有给前面几个人所说的话增加任何有分量的内容。③ 迈蒙尼德当然认为,所有这一切都只是表面的重

---

① Ⅲ,41(88b;409,15－16)。
② Ⅲ,3 开头,6。
③ Ⅲ,23(50a;359,4－9 和 14－15)。另参见Ⅲ,24(52b;362,22－23)。

复,而不是真正的重复。只要更仔细地考量,就可以发现,约伯、以利法、比勒达、琐法、以利户几个人的观点有着实质性的差异。以西结两次见到同一异象,第二次的报道给第一次的报道增加了十分重要的内容。① 这些重复话语中的变化表面上微不足道,实际却非常重要。这种重复同一事情的方法对迈蒙尼德的目的极有助益。一个突出的例子就是,《密西拿托拉》将圣经律法分成十四组,这种安排决定了《密西拿托拉》的整体框架,而在《迷途指津》中,迈蒙尼德在稍作变化后重复了对圣经律法的这种划分。② 这样,迈蒙尼德就造成了仅仅重复法典中的划分的印象,而实际上,这两种划分有很大的区别。除此而外,还有一些明显的例子也可以说明迈蒙尼德是如何运用这一方法的,比如《密西拿托拉》开篇(或《论诫命》[Sefer ha - misvot])细目中二百四十八条正诫与该法典正文内二百四十八条正诫编排上的差异、《迷途指津》第三篇第十七章列举的五种关于神意的观点与同书第三篇第二十三章列举的五种观点的差异、③《迷途指津》第二篇第十三章列举的三种关于创世的观点与同书第二篇第三十二章列举的三种观点的差异。在所有这些情况下,迈蒙尼德都两次提到同一数目,因而表面上只是在复述自己的话,但实际上却在复述中引入了先前陈述中连暗示都没有的新观点。迈蒙尼德在解释《约伯书》前四位对话者(约伯、以利法、比勒达和琐法)所运用的方法时清楚地说明了这样做的目的:[64]"他们每个人都复述了其他人所谈论的问题……目的是要把自己的观点所涉及的独特问题掩藏起来。这样,在普通人眼里,他们每个人的观点都是

---

① III, 23 (50a; 359, 9 – 15);1 (3a; 298, 23 – 24), 3 (6b 和 7a; 303, 5, 19; 304, 4 – 5)。参见《密西拿托拉》导言,第 186 和 187 条禁令。

② 另参见《论诫命》中的十四项原则。

③ 另外,可注意 III, 17 (37b; 342, 20f.) 中提到的三种关于神意的观点,以及 III, 21 (44b; 351, 17 – 18) 中提到的两种关于神意的观点。

获得普遍赞同的同一观点。"①也就是说,复述传统观点的目的是要在复述中把非传统观点掩藏起来。这样看来,重要的不是不断重复的传统观点本身(它可能对,也可能错),而是对传统观点的细微增补,或对传统观点所作的省略性处理。这类增补或省略出现在重复话语中,传授了真正的隐秘教诲的"章节标题"。这正是迈蒙尼德在说如下一句话时十分清楚地提示的想法:如果更仔细地考察以利户的重复话语,就能揭示出"他所引入的另一个主题,而这个主题乃是其真正意图所在"。② 迈蒙尼德是否,又在多大程度上广泛运用这种方法来对标准的"第一陈述"(即圣经经文本身)作出难以察觉的增补,这个问题在目前的讨论中暂不回答。③

鉴于这些解释规则赋予迈蒙尼德使用的每个词语以过度的重要性,我们必须再度求助于我们的初始假定:《迷途指津》模仿了圣经,尤其是《律法书》。迈蒙尼德把《律法书》当作一部书来阅读,这部书的每个词语都具有神圣的根源,因而都具有非同寻常的重要性。④《迷途指津》的首要意图就是要解释一组一组的圣经词语,每个读者都知道,迈蒙尼德作了何等认真的努力,以求发现每个圣经词语的充分意义,不管这个词语在其上下文中显得多么无足轻

---

① III, 23 (50a; 359, 11 – 14)。
② III, 23 (50a; 359, 9 – 10)。
③ 参见 III, 导言(2b – 3a; 298, 3 – 9)。无疑,"重复"的方法并不是迈蒙尼德的发明。在他之前,法拉比已经广泛运用了这种方法。法拉比在《论政治制度》(*Al - siyâsât al - madaniyya*)、《完美的城邦》(*Al - madîna al - fâdila*)和《完美的共同体》(*Al - milla al - fâdila*)中对同一教诲进行增补,或进行省略性处理,从而"重复"了同一教诲。我们也不要忘了柏拉图,他(在此仅举两个例子)在《法义》中"重复"了《王制》中的教诲,在《苏格拉底的申辩》中三次"重申"了苏格拉底的自辩,以及他所受到的指控。
④ 《密西拿托拉》,"悔悟",3, 17。

重。① [65]迈蒙尼德明确地将同样的阅读或写作原则运用于他自己的著作：

> 如果你想无一遗漏地掌握本论的全部内容，你就必须将各章相互联系起来。② 当你在读某一章时，你的意图不仅是要理解该章的整个主题，而且还要把握在论说过程中出现于该章的每个词语，即便这个词语不属于该章的意图。因为本论的措辞不是随意挑选的，而是严格挑选的，有极高的精确度。③

很自然，迈蒙尼德将《律法书》当作一部绝非琐屑的书来阅读。既然他认为史记和诗歌是琐屑的作品，他就被迫将圣经故事归入"《律法书》奥秘"的范畴。④ 迈蒙尼德极端蔑视故事，因此，他插入《迷途指津》的几则故事就绝不能按其表面意义来接受：肯定有某种必要性促使他讲述这些故事，以便要么将某一真实的观点，要么将某种良好的道德习惯灌输到读者脑中。⑤ 有一次，他讲了一个故事，说的是"多年前"一位科学家如何向他提了一个问题，他又是如何回答的。⑥ 既然《迷途指津》的措辞是"严格挑选的，有极高的精确度"，我们就可以很有把握地说，这个故事的框架传达了与科学家的讨论的内容所没有传达的某种教诲。我们在《迷途指津》中还可

---

① I，导言(2b；2，6ff)。

② 也就是说，你必须像所罗门处理圣经的词语和比喻那样处理《迷途指津》的各章。所罗门把词与词、比喻与比喻联系起来，从而弄清了圣经的隐秘教义；同样，我们也可以把章与章、隐秘词语与隐秘词语联系起来，从而弄清《迷途指津》的隐秘教诲。参见I，导言(6b；6，26－7，2)。

③ I，导言(8b；9，26－7，2)。

④ I，2 (13b；16，9－11)；III，50。参见巴伦：《视野》，8，注释4。

⑤ 参见III，50 (120a；451，1－3)。

⑥ I，2。

以读到更多的故事,说的都是"多年前"的往事,例如凯拉姆学的历史,还有迈蒙尼德着手撰写两部讨论先知和"米德拉什"的比喻问题的书的故事。① 同样,我们毫不犹豫地将"题献书"称为故事,[66]也就是说,我们毫不犹豫地假定,"题献书"也是《迷途指津》的"奥秘"之一。出自迈蒙尼德《密西拿疏》和法典的引文,以及《迷途指津》的全部引文,都属于同一类型的暗示。

说完了这段开场白,我们必须努力将阅读《迷途指津》的方法置于更坚实的基础上。我们经常因为需要猜测迈蒙尼德的隐秘思想而不胜其烦,要想摆脱这种烦恼,就有必要找到一些规则。为此目的,我们必须从头开始,更准确地讨论范型(圣经)与摹本或复述(《迷途指津》)的关系。圣经和《迷途指津》在文学上同属哪一个种(genus)？《迷途指津》又有什么属差(specific difference),从而获得了一种独特的品质？

圣经(迈蒙尼德心目中的圣经)和《迷途指津》均为隐微之书。在此只需再引用作者的一个说法就足够了。迈蒙尼德说,他写《迷途指津》的意图是要让真理一闪而过。② 由此看来,《迷途指津》不仅旨在揭示真理,而且也旨在隐藏真理。换一个表示数量的说法,迈蒙尼德在《迷途指津》中作了大量陈述,其目的主要不是为了教导真理,而是为了隐藏真理。

圣经和《迷途指津》各自的隐微方法又有什么区别呢？圣经作者以隐藏真理的方式来揭示真理,又以揭示真理的方式来隐藏真理。为了达到这一目的,他们选用了特定种类的词语,选用了比喻

---

① I, 71, 导言(5b; 5, 17ff.);III, 19 (40a; 346, 3ff.)。参见 III, 32 (70a‑b; 385, 13‑20)。

② I, 导言(3b; 3, 14)。

和密语。① 比喻看来是更重要的手段,因为与词语种类相比,迈蒙尼德更充分地讨论了比喻问题。② 这样,人们就会猜想,圣经所属的隐微著述属类(species)是比喻性著述。这一猜想促使我们提出一个问题:比喻和密语对隐微教诲来说是否不可缺少?事实上,迈蒙尼德本人就提出了这样的问题。迈蒙尼德断言,没有人能够完全解释奥秘,因此,每个导师都借用比喻和密语来谈论奥秘。紧接着他又说,如果某人在教导奥秘时不想使用比喻和密语,[67]他就不得不换用简短而晦涩的言辞。③ 这句话可以指一种不可能出现的极端情形,也可以指一种可能的创新。不管这种情形是否可能,也不管迈蒙尼德是否愿意创新,④他所指出的那种替换肯定是可能的。这样,他在说这番话时实际上就隐含地承认,存在着一个非比喻性的隐微著述属类,因此,圣经所属的隐微著述属类可正确地称为比喻性著述。

在《迷途指津》总导论中,迈蒙尼德在讨论如何解释比喻时再度对如下问题作了进一步探寻:在谈论奥秘时如何避开比喻和密语?为了讨论这个问题,迈蒙尼德给我们讲了一个故事。从前他曾有意撰写两本书来解释圣经和"米德拉什"的比喻,但却遇到了两难之境:他要么可用比喻来解释比喻,要么可用非比喻言辞来解释比喻。前一种方法只是把一个个体换成了同一属类的另一个个体,而在后一种情况下,解释不适合于普通大众。由于迈蒙尼德在《迷途指津》中所作的解释并非针对普通大众,而是针对学者,⑤因此,我们从一

---

① I,导言(5a; 5, 11 和 16)。
② 参见 Munk 版《迷途指津》,"譬喻"和"名称"词条下。
③ I,导言(4b – 5a; 4, 11 – 13, 17 – 19, 26 – 28)。
④ I,导言(9b; 10, 24 – 28)。
⑤ 参见 I,导言(5b; 5, 18 – 25),并参照同上(3a 和 4b; 2, 11ff 和 4, 8 – 12)。

开始就可以期待,这些解释具有非比喻的性质。不仅如此,我们从迈蒙尼德先前的论述中得知,对隐秘教诲的比喻性、密语式描述是完全可以避开的:它可以用简短而晦涩的言辞——即仅仅适合于能够独自领悟的学者的表达方式——予以替换。最重要的是,在解释比喻文本时,不仅有可能,甚至还有必要避开比喻言辞:比喻性解释容易引起异议,因为它只是把一个个体换成了同一属类的另一个个体,换句话说,[68]它根本不是解释。迈蒙尼德本人就十分恰切地提出了这样的异议。迈蒙尼德最终放弃了两本通俗著作的写作,而转向《迷途指津》的写作。他在作出这一决定后不得不学习的一个不同于比喻言辞的言辞属类是什么?《迷途指津》对真理的全部解释均为某一属类下的个体,这个属类是什么?为了回答这一问题,我们必须首先弄清一个更具一般意义的问题。这里涉及两个属类:一个是《迷途指津》对真理的独特解释(到目前为止,我们还不知道这个属类是什么),另一个是比喻性解释。我们需要提出的问题是,这两个属类之上的种类(genus)是什么?每个悉心研究《迷途指津》的学者都不能不提出这个问题,实际上,迈蒙尼德在《迷途指津》总导论的最后一部分已经回答了这个问题,因为在这里,他出其不意地引入了一个新主题:不同类型的书中出现矛盾的不同原因。我们已经知道了像这样突然改变主题的隐秘动机,这一动机涉及一个隐蔽的问题,即《迷途指津》的独特方法的问题。或者说得更笼统、更模糊一点,这一动机涉及圣经和《迷途指津》各自的隐微方法所属的种类问题。迈蒙尼德在这里毫不掩饰地回答了后一个问题:所要寻找的种类就是矛盾言辞。至于前一个问题,他的回答同样清楚:《迷途指津》里的矛盾须回溯到两个原因:(一)讲授(即让人明白)隐晦问题的要求;(二)谈论隐晦问题或撰写讨论隐晦问题的著作的要求。老师必定知道前一类要求引起的矛盾(只要他并非故意设置这样的矛盾),而学生则要进入高级训练阶段才能知道。也就是说,普通大众肯定不会知道。至于后一类要求引起的矛盾,它们从来都是故意设置的,作者必须极其小心地将它们彻底隐藏起来,不让普通大众知晓。① 根据迈蒙尼德透露的消息,我们可以描述《迷途指津》隐微教诲的形式:迈蒙尼德并非通过自创比喻(或利用比喻性陈述之间的矛盾)来教导真理,相反,他在教导真理时利用了非比喻性、非密语式陈述之间的矛盾,[69]而这些矛盾是有意识、故意设置的,普通大众完全看不出来。②

据此结果,我们必须得出一个结论:任何人在解释《迷途指津》时都不能从"个人的"角度来解释其中的矛盾。例如,解释者不能把矛盾追溯到这样一个事实或假定:迈蒙尼德想要调和的两个传统——即圣经传统和哲学传统——实际上是无法调和的。解释者也不能从更偏于哲学的(但未必就更为恰当的)视角来解释矛盾,他不能假定,迈蒙尼德在追踪一些超越了哲学传统视域的哲学问题,但却未能充分摆脱哲学传统的桎梏。这类尝试如果旨在解释矛盾的高度复杂和人为的调和,尚能适合于有用的目的。但是,有些矛盾若不是有意设置的,其所暴露的就不是一个禀有卓异才智的人在面对不可解决或很难解决的问题时的失败,而是一种可耻的无能。如果这类尝试旨在解释这样的矛盾,那就既是错误的,也是多余的。③ 所有这些尝试都有一个隐含的或明确的预设:迈蒙尼德未能注意到矛盾。可是,迈蒙尼德的明确陈述否认了这一假定。因此,除非有相反的证据,否则,我们就必须坚持认为,迈蒙尼德恰恰在写下矛盾语句时充分意识到《迷途指津》的每个矛盾。如果有人提出

---

① I,导言(10a, 10b, 11b;11, 19 – 26;12, 7 – 12;13, 13 – 15)。

② 参见 I,导言(10a;11, 13 – 16)。参见阿尔特曼所依循的多少有些不同的解释,上引论文,310 页及下页。

③ 参见 I,导言(10b;12, 4 – 7)。

异议,认为我们应考虑到无意识的矛盾潜入《迷途指津》的可能性,因为许多才学不亚于迈蒙尼德的哲人也陷入了类似的矛盾,那么,我们的回答是,迈蒙尼德明确声明过,书中的每个字都是精心写下的,反对者能从他们想到的其他哲人的书中找到同样的声明吗?因此,解释者的职责不是解释矛盾,而是在遇到矛盾时尽量搞清楚,在迈蒙尼德心目中,[70]两个矛盾陈述中哪一个是真实的,哪一个又被仅仅用作隐藏真理的手段。

谈论隐晦问题,或撰写讨论隐晦问题的著作的要求引起了矛盾。于是,迈蒙尼德就问:圣经中也有这样的矛盾吗?他要求人们非常仔细地研究这个问题。① 事实上,我们只要透过表面深入到《迷途指津》教诲的底层,就会发现,这是一个决定性的问题。既然迈蒙尼德没有明确回答这个问题,我们就必须将它暂时搁置起来。在此,我们也不能讨论其他几个相关的问题:迈蒙尼德教导真理的方法曾受到某个哲学传统的影响吗?这种方法是某种特定的哲学著述的特征吗?按照哲学传统的术语,《迷途指津》是否不该被描述成一部显白著作?倘若这一描述最终被证明是正确的,"增益"一词的含义就难免会发生深刻的变化:在这种情况下,它指的就不是被增益到传统观点上的极其重要的隐秘教诲,而是被增益到毫不掩饰的真理上的想象性描述。②

鉴于《迷途指津》的矛盾被隐藏了起来,我们就必须简单考察一下至少几种隐藏矛盾的方法。(一)最明显的方法是,在相隔很远的两页上以自相矛盾的方式谈论同一问题。这种方法可用如下符号

---

① I,导言(11b;13,6-8)。
② 关于"增益"一词的两种含义,参见I,导言(7a-b;8,6,15),同时参见同上(8a;9,8)。另参见《论复活》正文的开头。"增益"一词对譬如说属性学说的重要性可在此顺带提及。

来表示:a = b(15 页)—— a ≠ b(379 页)。不过,考虑到我们通常读书都很粗心,我们可将两个页码之间的距离减至任何一个正数。(二)这种方法的一个变种是,顺带作出两个矛盾陈述中的一个。一个很好的例子就是,迈蒙尼德于不经意间否认了整个献祭立法的强制性。① (三)第三种方法是,不直接否定第一个陈述,而是通过否定它的隐含意义来否定它。[71]这种方法可用如下符号来表示:a = b — b = c — [a = c] — a ≠ c — [a ≠ b],括号里是不能明言的陈述。例如,一方面说"《迷途指津》的主要主题之一是创世论"、"创世论是物理学",另一方面又说"物理学不是《迷途指津》的主题"。又如,一方面说"对奥秘的解释本质上是不可能的",另一方面又说"对奥秘的解释为律法所禁止"。(四)另外一种方法是,不直接否定第一个陈述,而是表面上重复它,实际上给它加上或从中略去一个看似无关紧要的表达式,从而否定了它。这种方法可用如下符号来表示:a = b — [b = β + ε] — a = β — [a ≠ b]。(五)另外一种方法是,在两个矛盾陈述之间插入一个过渡性论断,这个论断本身并不与第一个陈述相矛盾,但由于增加或略去了一个看似无关紧要的表达式,它就与第一个陈述相矛盾了;矛盾陈述作为对过渡性陈述的重复而潜入进来。这种方法可用如下符号来表示:a = b — a ≠ β — [b = β + ε] — a ≠ b。(六)使用含糊词语。这种方法可用如下符号来表示:

$$a = c - \left[\begin{matrix} = \\ \neq \end{matrix} b < \begin{matrix} a = b \\ a \neq b \end{matrix} \right]$$

。例如,"某个陈述是一种增益"这句话既可指对谎言的真正的增益,也可指对真理的虚假的增益。

---

① III, 46 (102a - b; 427, 14 - 16)。参见 Munk 版《迷途指津》,III, 364, 注释 5。伊本·卡斯皮在对《申命记》第 17 章第 14 节以下和《撒母耳记上》第 8 章第 6 节所作的注疏中隐含地指涉了这一陈述。

关于含糊词语的问题,我们可以指出一点:这种词语对《迷途指津》的读者来说非常重要。在迈蒙尼德看来,圣经通过使用某些特定种类的词语,通过比喻来教导真理。迈蒙尼德将比喻排除在自己的著作之外,但他在任何地方都没有声称他想避开某些特定种类的词语,尤其是含糊词语。"含糊词语"这一概念本身就是含糊的。作为一个专门用语,含糊词语指的是一个被用于两个对象的词语,"这两个对象在某一对双方而言均属偶然的方面具有相似性,但这种相似性并不构成它们中任何一个的本质"。① 在另外一个不那么专业但却同样重要的意义上,[72]含糊词语指的是"一个说得合宜的词语"(《箴言》第25章第11节)。迈蒙尼德认为,这个圣经表达式描述了"一种依其两个面向而说出的言语"或"一种具有内外两个面向的言语",外在面向对人类社会的正常状态有用,内在面向则对有关真理的知识有用。② 由此看来,第二种意义上的含糊言语就是一种一面朝向普通大众,一面朝向能够自己领悟的人的言语。迈蒙尼德试图向能够自己领悟的人透露真理,同时向普通大众隐瞒真理,对他而言,不仅言语或句子不可缺少,而且具有两个面向的词语也同样不可缺少。词语能比句子更好地掩藏奥秘,原因在于,词语在规模上要小得多,因而在其他条件相同的情况下就比完整的句子提供了一个好得多的隐藏之所。普通词语尤其如此,它们被不动声色地置于一个不惹人注意的句子里。迈蒙尼德让读者密切注意他碰巧(更准确地说,似乎碰巧)使用的每个词语,他以强烈的口吻恳求

---

① I, 56 (68b; 89, 18-20)。参见沃尔弗森:《亚里士多德、阿拉伯哲学和迈蒙尼德的含糊用语》(Amphilolous Terms in Aristotle, Arabic Philosophy and Maimonides), *The Harvard Theological Review* XXXI (1938), 164页。

② I, 导言(6b-7a; 7, 15-8, 3)。整个段落(6a-8b; 6, 19-9, 25)表面上仅仅讨论比喻,但实际上还有另外一层含义。表面的主题是以一种看似笨重的方式引入的,这就说明了这一点。

读者不要解释《迷途指津》的任何内容,甚至连一个词语也不要解释,除非它表达了某种已由昔日的犹太教权威接受并公开传授的思想。此时,迈蒙尼德心里想到的主要就是这类具有隐蔽含混性的普通词语。① 除非一个词语有着强大的杀伤力,足以毁灭没有坚实理性根基的所有信仰,除非一个词语的实际和隐秘意义使某个重要陈述具有了一种与它本来的意义(即该陈述在这个特定的词语被用于其表面的或传统的意义时所具有的意义)全然不同,甚至截然相反的意义,否则,对这个词语的解释显然就不可能是一件如此重大的事情。这样一个词语难道不该称为含糊词语,即"说得合宜的词语"吗?除了所有一般性考虑而外,我们还可以举出迈蒙尼德故意使用含糊词语的大量个别实例。这类词语有:"智慧之人"或"博学之人"[73]"哲思之人"②"有德之人""相信(上帝的)单一性的信徒社团""统治",以及"神意""增益""奥秘""信仰""行动""可能的"。

现在再回过头来看看迈蒙尼德是如何利用矛盾的。我们可以假定,《迷途指津》里的全部重要矛盾可以归结为一个单一的基本矛盾,即基于理性的真实教诲与源于想象的虚假教诲之间的矛盾。但是,不管实际情况是否如此,我们无疑需要给一个一般问题找到一般答案。这个问题就是,在每一种情况下,迈蒙尼德究竟把两个矛盾陈述中的哪一个看成是真实陈述呢?这个问题的答案将为理解迈蒙尼德的著作提供真正的向导。迈蒙尼德将真实教诲与某种隐秘教诲等同起来,实际上已经回答了这个问题。照此看来,在迈蒙尼德的两个互相矛盾的陈述中,最隐秘的陈述一定被他视为真实的陈述。在某种程度上,隐秘就等于稀有,所有人时时刻刻都在说的话则是奥秘的反面。由此,我们就可以确立一条规则:在《迷途指

---

① I,导言(9a; 10, 4-7)。
② 参见譬如说 I,导言(9b; 10, 21);III, 15 (28b; 331, 27-29)。

津》或迈蒙尼德的其他著作里,只要他作出了两个相互矛盾的陈述,那个出现得最不频繁,甚至只出现一次的陈述就被他视为真实的陈述。迈蒙尼德本人在《论复活》(Treatise on Resurrection)中也曾婉转提及这条规则。《论复活》是对《迷途指津》的最可信的注疏,迈蒙尼德在这篇著作里强调了一个事实:复活虽是律法的基本原则,却在许多圣经段落中遭到了否定,只有《但以理书》中的两节肯定了复活。迈蒙尼德几乎宣布了这条规则,他在《论复活》中指出,一个陈述的真理性不因重复而增加,也不因作者没有重复而减弱:"你知道,基本的单一性原则,即神的话'主是独一的',在《律法书》中并没有被重复。"

总而言之,迈蒙尼德并非明白地而是隐秘地教导真理;也就是说,他向那些能够自己领悟的博学之士透露真理,同时又向普通大众隐瞒真理。或许隐瞒真理的最佳办法莫过于否认真理。[74]因此,迈蒙尼德对所有重要问题都作出了前后矛盾的论断,他通过陈述真理来透露真理,又通过否认真理来隐瞒真理。但是,陈述真理必须比否认真理更加隐秘,否则普通大众就能明白了,至于那些能够自己领悟的人,他们有能力发现被隐藏起来的真理陈述。由于这个缘故,迈蒙尼德尽可能频繁地复述适合于普通大众,或为普通大众所接受的传统观点,同时又尽可能少地表达不合传统的矛盾观点。当一个陈述与另一个陈述相矛盾时,它在某种意义上只是重复了另一个陈述,它在几乎每个方面都与另一个陈述相一致,唯一的区别在于某一增补或省略之处。因此,我们必须格外用心地细读两个陈述的每个词语,不管这个词语多么微不足道。只有这样,我们才能把矛盾识别出来。

矛盾是《迷途指津》的轴心,它们以最令人信服的方式表明这部书的真实教诲被密封起来了,同时又透露出打开密封的方法。迈蒙尼德采用的其他手法迫使读者去猜测真实教诲,而矛盾则向读者公开提供了真实教诲,因为只要遇到两个矛盾陈述,真实教诲不在这个陈述里,就在那个陈述里。不仅如此,其他手法本身并不迫使读者深入到表层的背后,例如,一个不恰当的表达式、一个笨拙的转折即便被注意到,也很可能仅仅被视为一个不恰当的表达式、一个笨拙的转折,而不是被视为一个绊脚石。矛盾则不然,矛盾一旦被发现,就会迫使读者竭尽全力去弄清真实教诲。为了发现矛盾,为了弄清哪一个矛盾陈述被迈蒙尼德视为真实的陈述,我们有时就需要借助于各种暗示。识别暗示的意义要比识别一个明显的矛盾需要更高的个人领悟力。暗示是通过运用其他迈蒙尼德式的手法而提供出来的。

为了更完整地列举这些手法(不提那些有意的诡辩和反讽话语),我们将首先简要说明一下前面的有关讨论。我们主要讨论了迈蒙尼德对特定种类的词语的广泛使用,这些词语可称为隐秘词语。我们需要把具有或可能具有隐秘含义的词语编成一个完整的索引,并在此基础上专门研究迈蒙尼德的隐秘用语。[75]这些词语中有一部分是含糊的,如上面提到的例子,有一部分又是明确的,如âdamiyyûn[人]、fiqh[费格赫]、dunyâ[世间福祉]。其次,我们可以提到对读者的各种直接呼语,以及冠于全书或各篇之前的格言警句。另外一种手法是沉默,即省略一部分内容,只有那些博学之士,或者那些能够自己领悟的博学之士才会发觉。我们来看看下面这个例子。如果我没弄错的话,迈蒙尼德在《迷途指津》中曾四次引用同一句话:触觉是我们的耻辱。迈蒙尼德明确表示,这句话是亚里士多德说的,而且他还明确地或隐含地赞同这句话。①《迷途指津》是一部措辞考究的书,而一个明确陈述竟然出现了四次,这充分表

---

① II, 36 (79a; 262, 11 – 12); 40 (86b; 272, 4 – 5); III, 8 (12b; 311, 9 – 10); 49 (117a; 447, 1 – 2)。另参见 III, 8 (14a; 313, 18 – 19)。

明,这句引文类似于主导动机(leitmotif)。不过,这句引文并不完整,迈蒙尼德省掉了两个词,从而深刻改变了引文的内涵。亚里士多德的原话是,$\delta\acute{o}\xi\epsilon\iota\epsilon\nu\ \ddot{\alpha}\nu\ \delta\iota\kappa\alpha\acute{\iota}\omega\varsigma\ (\dot{\eta}\ \dot{\alpha}\varphi\dot{\eta})\ \dot{\epsilon}\pi o\nu\epsilon\acute{\iota}\delta\iota\sigma\tau o\varsigma\ \epsilon\tilde{\iota}\nu\alpha\iota$[触觉可被公正地看成是可耻的]。① 由此看来,迈蒙尼德省略了两个词语,而若不省略,这句话原本是一个$\check{\epsilon}\nu\delta o\xi o\nu$[通行意见]。《迷途指津》的读者知道"哲人的君王"的学说,当然就会注意到这一省略,并意识到,这句引文所在的段落仅仅是大众教诲或显白教诲。我们如果更仔细地研究这四次引用,就会发现,迈蒙尼德在第二次和第三次引用时提到亚里士多德的名字,但没有提到引自哪本书,而在第一段话中,迈蒙尼德明确引用了《伦理学》,从而就暗示出,这句引文出自一部主要立足于$\check{\epsilon}\nu\delta o\xi o\nu$[通行意见]的著作。在最后一次引用时,迈蒙尼德加上一句评语,说这句引文具有字面的意义,但过了两三行,他在谈到同一问题时又提到《伦理学》和《修辞学》,而这两本书均为分析$\check{\epsilon}\nu\delta o\xi o\nu$[通行意见]的著作。毫无疑问,迈蒙尼德充分意识到,他引用的亚里士多德这句话实际上反映了流俗意见,而非哲学意见。更加不容怀疑的是,[76]虽然迈蒙尼德同意亚里士多德的整句话——即触觉一般被看成是可耻的,但他绝不相信这一流俗判断是正确的。事实上,迈蒙尼德公开否定了这一判断,在他看来,人的各种感觉并无高下之分,普通大众凭想象虚构了两类不同的感觉:一类达到了完善,另一类则有欠完善。②《迷途指津》的读者若熟悉中世纪的主要论争话题,就会马上意识到迈蒙尼德误引的意义:照迈蒙尼德的引用,亚里士多德的那句话就为禁欲道德观(即迈蒙尼德

---

① 《尼各马可伦理学》,1118b2。关于这段话的解释,我所遵从的当然是迈蒙尼德所引阿拉伯语译本所依据的解释。参见阿威罗伊在此处所用的译文:"我们可以公正地认为,这种感觉对我们来说是可耻的。"[译按:原文为拉丁语]参见《论灵魂》,421a 19–26。

② I, 47, 46 (51b–52a; 68, 16–21); 2 (14a; 16, 22–17, 3)。

所说的"夸张")——尤其是人们在性问题上的禁欲态度——提供了绝好的正当性证明。① 读者若在《迷途指津》中查找这些段落,就会发现,在这几次误引中,有一次误引被插进了蒙克(Munk)所说的"预言的一般定义"(définition générale de la prophétie)中。省略的另一个典型例子是,迈蒙尼德在试图明确回答神意问题时没有提到灵魂不朽或肉身复活。② 他在讨论开始时(Ⅲ,16-24)复述了反对个别神意的哲学论证,这一论证的主要依据是,善人多灾多难,恶人福星高照。因此,迈蒙尼德居然没有注意到莱布尼茨所说的"已在来世生活中预备好的补偿",③就更加令人困惑。他在明确概括那种体现了《律法书》字面意义的神意观时也没有提到类似的补偿。④ 另一方面,在别的地方,迈蒙尼德在相同的语境中解释了《申命记》第8章第16节所说的"叫你终久享福",[77]认为这体现了犹太人的刚毅:犹太人走过沙漠,备尝艰辛,但也因此而养成了一种坚忍不拔的性格。⑤

在此需要说明的第四种,也是最后一种暗示是 rashei perakim。到目前为止,我们一直将这个短语译作"章节标题",但实际上,它也可以指"章节的开头"。无疑,在某些情况下,迈蒙尼德通过一章的第一个词或头几个词给了我们重要的暗示。对圣经诫命进行理性解释的那一节(Ⅲ,25-49)的开首词是名词 al-af'âl[行为]。af

---

① 在这一点上,参见 Ⅲ, 8 (14a-b; 313, 22-314, 14)。
② 这并不是要否认这样一个事实:在涉及迈蒙尼德所反对的神意观,或迈蒙尼德对其真理性既没有讨论也没有断定的神意观时,他确实提到了"彼世"。Ⅲ, 22 (46a; 354, 3-4)中的那个短语"人死后所留下的东西"自然并没有明确表明对个体灵魂不朽的态度。参见 Ⅰ, 74 (121b; 155, 9-10)。
③ 《神正论》(Théodicée), §17。
④ Ⅲ, 17 (34b-37b; 338, 21-343, 5)。
⑤ Ⅲ, 24 (52b-53a; 362, 10-363, 4)。参见《密西拿托拉》,"悔悟",8, 1-2。

'âl 是 a'mâl 的同义词,构成了律法的后半部分,前半部分则由 ârâ[意见]①构成。因此,这个开篇就给了我们一个暗示:《迷途指津》前面各章(I – III, 24)讨论"意见",不同于由律法教导或规定的"行为"。探讨神正论或神意问题的首章的头几个词(III, 8)是"所有生而复灭的物体"。这几个词表明,整个这几章(III, 8 – 24)仅仅讨论生而复灭的物体,而不讨论不生不灭的物体或灵魂。从迈蒙尼德的其他一些话可以看出,这一猜测是正确的。② 不仅如此,我们还必须从这个开篇得出一个结论:前面各章(I, 1 – III, 7)都在讨论不生不灭的事物,尤其是不生不灭的灵魂或精神;换句话说,这几章讨论的是神车论。这一结论得到了迈蒙尼德自己的话的证实。迈蒙尼德在第三篇第七章结尾处说,前面各章对于正确理解神车论是不可缺少的,而以后各章将完全不涉及——不管是明确地,还是暗示性地——这个最高话题。同样重要的是第三篇第二十四章的开头和全书第一章的开头。[78]第二十四章一开始用了一个含混的词语'amr,该词既可指"戒令",又可指"事物"。③

我们在前面迫不得已对迈蒙尼德陈述真理的方法作了支离破碎的评论,既然如此,再用一个比喻来结束本节,也不算离谱。通过这个比喻,那些主要对文学问题而非哲学问题感兴趣的读者,可以彻底弄清本节的主要内容。有些书的句子如同公路甚至车道,另有一些书的句子则如同弯弯曲曲的小路,穿过掩映在灌木丛中的悬崖峭壁,有时甚至还穿过隐蔽至深的宽敞岩穴。忙忙碌碌的工人马不

---

① 尤其参见 III, 52 (130b; 464, 26 – 465, 5),并参照法拉比:《各科举隅》,第五章(或法拉克拉在《智慧的开端》中的希伯来语译文,David 编,59页)。关于表示"行为"的两个阿拉伯语词,参见譬如说 III 25 (57a; 368, 8 和 10)。

② III, 23 (50b – 51a; 360, 1 – 14); 54 (135a; 470, 21 – 26)。

③ 参见 III, 24 (54a; 364, 16 和 20f.)。

停蹄地赶去上班,自然无暇顾及这些深谷和岩穴,但一群悠闲而专注的旅人却慢慢了解并熟悉了它们。难道每个句子不富于潜在的幽隐内涵吗?难道每个名词不可以用一个关系从句来解释吗?——这个关系从句有可能深刻影响主句的内涵,即便细心的作者省略了它,细心的读者也会读出它来。① 再有,像"几乎"②"也许""好像"这样一些小词难道不能创造奇迹吗?一个陈述若以条件句的形式来加以说明,难道不可以具有一种差别细微的含义吗?难道不可以把这个条件句改成一个很长的句子,特别是在其中嵌入一个有一定长度的插句,从而掩盖这个条件句的条件性质吗?事实上,迈蒙尼德恰恰就用这样一个条件句表述了他对预言的一般界定。③

六、《迷途指津》与法典

我们已经看到,《迷途指津》旨在探究真正的律法学,而真正的律法学不同于通常意义上的律法学,即费格赫。剩下还有一个问题需要考虑:在迈蒙尼德看来,律法学的两种类型或两个部分是否同等重要?[79]抑或其中的一个高于另一个?

有几个证据表明,在迈蒙尼德心目中,费格赫——或用希伯来

---

① 在这一点上,参见 I, 21 (26a; 33, 11 – 17),27 结尾。
② 参见 III, 19 (39a; 345, 6)。
③ II, 36 (78b – 79a; 262, 2 – 263, 1)。参见 Munk 版《迷途指津》,II, 284, 注释 1。同一方法的其他例子见于 III, 51 (127b; 460, 27 – 461, 1)[参见 Munk 版《迷途指津》,III, 445, 注释 2]和 III, 18 (39a; 344, 22)。

术语来说,塔木德①——要比《迷途指津》的主题更重要。(一)迈蒙尼德将他的塔木德律法典称为"我们的巨著",而将《迷途指津》称为"我的专论"。(二)塔木德律法典对传统犹太教有很大的影响,《迷途指津》在这方面无法与之相颉颃。事实上,就强大的通俗魅力而言,《迷途指津》在出版二三百年后就已被《光辉之书》(Zohar)②远远超过了。(三)即便今日的情况已发生了深刻变化,《密西拿托拉》仍能唤起现代读者强烈而深厚的情感,而《迷途指津》则不然,除了历史学家而外,几乎没有什么人对它发生兴趣了。(四)《密西拿托拉》的主题很容易确定,而《迷途指津》的问题究竟属于哪个领域,则极其令人困惑。《迷途指津》既不是一部哲学或神学著作,也不是一部宗教著作。③(五)律法典被称为"重述律法书",而"专论"则只是"给迷惘的人的指南"。(六)迈蒙尼德曾针对塔木德贤哲为塔木德进行辩护,他说,"虽然贤哲们将这些事情(即对《律法书》戒律的解释)称为小事(因为贤哲们说,'大事是神车论,小事是阿巴耶和拉巴的讨论'),但它们实应居于首位"。在此,迈蒙尼德明确断定费格赫要比《迷途指津》的主题(即创世论和神车论)更重要。④(七)虽然这已经走得很远了,但我们还有可能被诱导走得更远,乃至于断定,《迷途指津》的主题从属并隐含于塔木德,因为迈蒙尼德明确地说,塔木德包含了 pardes⑤[即神车论和创世论]。⑥

---

① 参见 III, 54 (132b; 467, 19 - 22),并参照《密西拿托拉》,"托拉研究",1, 11。
② 参见肖勒姆(G. Scholem):《创世的奥秘》(*Die Geheimnisse der Schöpfung. Ein Kapitel aus dem Sohar*,柏林,1935),6 页及下页。
③ 参见本书 43 页。
④ 《密西拿托拉》,"托拉的基础",4, 13。
⑤ [译按]犹太解经方法。
⑥ 《密西拿托拉》,"托拉研究",1, 12。

这一论据可由(八)一个暗示予以进一步强化。在一部像《迷途指津》这样的书里,这个暗示本身远比一个明确的陈述更加意味深长。[80]迈蒙尼德在全书一开始就解释了真正的律法学,一直到最后一章才解释了费格赫的涵义。为了理解这一暗示,我们必须借助于包含在第一章和最后一章"章节标题"中的另一个暗示。第一章以"形象"一词开始,最后一章则以"智慧"一词开始。这表明,必须将《迷途指津》的读者从"形象"(想象的领域)引向"智慧"(理智的领域);《迷途指津》的读者走过的道路是从较低级的知识上升到较高级的知识,甚至是从最低级的知识上升到最高级的知识。《迷途指津》探讨的最后一个主题是严格意义上的律法,即《律法书》的诫命和禁令,而不是创世论和神车论——它们已在前面探讨过了。因此,律法的戒律并不是什么"小事",而是真正的律法学的最高主题甚至目标。(九)这一结论得到了迈蒙尼德的一个明确陈述的证实。迈蒙尼德的陈述确立了一个由低到高的等级秩序:(1)仅仅基于传统的真理知识;(2)基于证明的真理知识;(3)费格赫。① (十)这个等级秩序也与贤哲们的一个说法相一致:行为,而非研究,才是极其重要的,而费格赫所规定的正是行为。《迷途指津》的整体框架模拟了这个等级秩序,因为直到全书的最后一组章节,迈蒙尼德才解释了律法,正如他在末章解释费格赫的涵义时所表明的,末尾是最好的。

我们在前面列举了有利于如下观点的全部证据:在迈蒙尼德心目中,《密西拿托拉》比《迷途指津》更为重要。我们希望没有遗漏任何一个可以证明这一观点的论据,只要这个论据已经被提出,或有可能被貌似有理地提出。不过,这些论据虽然乍看之下颇为有力,但实际上没有任何有效性。第二个和第三个论据全然无关紧

---

① Ⅲ, 54 (132b; 467, 18 – 25)。

要,因为它们并没有反映迈蒙尼德本人的信念,而仅仅涉及其他人过去或现在对这个问题的看法。第四个论据也不值得认真考虑,因为它同样并非以迈蒙尼德的一个陈述为依据,[81]更何况一本书的主题令人困惑,未必就证明它比较低级,亚里士多德的《形而上学》就很能说明问题。在排除了这三个论据后,我们现在就来看看剩下的七个论据,因为这些论据至少表面上都以迈蒙尼德的明确或隐含陈述为依据。

迈蒙尼德将《密西拿托拉》称为"我们的巨著",而将《迷途指津》仅仅称为"我的专论"。不过,从这种描述中推导出的结论并没有什么意义。原因在于,这一结论仅仅基于一个暗示,到目前为止还没有任何证据表明,迈蒙尼德受到妨碍,不能公开地说哈拉卡比《迷途指津》的主题更重要;而且,也没有任何理由表明迈蒙尼德为什么不能这样说。迈蒙尼德将《密西拿托拉》称为"巨"著,完全可以就其篇幅而言,而非就其重要程度而言,因为一部法典的篇幅自然会超过对"根基"的讨论。萨比教徒伊萨克(Ishâq)曾写过一部"巨著"讨论"萨比教徒的律法,和他们的宗教、他们的庆典、他们的献祭、他们的祈祷的种种细节,还有他们的宗教的其他问题",而同一不知名作者还写过一本书"为萨比教徒的宗教进行辩护"。难道我们应该相信,在迈蒙尼德心目中,前一本书比后一本书具有更高的价值吗?① 不仅如此,迈蒙尼德是否真的将《迷途指津》称为"专论",而非"言语",同时将《密西拿托拉》称为"著作",也是值得怀疑的。"著作"本是"书"的同义词。② 虽然迈蒙尼德在绝大多数情况

---

① 参见 III, 29 (66b; 380, 13 – 15)。
② 参见金兹伯格(Louis Ginzberg)在他给埃弗罗斯(I. Efros)《〈迷途指津〉中的哲学术语》(*Philosophical Terms in the Moreh Nebukim*)所编附录中 hibbur 词条下的注释,纽约,1924。参见本书 45 页。

下都交互使用这两个词语,但他至少有一次暗示出 kitâb[sefer,"书"]和 ta'lîf[hibbur,通常译作"著作"]的区别,他是在谈到可"在任何一部书或任何一部著作中"发现的矛盾时作出这一暗示的。① 阿布拉瓦内在对这段话的注疏中指出,迈蒙尼德所说的"书"是指最典型的书,即圣经,而他所说的 tawâlîf(更准确地说,hibburim)则是指塔木德和哲学文献。我们应该感谢阿布拉瓦内指出了这个问题,但却实在无法接受他的解决方案,因为在《迷途指津》的同一部分,迈蒙尼德也提到了哲人的"书"。② [82]另一方面,在涉及这个区别的文字两行下面,迈蒙尼德将 ta'lîf 一词用于像《密西拿》(Mishnah)、《巴莱沓》(Baraitot)和《革马拉》(Gemara)这样的著作。③ 因此,我们认为,迈蒙尼德偶尔区分"书"和"著作",其用意是要说明诸如圣经和哲人著作之类的著述与以塔木德汇编为代表的其他文献的区别,而且这样的说明仅此一次。事实上,从翻译上看,"汇编"要比"著作"或"书"更接近于 ta'lîf 或 hibbur 的字面意义。我们从 maqâla 一例得知,迈蒙尼德只要以强调的方式使用一个词,一般都取其原义,而不是取其派生意义或更为通常的意义。就其本身而言,这个原义经常都更为隐蔽。因此,我们应该将迈蒙尼德以强调方式使用的 ta'lîf 或 hibbur 译作"汇编",而不是"著作"。迈蒙尼德经常将《密西拿托拉》称为 ta'lîf 或 hibbur,无疑是在

---

① I,导言(9b;11,7-8)。

② I,导言(11b;13,8)。阿布拉瓦内的注疏可能是由于受了伊本·提本(或某位誊写人或排印者)的一个错误的暗示,因为在我们手头的伊本·提本译本中,"哲人的书"(the books of philosophers)作"哲人的话"(the words of philosophers)。不过,这个暗示也很可能是由 I,8(18b;22,26-27)引起的,在这里,迈蒙尼德区分了先知的"书"和"研究科学的人"的著作(tawâlîf 或 hibburim)。

③ 参见 I,导言(10a,11,10),并参照同上(10b-11a;12,12-19)。

强调的意义上使用这两个词。因此,"我们的巨著"这个惯用译名就应该用"我们的大型汇编"取而代之。① 这样看来,迈蒙尼德区分《迷途指津》和《密西拿托拉》,并不是在区分一篇专论和一部庄重的著作,而是在区分秘传和庞大的汇编。

如果假定,在迈蒙尼德心目中,《密西拿托拉》比《迷途指津》更重要,因为他将前者称为"我们的巨著",而将后者称为"我的专论",那也同样不过是一种流俗谬误。[83]要知道,复数未必就是至尊复数(pluralis majestatis)。迈蒙尼德使用的单数和复数的意义在他对神意的讨论中表现得十分清楚。在这里,迈蒙尼德再明确不过地区分了"我们的观点"和"我的观点"。他引入"我所相信的"作为对"我们的观点,即我们的律法的观点"的一种解释,并将它与"我们的普通学者"所接受的解释进行对照。在稍后的地方,迈蒙尼德又区分了"我们的宗教社团关于神性知识的观点"和"我对这个问题的讨论"。② 他更为明确地将"我们、即我们这群律法信徒所说的"和"我们的信念"与哲人的观点和"我所说的"区别开来。最后,他还将"我们律法的观点"与正确的或"我的"观点区别开来——而

---

① 只要看看迈蒙尼德在《密西拿托拉》导言中是怎样在与"写作"和"书"的对照中使用"编纂"和"汇编"这两个词的,就可以清楚地看到,这一翻译是正确的。《密西拿托拉》是一部汇编,因为迈蒙尼德编写这部书的目的是要把经由所有这些汇编(即塔木德和加昂文献)而得到阐明的东西编纂在一起。参见"悔悟",4,7 (86b 11 Hyamson)。关于"汇编"一词的原义,还可参见"托拉的基础",1,11;3,7。布劳(L. Blau)认为(MbM, II, 339f.),"汇编"对应于"大全",区别于"论著"。不过,这种看法站不住脚,因为迈蒙尼德将《密西拿托拉》和《密拿疏》称为 hibburim(或 tawâlîf)。参见譬如说 I, 71 (93b; 121, 19)。

② III, 17 (34b; 338, 21-24)。参见同上(35b; 340, 10ff)。III, 18 结尾。

他在前面曾将"我们律法的观点"与"我们的观点"等同起来。① 我们可以这样来解释这一区别:"我们的观点"基于圣经的字面意义,而"我的观点"则符合圣经的意图,即符合圣经的隐蔽或隐秘意义,因为"我的观点"将可理解的观点与圣经的字面意义协调起来。② "我的观点"与"我们的观点"的区别在于,"我的观点"含有另外某个观点,而这一观点只有在经过了仔细研究后才会显露出来,而且也只有这一观点才真正重要。另一方面,"我们的观点"是所有人赞同和重复的观点,它并不含有个人所独具的思想,尤其不含有"我的观点"所独具的思想。③ 尽管正确的观点可否等同于"我的观点"还有待于证明,尽管在目前的研究阶段上还不能轻率地否认"我的观点"很可能也是一种显白观点,但在当下的语境中,意识到如下一点非常重要:"我们的观点"和"我的观点"的区别不仅反映了迈蒙尼德对神意的讨论的特点,而且反映了《迷途指津》全书的特点。无疑,这正是一位中世纪注疏家深思熟虑的观点:[84]这位注疏家透过此处所区分的"我们的普通学者"的观点和"我的观点"看出,迈蒙尼德运用了他在全书的开篇通过引用《箴言》第22章第17节而宣示的一个一般原则。④ 按他的理解,这节经文的意思是,"要侧耳

---

① III, 20 (41a – 42a; 347, 21 – 348, 16); 23 (49b; 358, 26 – 359, 1)。

② III, 17 (34b – 35b; 338, 22; 339, 16; 340, 13f.)。参见同上(37b; 342, 26 – 27)。

③ 参见 III, 23 (50a; 359, 4 – 15)。

④ 托布论 III, 17 (34b; 338, 21 – 24):在这件事情以及类似的事情上,我们应该说,"要侧耳倾听贤哲的言语,但要留心领受我的观点"。[译按:原文为希伯来语]还可参见同一作者论 III, 18 结尾。另参见巴赫尔(W. Bacher), MbM, II, 180 页。

倾听贤哲的言语,①但要留心领受我的观点"。这样一来,这节经文从一开始就确立了《迷途指津》的原则,把"我的观点"呈现为对"我们的观点"的"增益"。因此,这部著作被称为"我的言语"。就在这段引文之前,迈蒙尼德还引用了《箴言》第8章第4节:"众人哪,我呼叫你们,我向世人发声。"这也证实而非否定了上述结论。迈蒙尼德引用这节经文是想说,他的呼叫是向少数禀有天使本质的英才发出的,而他的清晰言语则针对普通大众。② 因为如前所述,"我的言语"不能等同于"我的清晰言语";"我的言语"或"我的观点"更有可能等同于"我的呼叫"。因此,我们不妨重申一遍,《迷途指津》是"我的言语",透露了"我的观点",而"我的观点"不同于"我们的汇编"《密西拿托拉》所表达的"我们的观点"。总的来说,迈蒙尼德在《密西拿托拉》中更像是犹太教社团或犹太教传统的传声筒。迈蒙尼德无疑让自己的观点服从于犹太教传统的观点,既然如此,人们或许就会反对说,迈蒙尼德把《迷途指津》称为"我的"书,把《密西拿托拉》称为"我们的"书,其间的暗示仍然证明,在他心目中,《密西拿托拉》比《迷途指津》更尊贵。因此,我们就必须讨论剩下的六个论据。

第五个论据乃基于两部书的标题所提供的暗示。与单纯的"迷途指津"相比,"重述律法书"必定处于高得多的等级上。或许,我们可以反对说,后面这个标题不应译作"重述律法书",而应译作"第二律法书"。不过,在此我们不拟提出这一反对意见。[85]诚然,"第二律法书"这个译名有迈蒙尼德在为其法典的标题进行辩护

---

① 参见 II, 33 (76a; 257, 26 - 258, 1);《密西拿托拉》,"托拉的基础",4,13。另参见《密西拿疏》论最高评议会,X (Holzer 版,9 页,或 Pcocke 版,147 页)。

② I, 14;《密西拿托拉》,"托拉的基础",2,7。

时所作的唯一陈述为根据,①但如果一部书仅次于另一部书,并重申了该书唯一可靠的解释,那么,它就同样可被正确地称为该书的重述。② 毫无疑问,《密西拿托拉》是口传律法的重述,而按照迈蒙尼德的观点,口传律法是对(成文)《律法书》的唯一可靠的解释。无须补充说,对《申命记》的指涉绝不是无意的。不过,我们不应忘记,传统上将摩西第五书称为"密西拿托拉",而在迈蒙尼德之前,亚伯拉罕·巴尔·希雅(Abraham bar Hiyya)已经从这一事实推导出一个结论:必须区分《律法书》(即摩西第二、第三和第四书)和《密西拿托拉》(即摩西第五书)。亚伯拉罕的观点可以说预示了近代圣经评断的最重要的成果。在他看来,《律法书》规定了"虔诚会众"必须遵循的"礼拜仪文"(即敬拜仪文),而"虔诚会众"几乎不关心世俗事务,尤其不关心国家的防卫。"礼拜仪文"是犹太人在走过沙漠时所遵循的生活准则,那时的犹太人神奇般地受到保护,抵御了外来威胁。同样,每当犹太人流亡异乡,无力抵御敌人,因而只能完全仰赖上帝的怜恤时,他们都必须遵循这一生活准则。另一方面,《密西拿托拉》预设或重复了"礼拜仪文",同时又给它增加了"效力于王国的仪文"。《密西拿托拉》所针对的是"正义的王国"——一个没有脱离世俗事务、关心国家防卫的共同体。它主要涉及司法事务(尤其在农业生活中)以及有关国王和战争的律法,确

---

① 参见布劳,MbM, II, 338页。布劳从他指出的这个事实得出一个结论:"这部书的本质体现在'汇编'一词中。"[译按:原文为德语]也就是说,"密西拿托拉"这几个词并未表达这部书的本质。紧接着,布劳又用斜体补充了一句话:"'密西拿托拉'这个书名在迈蒙尼德的著作中实际上只出现了一次。"[译按:原文为德语]如果这句话是正确的,它就确实值得用斜体,因为它表明,在迈蒙尼德心目中,"密西拿托拉"这个书名具有极大、极隐秘的重要性。但事实上,我相信,这个书名在《迷途指津》中出现了十次。

② 参见蔡特林(S. Zeitlin):《迈蒙尼德》(*Maimonides*, 纽约,1935),86页。

立了犹太人生活在自己的家园时所遵循的生活准则。① [86]在此，我要斗胆提出一个想法：迈蒙尼德在给他的法典——该法典不仅包含流亡异乡时的律法，而且包含定居家园时的律法——选定"密西拿托拉"这个标题时记起了亚伯拉罕·巴尔·希雅的解释，正是出于亚伯拉罕的解释隐然提示的某种理由，迈蒙尼德将有关国王和战争的律法置于法典的终末，给人留下如此深刻的印象。我们将标题译作"重述律法书"，实际上也留意到迈蒙尼德使用"重述"一词的独特意义。然而，我们能够因为《密西拿托拉》是律法书的重述便假定，迈蒙尼德认为这部著作或其主题比《迷途指津》或其主题更重要吗？"重述律法书"是一个含混的说法，它可以指两种意义上的重述：一种是按《律法书》的外在比例来复制《律法书》，另一种是按《律法书》各个主题的隐蔽的、真实的比例来复制《律法书》。毫无疑问，法典只是按《律法书》的外在比例来复制《律法书》。《律法书》包括两部分：（一）真实的"观点"；（二）"行为"。《律法书》对"行为"作了十分详细而又极其精确的规定，至于真实的"观点"则只有粗线条的提示。这个比例在《塔木德》中被原封不动地保留下来，因为塔木德贤哲所论述的多半是戒律和规矩，而不是观点和信仰。② 同样，《密西拿托拉》讨论得最详细的也是"行为"，至于基本真理则仅被简略地、间接地（尽管这类间接暗示已接近于清晰的断言）、偶然地论及。在这一点上，《密西拿托拉》与《塔木德》完全相同。③ 另一方面，《迷途指津》主要——如果不是百分之百的话——探究不同于"行为"的"观点"，而"观点"高于"行为"，正如灵魂的

---

① 《灵魂的沉思》（*Hegyon ha - nefesh*），Freimann 编，38a - 39b 页。

② III, 27 (59b 和 60a; 371, 29f.; 372, 9f.); 28 (60b - 61a; 373, 7 - 17); I, 导言(11a - b; 13, 2 - 5)。

③ I, 导言(3b 和 6a; 3, 7; 6, 8 - 9); I, 71 (97a; 125, 14)。

完善高于肉体的完善一样。因此,《律法书》的最高目标是规范我们的观点,而《律法书》规定的我们的行为秩序则从属于我们的观点。① 这样看来,《密西拿托拉》(旨在探究通常意义上的律法学)并未模仿《律法书》各主题的真实比例,《迷途指津》(旨在探究真正的律法学)才模仿了它。[87]我们可以由此得出一个结论:《密西拿托拉》是简单意义上的"重述律法书",《迷途指津》才是地地道道的"重述律法书"。② 如果有人反驳说,《迷途指津》的标题并未表明它是《律法书》的重述,我们只需提及 guide[向导]和 guidance[指导][托拉]这两个词的相似性就足够了。③《迷途指津》作为《律法书》的重述或模仿,其所特别适合的是"困惑的"人们,而《密西拿托拉》作为《律法书》的重述,其所针对的则主要是不"困惑的"人们。

第六个论据涉及迈蒙尼德针对费格赫的优先性所作的明确陈述,但却忽略了一个事实:按《塔木德》的说法,与神车论相比,"阿巴耶和拉巴的讨论只是小事一桩",而迈蒙尼德并没有否定这一说

---

① Ⅲ, 27。

② 对这一关系的提示可见于如下事实:《密西拿托拉》共 14(= 2×7)卷,《迷途指津》中律法的戒律也分成 14 组,而《迷途指津》中共有 7 章对《律法书》的最高奥秘,即神车论进行了解释。还可参较:《迷途指津》从讨论"形象"到讨论"天使"(即仅次于一个主题的主题)共计 49(= 7×7)章,从讨论"形象"到讨论"乘驭"(rakab,即"神车"[merkabah]语法上的词根)共计 70(= 10×7)章。为了理解"70"这个数字,我们必须记住,âdamiyyûn[人]一词——如果我没弄错的话——在《迷途指津》中共出现了 10 次,《律法书》按 benei adam[亚当之子]的语言说话。《迷途指津》第 14 章解释了 adam 一词,解释人的各种含义的这章的数字与《密西拿托拉》的卷数或律法组数是相同的。另参见本书 86 页注释 1。

③ 试比较以下两者:一方面,在 Ⅲ, 13 (25a; 327, 10f.)和 Ⅰ, 2 (13b; 16, 9)中,"托拉"被解释成 hidâya[向导];另一方面,在 Ⅱ, 12 (26b; 195, 27)中,hadâ[带领]和 dalla[指示]被当作同义词使用。另参见 Ⅲ, 45 (101a; 425, 17)。

法。他在解释这一说法时只是加了一句话:在关注隐秘话题之前,应首先掌握戒律知识。原因在于,戒律知识对戒律的施行是必不可少的,而戒律的施行对内心的宁静、对和平与秩序的确立又是必不可少的。进而言之,所有这一切对"来世生活"或真实观点的获得又是必不可少的。① 换句话说,戒律知识只是达到某个目的的手段,而该目的又只是达到另一个最终目的——即理解创世论和神车论——的手段。[88]由此看来,戒律知识先于奥秘知识,如同手段先于目的一样。迈蒙尼德还补充了另外一个理由:每个人,无论老少、智愚,都能了解戒律,而隐秘教诲则只对"哲思之人"才是清楚明白的,就连某些最伟大的塔木德贤哲也不能充分把握它。② 因此,我们可以得出一个结论:迈蒙尼德认为戒律知识具有优先性,但这种优先性只是时间上的优先性,并不意味着它比创世论和神车论更重要。

第七个论据基于迈蒙尼德的一个论断:创世论和神车论属于塔木德。迈蒙尼德是在划分《律法书》研究时作出这一论断的。在他看来,《律法书》研究可分成三个部分:成文律法研究、口传律法研究和《塔木德》。对先知书和圣录(hagiographa)的研究属于成文律法研究;对成文律法解释的研究是口传律法的组成部分;对隐秘问题的研究属于塔木德。③ 为了正确理解迈蒙尼德的论断,我们必须首先记住,塔木德是一个含糊词语,它可指某类著述(《巴比伦塔木德》和《耶路撒冷塔木德》),也可指一种特殊类型的研究。在前一种意义上,说隐秘话题属于塔木德,而不属于成文或口传律法,其意

---

① 《密西拿托拉》,"托拉的基础",4,13。参见《密西拿托拉》,"悔悟",8,5-6,14;《迷途指津》III,27 (59b; 371, 25-28)。

② III, 导言(2a; 297, 6-8, 9-10)。另参见 I, 17。《密西拿托拉》,"托拉的基础",4,13。

③ 《密西拿托拉》,"托拉研究",1,12。

就是,这些话题出现在《塔木德》而非圣经中。① 这一说法根本不涉及让隐秘教诲从属于费格赫的问题。如果我们从第二层意义上理解塔木德(我们也许应该这样做),那么,初看上去,迈蒙尼德似乎真的让隐秘话题的研究从属于费格赫,正如他确实让先知书和圣录研究从属于摩西五经研究一样。可是,迈蒙尼德实际说了什么呢? 从一切有价值的研究均属《律法书》研究的组成部分这一隐含假定出发,他提出了一个问题:对"大事"(即隐秘教诲)的研究属于《律法书》研究的哪一部分呢? [89]他的回答是,鉴于隐秘话题是最困难的话题,②对它们的研究就必定属于无所不包的《律法书》研究的最高级部分,即塔木德。迈蒙尼德并未排除这样一种可能性:这一最高级的研究可进一步分成两个不同的子部:费格赫和真正的律法学。③ 事实上,迈蒙尼德暗示了这种可能性,因为他说,人在达到智慧的更高阶段后,应该按其智识水平将几乎全部时光投入到塔木德研究中去。

第十个论据基于加姆利厄尔(R. Simeon ben Gamaliel)的一句格言:最重要的不是研究,而是行为。这个论据的背后还有一个假定:迈蒙尼德必定依其表面意义接受了这句格言。但是,按照迈蒙尼德的解释,④这句格言仅仅涉及有关律法和美德的言语,它只是要求人的行为必须符合他那些表达了顺从的、有德的思想的言语。抛开这一点,迈蒙尼德在《密西拿托拉》中明确承认,《律法书》研究比其他所有行为都更重要。⑤ 尤其值得注意的是,他在《迷途指津》

---

① 参见 I, 71 (93b 和 94a; 121, 11f., 25f.),以及 III, 导论(2b; 297, 17f.)中的类似段落。
② 《密西拿托拉》,"托拉的基础",2, 12; 4, 11, 13。
③ I, 导论(3a; 2, 12-14);III, 54 (132a-b; 467, 2-22)。
④ 《密西拿疏》,论《先贤篇》,I, 17。
⑤ 《密西拿托拉》,"托拉研究",1, 3; 3, 3-5。

的最后一章断言,律法的大多数戒律都只是达成伦理美德的手段,而伦理美德又只是达成真正目的——即哲思的美德或关于神性事物的真正知识——的手段。①

从迈蒙尼德的这个论断及其所处的位置来看,第八个论据肯定没有道理。倘若《迷途指津》的第一个"章节标题"——即"形象"(Image)——真与最后一个"章节标题"——即"智慧"(Wisdom)——形成对照的话,我们无疑就必须得出结论说,迈蒙尼德想让《迷途指津》的所有读者从最低级的知识攀升至最高级的知识,但实际上,最后一个"章节标题"并不是"智慧",而是"智慧一词"(The word wisdom)。问题在于,"智慧一词"未必就高于"形象",迈蒙尼德经常考虑的一个事实就能说明这一点:[90]许多生活在虚幻的、想象的观念世界中的博学之士都把他们对这类观念的掌握和利用称为"智慧"或"哲思"。另一方面,如果正确理解"智慧"的话,它就表示某种绝对高于"形象"的东西;一个按其真实含义理解"智慧"一词的人克服了,或正在克服自己的虚幻观念。最后一个"章节标题"是含糊的,相反,第一个"章节标题"则毫不含糊。当最后一个"章节标题"与第一个"章节标题"形成对照时,它就提示出在阅读《迷途指津》过程中必然遇到的模棱两可的情形。《迷途指津》的读者有可能从虚幻的观点攀升至真正的智慧,也有可能片刻也没有离开过想象世界,最后仅仅捕捉到"智慧"一词,而这个词不过是智慧的影子或影像。我们不妨将迈蒙尼德的一句格言用在这样的读者身上:在本文的这个地方没有理由提到他们。② 在此,我们只需想想《迷途指津》所针对的读者:这类读者在接受了《迷途指津》的训练后肯定会用明智的观点取代虚幻的观点。对他们而言,对《迷途

---

① Ⅲ,54(133b-134b;468,22-470,11)。
② Ⅰ,导言(4b;4,11-12)。

指津》的研究是一个从最低级知识攀升至最高级知识的过程。这仅仅等于说,凭借对最后一章或最后一组章节的领会,他们获得了更全面的知识,这是他们在阅读这些章节之前所不具备的。然而,这一事实显然未必意味着,最后一组章节所探讨的主题处在更高的等级上。

在《迷途指津》中,各个主题的安排遵循了一定的原则。为了把握这一原则,我们必须提醒自己注意,《迷途指津》的原初宗旨是要按《律法书》各个主题的隐秘比例来重述《律法书》。既然《律法书》由一个居间的先知传授给人类,我们就可以暂时用预言来替代《律法书》。迈蒙尼德断言,先知攀升至最高级的知识后又下到"世人"中间——即又回过头来统治和教导"世人"。① 由此看来,先知不仅获得了最高级的知识——一种为单纯的哲人所无法企及的知识,而且还能行使最高的政治职能。② [91] 为了理解先知的隐秘教诲,就需要以类似的方式将理论上的卓异与政治上的卓异结合起来。③

---

① I, 15 (22b; 28, 4 – 7)。参见柏拉图:《王制》,VII, 519c8 – 520a4 (另参见 514a, 517d5)。

② 迈蒙尼德将先知视为政治家,这也见于《论诫命》中对正戒的主要划分(或《密西拿托拉》开篇 613 条诫命的细目)。在这里,他首先列出了规范人神关系的戒律,然后列出了规范人与人之间关系的戒律。(参见佩里茨[Peritz]的评论,MbM, I, 445 页以下)在第二组戒律(172 – 248 条)中,首先列出了有关先知、国王和高级法庭的诫命;很显然,先知是政治组织的首脑。参见 II, 40 (85b – 86a; 270, 24 – 27)。III, 45 (98b; 422, 9 – 13)触及国王和祭司的关系。按照哲人(Falâsifa)的教诲,"祭司城"是诸多坏政体之一。迈蒙尼德在多大程度上接受了这一教诲,这是一个需要进一步讨论的问题。参见伊本·巴哲(Ibn Bagga):《索居指南》(*k. tadbîr al – mutawahhid*),第一章,纳波尼(Moses Narboni)希伯来语精本,D. Herzog 编,8 页;阿威罗伊:《柏拉图〈王制〉释义》(*Paraphrasis in Rempubl. Plat.*), tr. 3, *Opp. Aristotelis*(威尼斯,1550), III, 187c19 – 24。

③ 参见本书 55 页及下页。

既然《迷途指津》旨在解释隐秘教诲,迈蒙尼德自然就会以这种或那种方式模仿先知的路径。无疑,先知之所以能够行使统治和教导"世人"的政治职能,是因为他有非凡的想象力,也就是说,他能够通过意象或比喻向普通大众表述真理。关于这一点,迈蒙尼德在对预言进行一般界定时——以及在接下来的一章中——有明确的提示。① 迈蒙尼德本人试图用另一种表述真理的方法来取代比喻,但是,带来隐秘教诲的先知与隐秘教诲的解释者之间的根本相似性并不因为方法的改变而改变。因此,我们从一开始就有理由期待,《迷途指津》的论题顺序会模仿先知的路径,即先升后降。《迷途指津》的实际结构证明这一期待是正确的。迈蒙尼德及其读者逐渐地、缓慢地从"形象"的深谷攀升至神车论,而神车论是《迷途指津》的最高主题,它仅在第三篇第一至第七章得到了充分讨论。迈蒙尼德在论述结束后声明,他不会再谈论这个问题了。相应地,[92]他以"所有生而复灭的物体"为标题开始了下一章。最后,迈蒙尼德再降一级,从"观点"降至"行为"。他在向并非先知的人推荐研究顺序时(见第九条论据)显然将先知先升后降的路径当成了一个模型。这一研究顺序是:(1)仅仅基于传统的真理知识;(2)基于证明的真理知识;(3)费格赫。要知道,基于证明的真理知识是并非先知的人所能企及的最高知识。②

总而言之,按照迈蒙尼德的想法,《密西拿托拉》旨在探究费格赫,而费格赫本质上是要处理行为的问题;另一方面,《迷途指津》则旨在探究《律法书》的奥秘,即主要探究观点或信仰,这一探究采取或尽可能采取了一种证明方法。在迈蒙尼德看来,经过证明的观点或信仰绝对地高于善行或对善行的精确规定。换句话说,《迷途指

---

① 另参见法拉克拉:《智慧的开端》,David 编,30 页。
② III, 54 (132b; 467, 18 – 27)。参见 I, 33 (36b; 47, 25 – 26)。

津》的主要论题是神车论,即"大事",而《密西拿托拉》的主要论题则是戒律,即"小事"。因此,在迈蒙尼德看来,《迷途指津》的论题绝对地高于《密西拿托拉》的论题。既然在其他条件相同的情况下,一部书的重要程度与其论题的重要程度是一致的,既然《迷途指津》是一部并不亚于迈蒙尼德的律法典的精心构拟之作(只要比较一下迈蒙尼德给这两部书写的导论,就能看出这一点),我们就必须得出结论说,迈蒙尼德认为《迷途指津》绝对地高于《密西拿托拉》。

这一结论基于全书背后的一个迈蒙尼德从未否定过的一般原则:有关真理的知识绝对地高于任何行为。不仅如此,它还得到了迈蒙尼德的某些进一步陈述或暗示的强化。我们从一开始就论及迈蒙尼德在《迷途指津》开篇对真正的律法学和费格赫所作的区分:前者主要探究圣经的奥秘,或者更一般地说,主要探究既隐秘又公开的观点和信仰;① 换句话说,它证明了律法所教导的信仰。迈蒙尼德在最后一章以稍加变化的形式重申了这一区分;[93]在这里,他区分了三种科学:《律法书》学、智慧和费格赫。② 律法学,或者说《律法书》学,并没有证明律法所教导的各项基本原则,因为律法本身并没有证明它们。③ 费格赫在《迷途指津》开篇被等同于律法学,现在则不仅明显有别于智慧,而且明显有别于律法学或《律法书》学。④ 智慧是对律法所教导的观点的证明。《迷途指津》的宗旨就是要作出这样的证明,因此,其开篇作为全书主题而被提及的真正的律法学就等于智慧,既有别于律法学,又有别于费格赫。这样,迈蒙尼德便重申了真正的律法学与律法学的区别,不过,他不再将前

---

① 参见譬如说 I, 1 (12a; 14, 14), 18 (24a; 30, 7),并参照 I, 35。
② III, 54 (132b; 467, 18 - 20)。
③ III, 54 (132a - b; 467, 2 - 9, 13 - 14)。
④ III, 54 (132a - b; 467, 18 - 23 和 7 及 13 - 14)。参见 III, 41 (88b; 409, 15 - 16);《密西拿托拉》,"托拉研究",1, 11 - 12。

者称为律法学,而是将其称为智慧,他也不再将(通常意义上的)律法学(或《律法书》学)等同于费格赫。智慧和费格赫的关系可用一个比喻来解释:研究费格赫的学者来到神殿,但只是绕着它走开了,只有对"根基"的哲思——即对律法所教导的真理的证明——才能引导一个人走到上帝面前。①

尽管迈蒙尼德一直到全书结尾才透露了他的观点,但在前面各章,只要有合适的机会,他就不忘给出种种暗示。迈蒙尼德谈到他曾有意撰写两本书来讨论先知的比喻和《米德拉什》,但最终放弃了这个计划。他说,他原本打算将这两本书写给普通大众,但后来意识到,这样的解释既不适合于普通大众,也不能满足普通大众的需求。由于这个缘故,他就只是简略、隐晦地讨论了律法的基本真理,这一讨论可见于他的法典。不过——他接着说,在《迷途指津》中,他要对研究过哲学的人说话,这些人相信律法的教诲,但却对此感到困惑。② [94] 这几句话虽然像谜语一般闪烁其词,却清楚地表明,《迷途指津》的读者对象不是普通大众,《密西拿托拉》的读者对象也不是困惑的人。既然如此,我们是否应该相信,《密西拿托拉》的读者对象是研究哲学而又没有对律法的教诲发生困惑的学者呢? 好像不能这样看,因为迈蒙尼德不厌其烦地重申,法典旨在探究费格赫,因而是写给研究费格赫的学者的,而这些学者有可能熟悉哲学,也有可能不熟悉哲学。这一点从下述情况也可以看出:在《密西拿托拉》中,迈蒙尼德没有按他的主要意图讨论律法的基本真理,而只是顺带或偶然地讨论了这些真理。③ 很显然,《密西拿托拉》的读

---

① III, 51 (123b - 124a; 455, 21 - 28)。托布在对本章所作的注疏中叙述道:"许多塔木德学者都断定,迈蒙尼德并没有写这一章,如果他真写了这一章,它就应该被删掉,或更准确地说,它就应该被焚毁。"
② I, 导言(5b - 6a; 5, 18 - 6, 11)。
③ I, 导言(3a; 2, 13 - 16);71 (97a; 125, 23 - 24)。

者对象还包括那些完全没有研究过哲学,因而也就没有发生困惑的人;换句话说,它是写给"所有人"的。① 这无疑就是《迷途指津》如下这段话的含义:"我已经向所有人解释了我们的先师摩西的预言与其他先知的预言的四个区别,我在《密西拿疏》和《密西拿托拉》中已经证实和显明了这一点。"迈蒙尼德还联系另一个同义短语(gamî' al – nâs)顺带解释了"所有人"(al – nâs kâffa)的含义:"所有人,即普通大众。"②这就暗示出法典和注疏的显白性质。不用说,我们在解释这两部著作时必须考虑到这一暗示;不仅如此,若欲充分理解《迷途指津》中出自这两部著作的全部引文,这一暗示也同样不容忽略。

我们可以得出一个结论:《密西拿托拉》主要是写给普通人的,而《迷途指津》则是写给少数能够自己领悟的人的。

---

① 参见《密西拿托拉》,"托拉的基础",4,13。
② II,35 开头;III,22(45b;353,10)。另参见《密西拿托拉》,导言,4b,4 – 19(Hyamson 译),以及 *Kobes*,II,15b。

第四章 《卡札尔人书》中的理性之法

> 但愿从他柔软的舌头迸出的智慧把我从常人的争吵中解救出来。
>
> 哈列维论巴录
>
> [译按:原文为希伯来语]

[95]每个研究哲学史的学者都隐含地或明确地、正确地或错误地假定,他知道哲学是什么,或哲人是什么。一个人在刚开始进行研究时常有一个必定十分混乱的概念,在将这个概念转化成一个有关哲学的清晰概念时,他迟早会面对"哲人是什么"这个问题最严肃的深层意涵,即哲学与社会或政治生活的关系。这种关系被"自然法"一词勾画出来,而"自然法"一词既容易遭到激烈反对,同时又不可缺少。如果我们遵从我们那些伟大的中世纪先师的忠告,先让"真正的哲人"摆出他的观点,我们就会从他那里得知,有些事情"按其本质就是正义的"。从亚里士多德的观点来看,关键问题并不在于自然法(ius naturale)的存在,①而在于自然法的存在方式:它是像数目和数字那样"存在"呢,还是以另外一种方式"存在"? 这个问题首先可以简化为一个更常见的问题:自然法是正当理性(right

---

① 参见托马斯·阿奎那对亚里士多德《伦理学》所作的注疏,V, lect. 12 开头:"……法学家……将亚里士多德称为正义的东西……称为法。"[译按:原文为拉丁语]

reason)的命令吗？是一系列本质上具有理性特征的规则吗？

帕多瓦的马西利乌斯极其清晰地阐述了这个问题。在他看来，亚里士多德所说的自然法是指一系列相沿成习的规则，[96]所有的国家，"可以说所有的人"都接受它们；这些规则有赖于人类制度，因而就只能隐喻性地称为自然法。他接着说，"但是，有些人把自然法说成是正当理性针对行为对象的命令"。马西利乌斯不同意这种观点，他认为，如果这样理解自然法的理性特征，它就不会得到普遍的或广泛的接受，因而——我们可以补充说——就不能等同于亚里士多德心目中的 φυσικὸν δίκαιον[自然正义]或 κοινὸς νόμος[共同法]。①马西利乌斯以亚里士多德的名义反对把自然法看成是一系列本质上具有理性特征的规则的观点，这样，基督教亚里士多德主义者马西利乌斯就站到了基督教亚里士多德主义者阿奎那的对立面。阿奎那曾说过，按照亚里士多德的看法，"自然正义"(justum naturale)"建立在理性之上"(rationi inditum)，他还将"自然法"(lex naturalis)界定为"理性受造物对永恒法的参与"。②

---

① 《和平的保卫者》(Defensor pacis)，II, c. 12, sect. 7-8。另参见同书, I, c. 19, sect. 13："按照某种准自然法。"[译按：原文为拉丁语]亚里士多德在《尼各马可伦理学》(1134b 18ff.)中讨论了"自然正义"，在《修辞学》(I 13, 2)中讨论了"共同法"。两者之间的关系还有讨论的余地，在此不作进一步论述。参见本书100页注释1。

② 《〈伦理学〉注疏》, VIII, lect. 13(及 V, lect. 15)。《神学大全》, 12, 问题91, 第2条。在目前的上下文中，不加区别地使用 lex naturalis[自然法]和 ius naturale[自然法、自然正义]这两个短语是无可非议的，因为在我们正在研究的那个时期，这似乎是惯常的用法。参见苏亚雷斯(Suarez):《论法律》(Tr. De legibus), I, c. 3, §7："所有神学家都认识到，被创造的法律分成自然法和实在法([legem] naturalem et positivam)。这在圣徒那里也是常见的，或者以法律的名义，或者以实在法和自然法的名义(sub nomine juris positivi, et naturalis)。"[译按：原文为拉丁语]另参见沃尔弗(Chr. Wolff):《自然正义》(Jus naturae), P. I., §3。沃尔弗说："自然正义(jus naturae)经常都与自然法(lege

再回过头来看犹太教亚里士多德主义者。迈蒙尼德在讨论这一根本问题时没有选用"自然法"一词。①不管他有什么样的理

---

naturae)相混淆了。"[译按:原文为拉丁语]尤其参见霍布斯:《利维坦》,第14章开头,以及其他段落。

① 格老秀斯似乎理所当然地认为,存在着一种真正的犹太教自然法学说。由于他把自然法(jus naturale)界定为"正当理性的命令"(dictatum rectae rationis),他就暗中把自然法是正当理性的命令这一信念特别归属给了迈蒙尼德。格老秀斯说,"这种意义上的法律的最佳划分是由亚里士多德作出的:法律被分成自然法和制定法。……希伯来人那里也有同样的区分,他们将自然法称为mitzvot[诫命],将制定法称为houquim[戒律]……"(《论战争法与和平法》[De jure belli],I, c. 1., §9.2-10.1)[译按:原文为拉丁语]格老秀斯提到的唯一犹太教原始资料就是《迷途指津》,III, 26,在这里,迈蒙尼德肯定没有谈到自然法,也没有谈到理性律法。(参见哈西克[I. Husik]:《自然法、格老秀斯和圣经》[The Law of Nature, Hugo Grotius and the Bible],Hebrew Union College Annual, II, 1925, 399页注释10。)此外,哈西克还断言,格老秀斯"犯了一个错误。迈蒙尼德用mishpatim[法律]一词来表示sikhliot[理性法]"。但是,格老秀斯在给mitzvot一词做的一条注释中有下面一句话:"mitzvot mishpat. 迈蒙尼德《迷途指津》第三篇第二十六章原文如此。"[译按:原文为拉丁语]格老秀斯在正文中说,希伯来人将自然法称为mitzvot。这种说法的出处很可能是《八章集》(Eight Chapters),VI,在这里,迈蒙尼德说,所谓的理性律法被贤哲称为mitzvot。挪亚七诫不能等同于自然法,至少迈蒙尼德这样认为。因为在迈蒙尼德看来,别说禁止割下仍然存活的动物的器官的诫命,就是禁止乱伦或不贞的诫命(这一诫命在他所列举的挪亚七诫中占有核心位置,见《密禾拿托拉》,"国王与战争律",IX 1)也属于与所谓的理性律法不同的神启律法(《八章集》,VI。另参见撒狄亚[Saadya]:《论信仰》[K. al-amânât],III, Landauer编,118页。有关这一观点的解释,参见法拉克拉:《论探寻者》[Sefer ha-mebakkesh],阿姆斯特丹版,1779,31a;以及格老秀斯,上引书,II, c. 5, §12和13)。迈蒙尼德的如下陈述并不与此相抵触:da'at使人倾向于接受挪亚七诫中的六诫("国王与战争律",IX 1),因为da'at未必是"理性"或"理智"的意思。至于十诫,迈蒙尼德说得很清楚,只有头两诫是"理性的",其余八诫都属于被普遍接受的和传统的观点(《迷途指津》,II 33, 75a, Munk版)。参见本书135页注释1。

由,①[97]他更愿意这样来讨论这个问题:存在着与启示律法截然不同的理性律法吗？他的讨论及其结果隐含在如下论断中:那些谈论理性律法的人犯有与穆台凯里姆(即研究凯拉姆的学者)一样的毛病。由于理性律法的内容似乎与自然法的内容相同,这一论断就等于否定了自然法的理性特质。② 除此而外,这一论断还隐含着另外一层意思:穆台凯里姆所谓"理性的"律法,哲人们——亚里士多德的追随者们——则称之为"被普遍接受的"(ἔνδοξα)律法。③ 相应地,我们必须将马西利乌斯对自然法的解释看成是真正的哲学观点,[98]同时将托马斯·阿奎那的解释看成是凯拉姆的观点或真正的神学观点。④

这就给人一种印象,仿佛哲人否认存在着不同于实在法(尤其是启示律法)的理性律法,否认自然法的理性特质。不过,哈列维(Yehuda Halevi)对这个问题的讨论显然与这一印象相悖。哈列维区分了

---

① 原因可能在于,正如阿威罗伊和马西利乌斯一样,他认为,自然法只能隐喻性地称为"自然的"。参见阿威罗伊论《尼各马可伦理学》1134b 18f。阿威罗伊将δίκαιον φυσικόν解释成"法律上的自然法"(yosher tiv'i nimousi),将δίκαιον νομικόν解释成"法律上的、实在的(法)"(nimousi rotzelomar hanahyi)。(《亚里士多德全集》,威尼斯,1560,III,243a;参见施瓦布[M. Schwab]:《亚里士多德著作的希伯来语译本》[Les versions hébraiques d'Aristote],*Gedenkbuch zur Erinnerung an David Kaufmann*,布雷斯劳,1900,122 页及下页。)阿威罗伊对δίκαιον φυσικόν一词的解释的最佳翻译是 ius naturale conventionale[习惯上的自然法],因为 nimousi 的意思是 mefe'at ha-ha-khama[由于惯例]。(参见施泰因施奈德:《中世纪的希伯来语译著》,柏林,1893,309 页注释310。)要理解阿威罗伊的解释,必须考虑《大伦理学》(*Magna Moralia*)1195a 6-7。

② 《八章集》,VI。参见《迷途指津》,III,17(35a-b,Munk 版),以及 Munk 给他翻译的这段话所做的注释,见《迷途指津》,III,127 n. 1。

③ 参见《论逻辑术语》(*Millot ha-higgayon*),c. 8,以及伊本·达乌德(Abraham ibn Daûd):《崇高的信仰》(*Emunah ramah*),Weil 编,75 页。另参见伊本·提本:《恩慈的灵》(*Ruah hēn*),c. 6。

④ 参见沃尔弗森:《凯拉姆对创世等等的论证》,*Saadya Memorial Volume*,纽约,1943,注释126。

理性律法和启示律法,并将"理性律法"(rational laws)和"理性法"(rational nomoi)当作同义语使用。① 他断言,哲人制定了理性法;② 他的戏剧化散文作品《卡札尔人书》(Kuzari)中有个人物是位哲人,这位哲人便承认理性法是理所当然的。分析一下哈列维对这个问题的看法,或许能够帮助我们更好地理解有关自然法和理性之法的哲学教诲。

一、《卡札尔人书》的文学特性

在讨论《卡札尔人书》的任何问题之前必须首先考虑该书的文学特性,这样才会比较稳妥。《卡札尔人书》旨在为犹太教进行辩护,其锋芒所指,从一般层面上看是犹太教的劲敌,从特殊层面上看是哲人。③ 既然这部书把矛头指向哲人、穆斯林等等,它就不可能被称为哲学著作,正如它不可能被称为伊斯兰教著作一样,除非我们愿意在迥异于作者思想的意义上使用"哲学的"一词——也就是说,除非我们愿意违背一项最基本的历史精确性规则。既然这部书不是哲学著作,我们就不能按阅读哲学著作的惯常方法来阅读它。

---

① [译按]本文用了 rational nomoi, rational laws 和 the Law of Reason 这三个概念,有时将它们互换使用,有时又对它们作了区别。为了反映作者的用词及其特定语境下的意义差别,我们将 rational nomoi 译作"理性法",将 rational laws 译作"理性律法",将 the Law of Reason 译作"理性之法"(本章标题即用此词)。

② 哈列维所用的术语是 al-nawamis al-'aqq-lia,其字面意思是"理智的法"。我完全不能确定这一字面翻译是不是最恰当的翻译。若要证明通常译名的合理性,可以参考 IV 3 (236, 16f.) 及其他章节。——括号里的数字表示 Hirschfeld 版的页码和行数。

③ 原书标题是"论证与证明之书:为受鄙夷的宗教进行辩护"。另参见本书的开头。

哈列维所说的"哲人"主要指当时的亚里士多德主义者——虽然也未必尽然。[99]法拉比是这些哲人中最杰出的一位,①按照他的观点,《卡札尔人书》里的讨论不属于哲学(更具体地说,不属于形而上学或神学),而属于"凯拉姆术",因为正是凯拉姆术、而非哲学被用来为宗教进行辩护。更准确地说,鉴于存在着多种宗教,凯拉姆术就被用来为"诸宗教"进行辩护,②即根据具体情况为相关学者碰巧信奉的宗教进行辩护。哈列维对哲学和凯拉姆的关系也持同样的看法:哲学的目标是要获取一切存在物的知识,而凯拉姆的目标则是要"驳倒伊壁鸠鲁派",即通过论证确立少数蒙恩者无需论证便持有的信念。③ 很显然,《卡札尔人书》的明确宗旨与凯拉姆的宗旨完全相同。无疑,哈列维在界定凯拉姆时不仅考虑到它的目标,而且考虑到它的方法和假定。事实上,他把"凯拉姆"与一种特殊类型的凯拉姆——即穆尔太齐赖派凯拉姆(mu'tazilite kalâm)——等同起来,他不满意这种典型的凯拉姆,就像他不满意任何哲学学派一样。至少可以说,与典型的凯拉姆相比,他更为强烈地坚持一个观点:为信仰所作的一切论证都要低于信仰本身。④但是,这并不妨碍哈列维以几乎全书的篇幅来进行这种论证。除此而外,哈列维实际上并不赞同典型的凯拉姆教诲的两个主要部分之一,即关于上帝的单一性的学说。至于另外一个主要部分,即关于

---

① 法拉比被诸如阿维森纳(参见卡劳斯[Paul Kraus]:《法赫尔丁·拉齐的〈论争集〉》[Les Controverses de Fahkr Al – Din Râzî], Bulletin de l'Institut d'Égypte, XIX, 1936 – 7, 203 页)和迈蒙尼德(参见他写给伊本·提本的信)之类的权威视为这个时期最高的哲学权威。另参见派因斯(S. Pines):《巴拉卡特研究》(Études sur Abu'l Barakât), Revue des Études Juives, CIV, 1938 – 9, 注释308。
② 《各科举隅》,第五章。法拉比将凯拉姆说成是对政治学进行推断的结果。
③ 参见 IV 13 和 19,并参照 V 16(330, 13f. 和 18 – 20)。
④ V 16。

上帝的正义的学说,它比前一部分具有更多实践的品质,哈列维将这部分学说当作他自己的教诲——而非他人的教诲——来加以阐述。① 因此,哈列维的教诲和典型的凯拉姆教诲可以说属于同一个种(genus),[100]两者的属差(specific difference)在于,与后者相比,前者带有浓重得多的反理论色彩,更加偏向素朴的信仰。无论如何,虽然将哈列维称为哲人是不可能的,但将《卡札尔人书》的作者称为穆台凯里姆则绝无误导之嫌。②

哈列维在陈述他为犹太教所作的辩护时并没有以本人的名义进行融贯的阐述,他所假借的形式是一次谈话,更准确地说是若干次谈话,而哈列维本人并没有参与谈话。《卡札尔人书》主要是"模仿性"记事,而不是"叙述性"③记事,它记录了一位异教国王(卡札

---

① V 18 描述了关于上帝的单一性的学说,V 20 描述了关于上帝的正义的学说。V 19 清楚地表明,哈列维不认同前一种学说,而确实认同后一种学说。(参见文图拉[M. Ventura]:《〈卡札尔人书〉对凯拉姆和逍遥学派哲学的看法》[*Le Kalâm et le Péripatétisme d' après le Kuzari*],巴黎,1934,10 页以下。)在 V 19 中,预定论问题被标明为 V 20 的论题。从 V 2 (296, 1 - 2)来看,这个预定论问题并不属于神学(参见同上,294,18),也就是说,它并不属于它可能被归入的唯一理论学科。在 V 19 中,这个问题被描述成一个"实践问题"(如果我们接受原文的措辞的话),或一个"科学问题"(根据伊本·提本的译文)。作出这一描述的不是哈列维的代言人,而是一个能力低得多的人,这人可能理解,也可能不理解这个问题的性质;考虑到这一点,上述两种读法都可以接受:实际上,这是一个实践问题,正如 V 2 (296, 1 - 2)所提示的。另参见 V 21 推荐了处理方法的那类问题。神的正义问题以及这个问题的隐含意义不属于"神学"(或形而上学),因而完全不属于理论知识——这也同样是迈蒙尼德的观点。只要看看迈蒙尼德在《密西拿托拉》和《迷途指津》中讨论它们的地方,这一点就很清楚了:在这两部著作中,迈蒙尼德都是在讨论完物理学和形而上学之后才讨论它们的。(参见"悔悟",标题和 V ff.,并参照"托拉的基础",II 11 和 IV 13;以及《迷途指津》,III 8 - 24,并参照 III 7 的结尾和 II 30。)

② 关于凯拉姆与辩证法的关系,参见 V 1 和 V 15 - 16 开头。

③ 参见柏拉图:《王制》,394 b9 - c3。

尔人)改宗的过程。这位国王先与一位哲人谈话,再与一位基督教学者谈话,再与一位穆斯林学者谈话,最后与一位犹太教学者谈话,这样一步一步地皈依了犹太教。国王与犹太教学者的谈话构成了全书的主体部分(全书 180 页,国王与犹太教学者的谈话占了大约 172 页)。若欲理解《卡札尔人书》,就不仅需要理解内容,尤其是犹太教学者的陈述,而且需要理解形式,即全部陈述和每个个别陈述出现于其间的谈话背景。为了理解这本书的每个重要论题,我们必须透过谈话情境来理解人物的陈述:我们必须将人物的"相对"陈述转译成作者的"绝对陈述"。[101] 人物的"相对"陈述是指人物根据自己的独特道德素质和智性素质,根据自己在一个独特谈话情境中的意图,或许还特别针对这个情境而作出的陈述,作者的"绝对"陈述则是指直接表达了作者观点的陈述。①

---

① 我们不能简单地将哈列维的观点与他的代言人拉比的陈述等同起来。哈列维在 I 1 (3, 13)临近开始的地方提示说,并非拉比的全部陈述都令他信服。他该不是把拉比的那些他不能认同的观点从他的记述中略去了吧?无疑,他没有说他做了这样的事情。相反,他宣称他将争论如实地作了书面记录(3, 14)。但是,人们会争辩说,这一争论显然从来没有按哈列维所描述的方式发生。那好,不过,如果情况确实如此的话,哈列维就断定了某件他知道不真实的事情的真实性,因此,我们就必须有保留地接受他的陈述(或者那个他与之相认同的人的陈述)。照这样的情况看,这就意味着,我们必须区分"相对"陈述和"绝对"陈述。哈列维以一个告诫结束了序言:"那些能够领悟的人是会理解的。"这样做并非没有道理。这句话不可能指谈话是虚构的,因为即便对那些不能领悟的人来说,这一点也是显而易见的。在此处,有抄本的措辞为 nafsho[他的想法]和 le – da' ato[按照他的观点];另有抄本的措辞为 nafshi[按照我的想法]和 leda' ati[按照我的观点](3, 13)——这也是目前一般采纳的读法。莫斯卡托(Moscato)更倾向于前者,而不倾向于后者。按照前一种读法,哈列维只是说,拉比的某些论点令国王信服,因而就让如下问题悬而未决:这些论点中是否有任何论点令作者信服,又在多大程度上令他信服? "相对"陈述与"绝对"陈述之间的区别类似于沃尔弗森所使用的因人而异(ad hominem)的论据与证明性论据之间的区别,参见沃尔弗森:《哈列维和迈蒙尼德论

遇到一位像哈列维这种级别的作者,我们可以很有把握地假定,他的著作的内容和形式必定是相互联系的,而且这是一种达到了最大必然限度的联系。可以肯定地说,哈列维之所以选择①《卡札尔人书》的独特形式,是因为在他看来,这种形式提供了为犹太教进行辩护的理想场景。首先,在犹太听众——甚至如迈蒙尼德《迷途指津》里的那种"困惑的"犹太听众——面前为犹太教进行辩护,几乎就像在雅典听众面前赞美雅典人那样容易,②因此,就必须在一个非犹太人面前为犹太教进行辩护。其次,一个身为基督徒或穆斯林的非犹太人承认犹太宗教的神圣根源,[102]因此,就必须在一个异教徒面前为犹太教进行辩护。再次,有些异教徒处于与犹太人相似的社会地位,从而就容易对犹太人的东西产生同情,因此,就必须在一个身居尊位的异教徒面前,在一个异教国王面前为犹太教——一个被迫害民族的"受鄙夷的宗教"——进行辩护。最后,我们甚至可以想象一位异教国王对犹太教怀有某种同情,从而就容易信服犹太教的真理性,因此,就必须在一位对犹太教抱有偏见的异教国王面前为犹太教进行辩护。卡札尔国王就是一位对犹太教抱有偏见的异教国王。③在犹太听众面前为犹太教进行辩护并非难事,但要在一位对犹太教抱有偏见的异教国王面前为犹太教进行辩护,那就难

---

naturae)设计、偶然和必然》(Hallevi and Maimonides on design, chance and necessity),*Proceedings of the American Acadamy for Jewish Research*, XI, 1941, 160 页及下页。

① 即便卡札尔人皈依犹太教的经过只有一种说法,而且哈列维原封不动地采纳了这种说法,我们也必须说,这里涉及一种选择,因为没有任何直接、明显、令人信服的理由表明,为什么为犹太教所作的辩护要以记述卡札尔人如何皈依犹太教的形式来予以表述。

② 柏拉图:《美涅克赛努篇》(*Menexenus*),236a。

③ I 4 (8, 21f.)和12。另参见 I 27f.。

乎其难了。但是，与卡扎尔国王谈话的拉比不仅成功地为犹太教作了辩护，而且还成功地使国王——间接地也使国王的全体民众——皈依了犹太教。国王及其民众的皈依提供了一个最明显的证据，说明拉比的论据有多大的力量。不过，这样的皈依也能被任何诗人轻而易举地虚构出来，而发生在人们一厢情愿的想象空间里的皈依远不如发生在百般抵制的世界里的真实皈依那么有说服力。因此，哈列维选择了一位异教国王的真实皈依，以及国王与拉比的真实对话——正是这一对话最终促成了国王的皈依。哈列维指出，皈依的故事出自史记，至于拉比提出的论据，他坚称是自己亲耳听来的。① 除了以上几点，如果再加上一个事实，即哈列维必须说明犹太教高于伊斯兰教，我们就可以看到，他必须选择异教国王在伊斯兰教兴起之后对犹太教的真实皈依，因此，他选择卡扎尔国王的故事就是绝对合理的，从而也是十分理想的。

《卡扎尔人书》的场景被认为是为犹太教进行辩护的理想场景。有人或许会对这一论点提出反对意见，而且初看上去，这似乎是最强有力的反对意见。不过，如果我们琢磨一下这一反对意见，这部著作的内容和形式的必然联系就将更为明显。[103] 为犹太教所作的理想辩护应该能让最苛刻的反对者信服——如果他有公正的判断力的话。卡扎尔国王是苛刻的反对者吗？不管他对犹太教抱有怎样的偏见，他却满足了两个条件，这就使他——为了说明问题，不妨夸张一点说——在面对拉比的优越知识和辩才时轻易地束手就擒。他在遇到拉比前已经有了两个根深蒂固的重要观念。首先，他知道哲学（更不用说他所信奉的异教）不能满足他的需求，启示宗教（即上帝直接传达给人的知识，涉及什么样的行为令上帝喜悦）则比较可取，即便它

---

① I 1 (3, 4–6 和 15ff.) 以及 II 1 开头。

容易引起深刻的怀疑。① 现在的情况是,实际上只有三种宗教能够自称是真正的、终极的启示宗教:基督教、伊斯兰教和犹太教。国王在遇到拉比之前还有另外一个根深蒂固的观念:基督教和伊斯兰教的宣称是没有根据的。也就是说,他几乎没有别的选择,只能接受犹太教,他在遇到一个犹太教徒之前,或至少在与一个学识高深、能言善辩的犹太教徒交谈之前就已经是一个潜在的犹太教徒了。

为了初步理解《卡扎尔人书》的这个特征,我们必须提及一个事实:从哈列维的观点来看,犹太教的真正对手不是基督教和伊斯兰教,而是哲学。② 因此,我们就有理由认为,《卡扎尔人书》主要针对哲学为犹太教进行辩护。我们也有理由提出一个问题:辩论的场景是否适合于这种辩护? 哲学被讨论了两次:一次在国王与哲人之间,③另一次在国王与拉比之间。拉比和哲人没有对哲学展开讨论,他们之间甚至没有任何讨论:④[104]国王见到拉比时,哲人已离开了很长时间。哲人和拉比都精通哲学,国王则只有一知半解的哲学知识。⑤ 这意味

---

① Ⅰ 2, 4 开头,以及 10。

② 《卡扎尔人书》有条理地讨论了五种或多或少敌视(正统)犹太教的立场:哲学、基督教、伊斯兰教、卡拉派和凯拉姆;在这些立场中,唯有哲学被有条理地讨论了两次(Ⅰ 1-3 和 Ⅴ 2-14)。此外,《卡扎尔人书》偶尔还论战性地涉及哲学,次数之多,关系到的问题之重要,都是其他几种立场不能相比的。尤其值得注意的是,只有哲人否认摩西启示,基督徒和穆斯林都承认它。

③ 关于国王与哲人之间的对话的意义,参见柏拉图:《第二封信》,310e4-311b7。

④ 作者有一句话暗示了拉比和哲人的隐蔽关系,他说,国王向两人询问了他们的"信仰",另一方面,据说国王向基督徒和穆斯林询问了他们的"知识和行为"。参见Ⅰ 1 (2, 18), 4 (8, 23), 5 (12, 5f.),以及 10。拉比自己说,国王向他询问了他的"信仰"。参见Ⅰ 25 (18, 12)。

⑤ 参见Ⅰ 72ff. 和 Ⅳ 25 结尾。

着,《卡札尔人书》中没有出现旗鼓相当的思想对手之间的哲学讨论。① 整个讨论的层次明显低于真正的哲学讨论的层次,因此,《卡札尔人书》的场景就格外地令人不满意,不适合于针对哲学为犹太教进行辩护。鉴于这一缺陷原本是可以避免的,上述反对意见就更有道理了。哈列维原本可以为拉比和哲人安排一场争论,让它发生在国王及其朝臣面前,或最好让它发生在国王一个人面前,通过这场争论,不仅国王皈依了犹太教,而且尤为重要的是,哲人自己也皈依了犹太教。对诗人哈列维来说,做这样的安排简直易如反掌。这对拉比、作者、犹太教和宗教四者来说都是胜利——我们很难想象还有比这更大的胜利。② 诗人不肯做这件驾轻就熟的事,理由何在?

哈列维极其清楚地知道,真正的哲人永远不会真正皈依犹太教或其他任何启示宗教。[105]因为在他看来,真正的哲人是一个像苏格拉底那样的人,拥有"属人的智慧",对"属神的智慧"则无知到

---

① 在这个最重要的方面,《卡札尔人书》的形式与柏拉图对话的形式完全一致:柏拉图的所有对话都是由一个学识高的人(通常都是苏格拉底)与一个或多个学识低的人之间的谈话构成的。在有些对话中出现了两个真正的、成熟的哲人,但他们相互之间并没有展开讨论。例如,苏格拉底静静地观察蒂迈欧如何解释宇宙,或埃利亚来客如何教导泰阿泰德或小苏格拉底。在《巴门尼德篇》中,我们遇到了一个悖论性的情境:苏格拉底当时还非常年轻,因而与巴门尼德和芝诺相比,就处在晚生的地位上。《卡札尔人书》是"以柏拉图对话的形式"写成的,这个事实已由巴伦指出来了,参见《哈列维》(Yehudah Halevi), *Jewish Social Studies*, 1941, 257 页。

② 在卡札尔人的国王约瑟夫(Joseph)致伊本·夏普鲁特(Hasdai ibn Shaprut)的书函以及舍希特(Schecht)刊印的秘库文献(*Jewish Quarterly Review*, N. S., III, 1912 - 3, 204 页以下)中,都提到了各位学者在国王面前的争论,但都没有提到哲人。哈列维的故事版本与其他两个版本的最突出的差异就在于,它增加了一位哲人,省去了学者们在国王面前的争论。

不可想象的地步。① 哈列维省去了拉比和哲人的争论,这让我们清楚地看到,要让哲人皈依犹太教是根本不可能的。我们首先可以说,这样的争论不可能发生:与否认基本原则的人没什么好辩论的(contra negantem principia non est disputandum)。哲人否认一切启示宗教赖以证明其真理性的前提,这种否认乃源于如下事实:作为哲人,他对"属神之事"或"神命"(amr ilâhî)毫不动心,或者从未有过这方面的体会。拉比和国王就不一样了,一个是实际的信徒,另一个是潜在的信徒,他们两人都从实际经验中知道了"属神之事"或"神命"。与哲人形成对比的是,国王从一开始本质上就是一个虔敬的人:他一直满腔热忱、全心全意地敬奉自己国家的异教;他不仅是一位国王,而且还是一位祭司。后来,在他身上发生了一件事情,与哲人苏格拉底遇到的事情既有惊人的相似性,又形成了鲜明的对比。德尔斐神庙的女祭司向苏格拉底的一位喜欢刨根问底的朋友宣示神谕,据说就因为这个神谕,苏格拉底便开始了自己的哲学生

---

① 哈列维通常将"哲人"与"亚里士多德主义者"甚或亚里士多德本人等同起来,因为亚里士多德是典型的哲人。但是,亚里士多德学派只是众多哲学学派中的一个(参见 I, 13, IV 25 结尾和 V 14 [328, 24 - 26]),这个事实表明,"哲学"主要不是指一系列教条,尤其不是指亚里士多德主义者的教条,而是指一种方法,或一种态度。IV 18 和 III 1 (140, 11 - 16)描述了这种态度,其典型代表是苏格拉底。为了确定哈列维所使用的"哲学"一词原来的精确含义,我们必须从 IV 13 开始。在这个很短的段落里,哈列维以最清晰的方式将"律法的信徒"和"哲学的信徒"进行了对比。不仅如此,这个段落还有一个独一无二的特征:这两个在《卡札尔人书》中不常出现的用语各自出现了三次。(准确地说,mitshr'出现了三次,mtplsf 出现了两次,tplsf 出现了一次。)这个段落的核心是苏格拉底的一句话,这句话恰恰涉及哲学与律法(即神律)、或人的智慧与神的智慧之间的颇成问题的关系。这句话可回溯到柏拉图的《苏格拉底的申辩》(20d6 - e2),它以略加变化的形式又在 V 14 (328, 13 - 18)中被再度引用。IV 3 (242, 26)暗示出一种可能性,即"哲学的信徒同时又是宗教的信徒"。不过,这种可能性在刚开始时是不可理解的,而不像今天这样被认为是自明之理。

涯；[106]国王则做了几个梦，梦见一位天使直接对他说话，显然是在应答他的祈祷，正是这几个梦把他从传统主义①中唤醒过来。苏格拉底考察了各类知识的代表人物，从而发现了神谕的奥秘；国王则考察了各种信仰的代表人物，或者从更直接的方面来看，他受到拉比的指导，从而发现了梦的奥秘。苏格拉底试图验证神谕的真实性，这将他引向哲学生活；国王则试图服从梦中对他说话的天使，这使他立刻免于哲学的影响，最终将他引入犹太教的阵营。② 通过指出上述略显国王性格的事实，哈列维清楚表明了他的明确论据的自然限度：这些论据只对——而且按其本意就只对——天生虔敬的人才有说服力。这种人领受过天使传达的启示，或至少领受过这种或那种初步的启示，从而对神启有了某种先行体会。③

然而，这一解释并不完全令人满意，因为信徒和哲人并不由于上述原因就不可能展开讨论了。如果这个理由真的站得住脚，哲人就必须承认，他对信仰这个广大的特殊经验领域完全无能为

---

① 参见 I 5 (12, 4f.)。
② I 1 (3, 6-12 和 15-17), 2, 98；II 1 开头。参见《苏格拉底的申辩》21b3-4 和 c1-2。试比较以下两者：(1)从"仿佛一位天使在对他说话"(3, 7)到"夜晚，天使来到他面前说"(3, 10f.)的过渡；(2)《申辩》中从皮提亚到神的过渡(21a6 和 b3)。还可比较以下两者：(1)从"这使他询问"(3, 11f.)到"在梦中，他命令他寻求"(3, 16f.)的过渡；(2)《申辩》中从苏格拉底决定验证神谕到如下观点的过渡：这一验证是服从神的行为(21c1 和 23c1；参见 37e6)。我所指出的是一些相似的段落，而未必是模仿借用。关于《申辩》的阿拉伯语翻译，参见施泰因施奈德：《希腊著述的阿拉伯语译本》(*Die arabischen Uebersetzungen aus dem Griechischen*)，莱比锡，1897,22 页。在国王约瑟夫致伊本·夏普鲁特的书函的相似段落或被借用的段落中，当然没有"仿佛"的字样(3, 7)。参见 I 87 (38, 27ff.)。
③ 参见本书 116 页注释 2。哈列维论据的意义有限，这种局限性就好比亚里士多德所指出的伦理教诲的局限性：伦理教诲不同于理论教诲，它所针对的不是所有有智识的人，而只是体面的人，惟有体面的人才会真正接受它。参见《尼各马可伦理学》1095b4-6 和 1140b13-18。

力。哲学是一种只要是人就能企及的知识,因此,一个正确发挥其天生能力的信徒就可以知道哲人所知道的一切,甚至可以知道得更多。[107]有鉴于此,如果哲人承认他无力了解信徒的特殊经验,那么,考虑到一切真正启示的无限重要性,他就等于承认,他对有智识的信徒的立场甚至与盲人的立场相比都明显非常糟糕,而且要有多糟糕就有多糟糕,即便拿盲人的立场与视力正常的人的立场相比也没有这么糟糕。哲人不可能仅仅采取一种防御性姿态,他的所谓无知其实是一种怀疑或不信任。① 事实上,哈列维所了解的哲人甚至以为,信徒根本不可能获得如他们自己解释过的那些特殊经验;更准确地说,这些哲人甚至否认精确意义上的神启的可能性。② 他们以据称是论证性反驳的形式表达了这种否定性意见。宗教的辩护者必须通过揭露这种反驳的谬误来反驳它。在反驳和反驳的反驳的层面上,也就是说,在"属人的智慧"的层面上,信徒和哲人的争论不仅是可能的,而且无疑是全部过去历史的

---

① 《卡札尔人书》两次引用苏格拉底的一句话(参见本书109页注释1),即他不能把握他与之谈话的那些人的神性智慧。这句话显然客气地表达了他对这种智慧的拒斥。那些认为哈列维没有注意到苏格拉底的反讽的人最好忽略这个段落。这个段落基于一个假定:哈列维确实注意到了苏格拉底的反讽。不过,这一假定本身与那些人的假定一样都是不可证明的。从第一次引用的上下文来看,如果苏格拉底时代的人被换成启示宗教的信徒,哲人的态度似乎也不会改变。

② I 1 (2, 21ff.), 6, 8, 87, II 54 (114, 5-9), IV 3 (228, 18-23)。只要比较一下IV 3 结尾(224, 22ff.)与III 17 (168, 2-3)以及其他段落,就可以看到,哲人本身是自由思想者,是持异端者。

一个最重要的事实。① 哈列维极为有力地让我们注意到这种争论的可能性,因为在有一个场合(我们确信,这是最合适的场合),他在国王与拉比的实际争论中间插入了拉比与哲人的虚拟争论:[108]拉比直接对哲人说话,反驳了他的一个反对意见。② 哲人自然并不在场,因而无以作答。由此看来,倘若拉比和哲人真的展开一场对话,哲人是否会被一项显然令国王满意,但未必令每个读者满意的反驳弄得哑口无言,那就很难说了。③ 在此需要概括一下前面针对这一特殊反驳所作的评论。鉴于《卡札尔人书》中并没有一位哲人当场审察拉比的论据,我们就很难确切地断定,这一论据是否,又在多大程度上会让哲人受到触动。倘若哈列维是一位哲人,那么,《卡札尔人书》中没有出现拉比与哲人的实际对话,其原因就恰恰能够根据刚才所表达的疑惑来加以解释。在这种情况下,《卡札尔人书》之所以具有这一特征,目的是要迫使读者不断想到缺席的哲人,即通过独立思考弄清缺席的哲人究竟会说些什么。在这一思考过程中,读者会一直保持激动、亢奋的状态,不至于睡着,其批判性注意力不会有片刻的松懈。不过,哈列维对哲学持激烈的反对态度,完全不相信什么独立反思的精神,因此,我们就只好不过多地强调这一思路。

现在回到更稳妥的立足点。我们可以从一个人所共知的事实

---

① 参见 6-8。我们可以经常回忆起歌德的话(《为更好地理解〈西东合集〉而写的注释和论文》[*Noten und Abhandlungen zum besseren Verständnis der West-östlichen Divans*]):"世界历史和人类历史的真正的、唯一的、最深刻的主题一直都是无信仰与有信仰的冲突,其余所有的主题都隶属于它。"[译按:原文为德语]

② II 6。拉比的"哦,哲人"让人想起 I 4 (8, 19)中国王在向哲人告别时所用的几乎相同的表达式。(在国王与基督徒和穆斯林的谈话中没有出现这样的训谕。)从某种意义上说,在《卡札尔人书》中,哲人始终在场。

③ 参见沃尔弗森颇有见识的评论,上引书,116 和 124 页及下页。

开始:哈列维虽然坚决反对哲学本身,但却在很大程度上受到过哲学的影响。影响是什么意思？就一个浅薄的人而言,影响意味着,他接受了有影响的教诲的这个或那个断片;如果根据他已有的观念,这种影响力在某些方面显得十分强大,他就会在这些方面接受它,相反,如果根据他已有的观念,这种影响力在某些方面显得十分微弱,他就会在这些方面拒斥它。换句话说,一个头脑糊涂或思想教条的人不会在影响力的推动下与他已有的观念拉开一段批判性距离。他仍旧透过自己习惯的视角看问题,[109]而不是把视角移向有影响的教诲的已被明确把握的核心要义,因此,他就不能对这一教诲进行严肃、彻底和无情的讨论。但是,就哈列维这样一个人来说,哲学对他的影响在于,他皈依了哲学:有一段时间(我们倾向于认为是一段非常短的时间),他是一位哲人。① 对哈列维而言,这段时间无异于精神地狱,之后他又重新回到犹太教阵营。不过,因为有了这段经历,他就禁不住要按只有曾是哲人的人才会有的那种方式来解释犹太教。在那段时间,哈列维体会到哲学的巨大诱惑和巨大危险,②他针对哲学为犹太教进行辩护的方式证实了这一经验。要知道,假如他在书中描写拉比与哲人的争论,即两个真正够格的人就重大问题展开的讨论,他就会被迫极其清晰、有力地为哲学摆出理由,从而展示出哲人对启示宗教所作的极有力度的无情抨击。不妨再说一遍,拉比完全有可能对哲人的论据作出回应,这没有什么疑问。可是这样一来,说不定哪位读者更会被哲人的论据所打动,而不是被拉比的反驳所打动,于是,《卡扎尔人书》反而起到了

---

① 参见巴伦,上引文,259页注释33。
② 希腊人的智慧要么没有结出任何果实,要么就结出了有害的果实,即关于世界的永恒性的学说——因此,它是极其危险的;但是,它也开出了鲜花(而且显然是美丽的鲜花)——因此,它又极有诱惑力。参见哈列维:《诗集》,Brody编,II,166页。关于哲学缺少"果实",参见 V 14 (326, 6 – 8)。

引诱的作用,或至少造成了混淆。凯拉姆是通过论证为宗教所作的辩护,拉比本人即作了这样的辩护。但是,他对凯拉姆说了太多的话,结果,凯拉姆就有可能变得十分危险,因为它引起了怀疑,或至少隐含着让人发生怀疑的后果。① 凯拉姆如此,哲学自然就更是如此了,在这一点上,哲学要超过凯拉姆不知多少倍。哈列维清楚地证明了哲学的危险,没有什么比他所采取的证明方式更能说明问题了。国王皈依了犹太教,也就是说,他在哲学影响下对犹太教采取的抵制态度被克服了;他接受了犹太教信仰方面的详细指导;[110]拉比利用每个合适的时机向他指出哲人的错误;他甚至开始把自己看成是一个正常的犹太教徒。但是,就在国王与拉比的交谈快要结束时,国王提出了一个问题。于是,拉比又向他扼要讲解了哲学教诲,而这番讲解非常传统,其后果与一切合理的期待截然相悖:尽管人和天使做了各种事情来保护国王,但这番干巴巴的哲学概述却给国王留下了十分深刻的印象,以至于拉比不得不又把他对哲学的反驳复述了一遍。② 哈列维——更准确地说,哈列维书中的人物——仅仅对哲学论据作了简要概述,我们只有通过详述这一论据,才能揭示出哈列维对它的真实而又含糊的反对和反驳意见。③

上面的解释给人一种印象,仿佛哈列维十分胆怯,不合于伟人应有的气度。不过,在不同的时代,胆怯与责任的划界很不相同。今天,大多数人都乐于承认,我们必须按作家所处时代的主导标准来对他进行评判。在哈列维的时代,压制有损于信仰的教诲和著述的权利——如果不是义务的话——受到了普遍承认。哲

---

① V 16。参见梅迪戈(Elia del Medigo):《对宗教的审察》(*Behinat ha-dat*),S. Reggio 编,8 页。
② V 13–14 开头。
③ 参见本书 104 页注释 1。

人自己也不反对这一权利。并非只有哲学的正统反对者——如哈列维——才洞悉了哲学的危险性；事实上，哲人自己也沿袭了显白教诲与隐微教诲的传统区分，他们认为，把隐微教诲传达给一般公众是危险的，因而必须加以禁止。① 他们就按照这个观点来写书。哈列维在陈述哲学时遇到的内在困难②很可能反映出哲人自己在陈述哲学时遇到的内在问题。[111]在《哈义·本·叶格赞的故事》的开篇，伊本·图菲勒出色地描述了法拉比在死后重生问题上的自相矛盾，以及加扎利(Ghazâlî)类似的自相矛盾。伊本·图菲勒还提到阿维森纳在《治疗论》(K. al-shifâ)中提出的亚里士多德主义式的学说与他在《东方哲学》(Oriental Philosophy)中提出的他自己的真正学说之间的差异。他告诉我们，阿维森纳对亚里士多德著作和他自己的《治疗论》的外显意义与隐秘意义进行了区分。最后，伊本·图菲勒还提到，加扎利在其显白著述中采取了一种谜语式的、省略的写作方式，他的隐微著述已经消失得无影无踪，或者实际上已经无法获致。③ 在今天，人们不再认为这类信息对理解中世纪哲学有什么根本意义了。不过，这一事实并不能证明这些信息微

---

① 参见阿威罗伊：《哲学与神学》(Philosophie und Theologie)，M. J. Müller 编，慕尼黑，1859，70 页以下。

② 在我看来，这些困难中最能说明问题的困难就是，各个哲学学派（毕达哥拉斯、恩培多克勒、柏拉图、亚里士多德等学派）被描述成穆台凯莱姆的学派；参见 V 14 (328, 23；参见 330, 5)。另参见 V 1，在这里，至少从表面上看（参见文图拉，上述引文，11，注释 6："不容置疑，这里涉及的是哲人"），对哲学教诲的解释是被当作对凯拉姆的解释而引入的。

③ L. Gauthier 编，第二版，贝鲁特，1936。参见阿威罗伊，上引书，17 页及下页，70 页以下，以及迈蒙尼德：《论复活》，Finke 编，13 页。另参见《卡札尔人书》V 14 (328, 24 - 26)对两种类型的亚里士多德主义者的论述。不必明确地说，就连隐微著述也不具有严格意义上的隐微性质，而只是比显白著述更具有隐微性质；可参考迈蒙尼德：《迷途指津》，I，导言(4a)。

不足道。①

现在我们来总结一下。哈列维为犹太教进行辩护,这一辩护所针对的,从一般层面上看是犹太教的反对者,从特殊层面上看是哲人,其接受对象仅限于天性虔敬者——即便只是某种特定类型的天性虔敬者。卡扎尔国王无疑就是一个天性虔敬者。但是,一个天性虔敬者未必天生就有正确的信仰,也就是说,他对错误信仰未必有免疫力,因此,为了坚守真正的信仰,为了坚守犹太教,他就需要有人给他提供一些论据。卡扎尔国王是《卡扎尔人书》为犹太教所作辩护的直接、典型的接受对象,是一个处于怀疑状态的天性虔敬者。② 出于责任意识,哈列维没有在自然层面上反驳哲人的论据。③ [112]由此很容易推断,为什么哈列维在为犹太教进行辩护时主要将一个怀疑犹太教的非犹太人当作接受对象。毫无疑问,哈列维的

---

① 目前,这个现象被放在"神秘主义"的标题下加以讨论。但是,隐微写作与神秘主义根本不是一回事。尤其是法拉比,他与神秘主义没有任何共同之处。克劳斯(Paul Kraus)十分清楚地指出了这一点,见《阿拉伯世界的普洛丁》,*Bulletin de l' Institut d' Égypte*, XXIII, 1940 - 1, 269 页以下。

② 关于天生就有正确信仰的人,参见 V 2 (294, 15)和 16 (330, 26ff.)。关于自然的信仰与纯正的犹太血统的关系,参见 I 95 和 115 (64, 8 - 10),以及 V 23 (356, 19f.)。在 V 2 (294, 17)中,拉比承认,卡扎尔国王很可能是一个天生就有正确信仰的人,而不是一个(虔敬的)怀疑者。这意味着,决定他的皈依的不是论据,而是一些"微弱的暗示",是"虔敬者"的一些点燃了他的心灵火花的"话语"。鉴于拉比并没有明确地说实际情况就是如此,我们在本文中就有理由坚持从《卡扎尔人书》中得来的一个一般印象:国王是因为听了拉比的论据才皈依犹太教的,因此,他并非天生就有正确的信仰。

③ 关于这一动机对迈蒙尼德《迷途指津》的文学特性的影响,参见海涅曼(Issak Heinemann):《阿布拉瓦内关于人类没落的学说》(*Abravanels Lehre vom Niedergang der Menschheit*),*Monatsschrift für Geschichte und Wissenschaft des Judentums*, LXXXII, 1938, 393 页。

时代有一些怀疑犹太教的犹太人,①一些"迷惘的"人,迈蒙尼德的《迷途指津》就是献给这种人的。但是,冒出一个怀疑犹太教的犹太人,这难道不是一种反常现象吗? 诗人将日常生活中不可思议的事情展现出来:在他为犹太教所作的辩护中,有五分之四的内容都以怀疑犹太教的犹太人为接受对象,而这样的犹太人显然不是西奈山启示的见证人的后裔。

二、哲人及其理性之法

首先提到理性之法的是哲人,即国王的第一位对话者。国王是一个异教徒,因此他首先找到的就是异教徒亚里士多德的精神传人。② 哲人以两种方式表明了他的身份,一是所说的话,二是说话的方式。通过所说的话的内容,哲人可以表明自己是众多哲学学派中的一个特殊学派的追随者,是一种特殊类别的亚里士多德主义的追随者。但是,哲学并不等同于亚里士多德主义。要想确认哲人是一个亚里士多主义者,我们就必须首先听听他是怎样说话的。

基督徒和犹太教徒一上来就说"我相信"(credo),而哲人两段话的每一段都以"它不是"(non est)开始。哲人所用的第一个词(layas)表达了一种否定:哲学给人的第一印象就是在否定某件事情,或者按黑格尔对一位正统反对者在斯宾诺莎额头上发现的"斥

---

① 哈列维在 IV 23 (266, 10–13) 中显然否认了这个事实。但是,除其他考虑外,这个陈述被假定不是在 1140 年作出的,而是在 740 年作出的,当时在阿拉伯世界还没有出现哲学。参见 I 1 (3, 5f.) 和 47。另参见巴伦,上引文,252 页及下页。

② 参见 I 63 和 IV 3 (242, 23–26),并参照 I 10 和 V 20 (348, 25ff. 和 350, 2ff.)。

责的标记"（signum reprobationis）所作的解释,哲学给人的第一印象就仿佛在斥责什么似的。哲人在开始说话时不像基督徒和犹太教徒那样使用"我",也不像穆斯林那样使用"我们"。① [113]事实上,除了马上就会提到的例外,他从来不用第一人称说话:他始终说"哲人",就好像他自己不是哲人似的。要不是作者和国王告诉我们他是一位哲人,我们根本就无法确知他是一位哲人。他完全不以哲人的面目示人,而是把自己装扮成哲人的解释者,或哲人派来的信使。前面提到的都是一般情况,唯一的例外是,他三次使用了"我的意思是想说"这一基督徒和穆斯林从未使用过的表达式;②他似乎习惯于以一种需要解释的方式来表达自己的观点;他三次使用了宗教术语,每次所取的意义都与这些术语通常的宗教含义很不相同。

在国王的梦中,天使回答他说,上帝虽然喜欢他的"意图",但不喜欢他的"行为"。国王显然问了哲人上帝喜欢什么样的行为,哲人回答说,上帝没有任何喜恶,也没有任何意愿或意志,上帝对可变的东西——例如个体的人及其行为和意图——一无所知。③ 哲人的回答有一个言外之意:国王在梦中接受的信息是不真实的。哲人暗示了这一言外之意,因为他说得很清楚:预言、梦和异象不是人的最高完善状态的本质。④ 国王接受的信息的形式与内容之间似乎存在着某种关联,也就是说,启示与对"行为"的强调、哲人对严格意义上的启示的否定与他对"行为"的重要性的隐含否定之间似乎存在着某种关联。天使和国王心目中的"行为"显然是指仪式行为:正是

---

① I 1 (2, 18), 3, 4 (8, 23)和11。参见 I 5 (12, 6)。
② e'ni:I 1 (4, 23; 6, 24 和25)。参见同上(4, 3f. 和6, 9f.)。参见 IV 13 (252, 28ff.)。
③ I 1 (3, 1 –21)和2 (8, 1 –2)。
④ I 1 结尾。参见 I 4 (8, 14 –18)和87 (38, 27)。

国王的敬拜方式令上帝不悦。① 但是,"行为"有不止一种含义:它可以指最重要、最尊隆的行为,即仪式行为,当然也可以指任何行为,尤其是道德行为。[114]哲人不仅否定了仪式行为的重要性,而且否定了所有行为的重要性。更准确地说,哲人断言,沉思本身高于行为本身:从哲人的观点来看,好品格、好行为本质上不过是沉思生活的手段,或沉思生活的副产品。② 国王相信启示(最初相信天使传达的启示,后来相信神启),因而就相信行为高于沉思;哲人否认启示,因而就相信沉思高于行为。只有从实践生活高于沉思生活这一假定出发,才有可能证明一般启示的必然性,从而证明某一特定启示的真理性。③ 国王作为国王,乃是实践生活或政治生活的天然代表,由于这个缘故,他就理所当然地接受了这一假定。

哲人从他的神学假定出发,自然就会得出一个实际结论:一个成为哲人的人有三种可能的选择:要么不关心自己的敬拜方式,也不关心自己属于哪个宗教群体、种族群体或政治群体;要么为自己创立一个宗教,以便规范自己的敬拜行为,获得道德指导,同时也指导自己的家人和城邦;要么将哲人制定的理性法当作自己的宗教,

---

① 参见 I 1 (3, 10) 中 be – ma'asim ha – hem [这些行为]的上下文。参见迈蒙尼德:《迷途指津》,III 38, 52 (130b) 和 54 (134b)。

② I 1 (6, 10 – 17)。参见法拉比:《完美的城邦》,Dieterici 编,46, 16 – 19。关于迈蒙尼德,参见整个"道德素质和伦理行为的律法"(H. De'ot),并参照《迷途指津》,III 27 和 I 2。另参见古特曼(Julius Guttmann):《伊斯兰和犹太哲学中的启示宗教批判》(Zur Kritik der Offenbarungsreligion in der islamischen und jüdischen Philosophie), *Monatsschrift für Geschichte und Wissenschaft des Judentums*, LXXVIII, 1934, 459 页,以及沃尔弗森:《哈列维和迈蒙尼德论预言》(Halevi and Maimonides on prophecy), *Jewish Quarterly Review*, N. S., XXXII, 1942, 352 页。

③ 参见 I 98, II 46 和 III 23 (176, 18 – 20),以及拉比在 I 13 中对沉思型宗教的抨击。参见本书 103 页注释 1 和 110 页注释 3。

将灵魂的纯洁当作自己的目的和目标。结合上下文,我们可以清楚地看到,哲人给了国王一个有条件(即以国王成为哲人为条件)的忠告,让他在决定宗教问题时只考虑怎么做更方便:国王可以完全忽略他的梦,继续信奉祖传的宗教,也可以选择业已存在的其他宗教之一(例如基督教或伊斯兰教),[115] 也可以创立一个新宗教,还可以接受哲人的理性法,以此作为自己的宗教。① 我们需要稍微留意一下这个忠告,因为在《卡札尔人书》中,这可以说是哲人意图的唯一真实表白。要知道,这番表白出自哲人本人之口,而非出自拉比(他反对哲学)或国王(他对哲学只有浮泛的知识)之口。哲人对宗教的漠不关心达到了无以复加的地步:他没有用理性的宗教来对抗实证宗教的"谬误";他不要求一个不再信仰祖先宗教的哲人公开违背该宗教的律法,并以这种方式来表明自己因不再信仰宗教而对宗教所持的漠然态度;他绝没有将本·阿布亚(Elisha ben Abuya)② 或斯宾诺莎的行为树为哲学行为的典范;他认为,一个否认神启的哲人完全有理由坚定信奉譬如说伊斯兰教,在言行两方面都遵从该宗教的要求,一旦遇到紧急情况,不仅用刀剑而且用论据(即雄辩的论据)来捍卫他只能称之为真正信仰的信仰。③ 哲人承认,真正的哲人在某些特定情况下有可能公开反对其他的宗教或律法,而接受哲人制定的理性法或"哲人的宗教"(religion of the philosophers),但他肯定既没有明说也没有暗示真正的哲人必然会这样做。

---

① I 1 (6, 17-22)。参见 II 49 和 IV 13 (252, 24-26)。
② 参见 III 65 (216, 2f.),并参照前注中提及的段落。
③ 在解释 IV 3 (242, 23-26) 对"宗教信徒中间的哲学研究者"所作的那一评论时,必须考虑到这种可能性。参见伊本·帕库达(Bahya ibn Pakuda):《心灵职责》(Al-hidāya ilā farā'id al-kulûb),III 4,Yahuda 编,146 页。参见本书 115 页注释 2 和 102 页注释 2。

我们应该如何理解这些理性法呢？它们不能等同于自然法（lex naturalis）。自然法对每个人都有约束力，是正当理性针对行为对象的全部命令。我们怎么能说这些命令可以用其他生活秩序——如卡札尔人的宗教——予以替换呢？理性法也不能等同于"理性律法"，[116]不能等同于一切共同体——无论是最高贵的共同体，还是一群强盗——必须一致遵从的基本的社会行为准则，因为哲人心目中的理性法不仅是一部法典的框架，而且是一部完整的法典：理性法等同于"哲人的宗教"。① 很显然，哲人并不认为理性法或哲人的宗教是强制性的。这并不意味着，他认为理性法是绝对任意的：理性法并非被"虚构出来"以满足某个特定的人或群体的短时需要，相反，理性法是绝对"理性的"，哲人在创立理性法时乃着眼于人之为人的不变需要；理性法是一些规定了对人的最高完善非常有利的政治或其他条件的法典。事实上，在哈列维的时代，柏拉图的《法义》就以柏拉图的理性法而为人所知。② 现在的问题是，如果人的最高完善确实是哲学，如果献身于哲学的生活本质上是与世隔绝的，理性法就变成了 regimen solitarii[隐士的行为准则]：哲人在谈及理性法时无疑没有提到任何社会关系，但在谈及国王可以创立的宗

---

① 参见 I 3，并参照 I 1 (6, 21)。
② 参见施泰因施奈德：《希腊著述的阿拉伯语译本》，莱比锡，1897，19 页，《中世纪的希伯来语译著》，柏林，1893，848 页及下页，以及马克斯（Alexander Marx）:《迈蒙尼德所写的文本和关于他的文本》(Texts by and about Maimonides), *Jewish Quarterly Review*, N. S., XXV, 1934/5, 424 页。参见法拉比在其关于柏拉图哲学的专论中对柏拉图《法义》的解释（希伯来语译文见法拉克拉的《智慧的开端》，David 编，77 页）。

教时则提到了这种关系。① "理性法"是一个含混词语:它可以指一部本质上具有政治性的法典,如柏拉图《法义》所提示的那种法典(它含有一种政治神学),也可以指一种仅为哲人提供向导的本质上与政治无关的行为准则。无论如何,这种含混性按柏拉图自己的教诲是很容易理解的:正如哲人的城邦未必是一个现世的城邦、一个政治共同体,哲人的律法也未必是政治律法。② [117]从哲人的观点来看,哲人可以是最完善的政治共同体的一员,也可以过一种绝对私人的生活,不管是哪种情况,其生活方式无疑都比其他宗教更好。但是,更好归更好,哲人的生活方式并不因此就成为必不可少的和强制性的:苏格拉底虽是一个在他本人看来很不完善的政治共同体的积极成员,但却过着哲人的生活。③ 用一位中世纪哲人的话来说,一个人可有两种独身相处的方式:要么彻底与世隔绝,要么成为政治共同体的一员、城邦的一员,不管该城邦是完善的,还是有缺陷的。④ 正因为如此,《卡札尔人书》里的哲人就宣称,哲人究竟是采纳哲人制定的理性法,还是信奉别的宗教,其实都无关紧要。

---

① 参见 I 1 (6, 22),并参照 III 1 (140, 11-16)和 IV 18。参见亚里士多德:《尼各马可伦理学》,1177a27-34(以及《政治学》,1267a10-12),以及埃弗罗斯(I. Efros)在《关于哈列维〈卡札尔人书〉的若干文本注释》中引用的中世纪作家的评论,*Proceedings of the American Academy for Jewish Research*,1930/1,5 页。参见本书 125 页注释 3。

② 参见《王制》,IX 结尾,并参照《法义》,739b8 和 d3。

③ 参见拉齐在《哲人的操行》(*K. al-sīrat al-falsafiyya*)中对苏格拉底相继采取的两种生活方式——非政治的和政治的——的讨论,Herzog 编,Orientalia, N. S., IV, 1935, 309 页及下页。

④ 参见纳波尼(Narboni)为伊本·巴哲《索居指南》精选本所写的导言,Herzog 编,7 页及下页。

哲人又讲了第二番话向国王和读者告别,这番话其实只是一个短句,大意是,"哲人的宗教"并不赞同或命令杀死其他宗教的信徒。① 哲人的宗教甚至对哲人都不具有强制性,更不用说对其他人了。有了这样一个前提,自然就不可能得出其他结论了。在这种情况下,如果采取暴力手段将哲人的宗教强加给并非自由选择它的人,那就极不公正。哲人平静而清晰地说完这句话,就离开了舞台,但这句话对后来发生的事情并非没有影响,例如,在国王与拉比的谈话中,[118]有些地方就提到战争、杀戮和敌人。

三、作为神学—政治法典的理性之法

理性之法在国王与基督徒和穆斯林的谈话中完全没有被提及,而在国王与拉比的谈话中则出现了不止一次。② 初看上去,拉比对理性之法的态度似乎是自相矛盾的:在有一个段落,他反对理性法,

---

① Ⅰ3。伊本·提本用 harigat adam[杀死一个人]来翻译 qatl wahid min ha'oula'[杀死他们中的一个]是不可接受的。ha'oula' 指国王在前一段话提到的基督徒和穆斯林以及他们的宗教战争。哲人并没有说哲人的宗教反对杀死任何人;事实上,哲人们认为,杀死凶暴的人、杀死处于最低人性层次上的人——参见ⅠⅠ(4, 14f.)——是完全正当的。参见法拉比:《论政治制度》,海得拉巴,1346,57 页及下页。伊本·提本的译文所表达的观点与柏拉图的《斐多》66 c5–d3 相一致;另参见拉齐在《哲人的操行》中对年轻苏格拉底的态度的解释。

② 参见本书 107 页注释 4。

但在其他提及理性法的段落,他又赞同理性法。① 如果只是说拉比所赞同的理性法与他所反对的理性法不是一回事,困难就未获解决,因为这并没有解释他为什么用同一个词语来表示两种迥然不同的东西。正如出现在好书中的所有含混表述一样,这一原本很容易避免的含混表述既非出于偶然,亦非源于粗心,而是一种有意的选择,作者想借此指出一个重大问题。因此,我们在刚开始时最好保留这个含混用语;考虑到拉比对真正的理性法的态度是在不同的谈话情境中表达出来的,我们最好根据这些谈话情境来理解拉比的不同态度。这样做或许比较明智。对理性法不利的那句话出现在第一篇,对理性法有利的那些话出现在后续各篇;第一篇包含着国王皈依前的一些对话,以后各篇则包含着随后的一些对话。[119]这意味着,只要国王处在犹太教社团之外,只要国王有不相信犹太教的真理性的嫌疑,拉比就对理性法持否定态度;但是,在国王的根本怀疑被明确打消以后,拉比又对理性法持肯定态度。这与《卡札尔人书》的另一个更显著的特征相一致:拉比一直到他与国王的谈话快要结束时才概述了哲学教诲,而早在此前很久,国王就已经把自

---

① 他在 I 81 中反对理性法(参见上下文:79f.),但在 II 48、III 7 和 V 14 (330,7)中又赞同理性法。在 IV 19 (262,17)中,原文只说到法,而没有像伊本·提本的译文那样说到理性法。但是,即便译文的读法更可取一些,对原文的陈述也不必作实质性的改变,只要把这个段落与所提到的其他段落作一番比较,就能看出这一点:在 I 81 中,他反对理性法,而在 II 48 和 III 7 中,他又在没有提及哲人的情况下赞同理性法;在 IV 19 中,他不甚赞同地提及哲人的法,甚至理性法,但 IV 19 是要为他最终赞同哲人遵循或确立的理性法(V 14)做好铺垫。参见本书 147 页注释 1。国王在 III 60 中提到了"理性律法"。

己看成是一个正常的犹太教徒了。① 拉比不仅通过"言",通过他的明确话语,而且通过"行",通过他的外在行为表明,只有在信仰的基础上才能为理性留下余地,若将理性当作信仰的基础,那是十分危险的——如果不是徒劳的话。②

与国王的第一次谈话刚一开始,拉比就以正确宗教或律法的名义抨击了"经由思辨形成的……宗教"。这种思辨宗教规定了人的"行为"和"信念",就此而言,它与律法(law)或法(nomos)无疑是一回事。拉比根据这种宗教的基础将它称为"推论型"宗教:它的基础是论证性的、修辞性的或其他形式的推论。拉比又根据这种宗教的目的将它称为"统治型"③宗教:它服务于统治——或者是政治统治,或者是个人的理性对激情的支配——的目的。拉比暗示说,这种宗教出自哲人。他之所以反对这种宗教,是因为它导致了怀疑和无政府状态:哲人们不能就单一的行为或信念达成一致意见。拉比认为,造成这种缺陷的原因在于,[120]支撑着哲人主张的论据仅有部分是论证性的。④ 或许正是考虑到这个事实,他才不把这种宗教

---

① 一方面参见 IV 26 (282, 19:"我们说")对这一关键事件的暗示,另一方面也参见 IV 22 结尾("哦,拉比……犹太教徒"):正是拉比对《创世论》(*Sefer Yesirah*)的描述促使国王最终完全相信了犹太教信仰的真理性。拉比在第五篇中概述了哲学教诲,对此需要进行解释,因为国王并没有让他概述哲学教诲,而是让他概述凯拉姆。参见 V 1。

② 参见 II 26 结尾和 V 16。参见本书 108 页以下,以及 116 页注释 2。

③ Siyâsî 源自 siyâsa[统治或支配]。Siyâsa 可指 πολιτεία[政府、政制、国家](柏拉图《王制》的标题在阿拉伯语中被译作"siyâsa"或"论 siyâsa";参见法拉比:《各科举隅》,第五章,以及《论获得幸福》[*K. tahsil al-sa'âda*],海得拉巴),也可指理性对激情的支配(参见 V 12[318, 20f.]和 III 5 开头)。相应地,siyâsî 有时可译作"政治的",如 IV 13 (254, 12):tsaroura siyasiyya[政治的必要性]。πολίτευμα[统治的实施]意义上的 πολιτεία 在阿拉伯语中似乎被译作 riyâsa[统治的实施]。

④ I 13。参见 I 79 (34, 7f.) 和 103 (56, 12)。

或法称为理性的。我们听了他的话会感觉到,每个哲人,或至少每个哲学学派①都精心搞出了这样一种宗教。拉比没有告诉我们哲人自己是否意识到他们的某些论据具有修辞的或诡辩的性质,而这种性质表明,他们的宗教作为一个整体是不真实的,或至少是没有根据的。不过,我们很难相信,那些把论证性推论和非论证性推论的区别教导给人类的人居然没有注意到上文所说的推论的这种性质。不管怎样,拉比已经讲得很明白了:哲人的宗教带有统治的意图,其论据在一定程度上是修辞性的。

读到拉比对思辨宗教的议论,我们不由得想起《卡札尔人书》里的哲人对哲人制定的理性法或哲人的宗教所发表的意见。哲人自己并不认为这种宗教是强制性的,因为在他看来,哲人可以正当地用任一别的宗教来替换这种宗教,从而在言行中尊奉一种他在思想中并不尊奉的宗教。拉比差不多明确说出了哲人勉强暗示的观点(因为反对这种观点的人能比支持这种观点的人更安全地揭示它的隐含意义):哲人的宗教不仅规定了行为,而且规定了信念。② 既然哲人承认哲人的宗教可用任一别的宗教来替换,[121]哲人的宗教所包含的信念就不能等同于严格意义上的哲学教诲。鉴于哲学教诲是真实的,哲人作为热爱真理的人,自然就不能用他必定认为不真实的教诲(例如上帝是立法者)来替换它。哲人的宗教似乎等同

---

① IV 25 结尾。

② 哲人自己指出,哲人对宗教的漠然态度不仅延伸到无言的行为,而且延伸到言语;参见 I 1(6,17 – 22)。不过,他把哲人不变的"信念"与可变的"诸宗教"区别开来,后者中的一种就是哲人的宗教。拉比为我们提供了进一步的信息:"信念"是哲人的宗教不可缺少的组成部分。很显然,哲人和拉比对"信念"的理解并不相同。关于"信念"的含混性,参见迈蒙尼德:《迷途指津》,I 50。另参见本书 107 页注释 4。

于哲人的显白教诲，或至少部分地由哲人的显白教诲所构成。① 关于这种显白教诲，我们从拉比那里得知它何以是显白的，又何以是必要的。它之所以是显白的，是因为某些支撑着它的论据具有修辞的、雄辩的或诡辩的性质；它至多只是一个貌似可能的虚构故事。一切显白教诲的根本目的都是要以在上者来"统治"在下者，尤其是要引导政治共同体。② 这样，我们便可以理解，为什么拉比要说"经由思辨形成的（那个）宗教"，尽管有多少哲学学派，就有多少这样的宗教。哲人在显白教诲方面的意见分歧并不意味着他们之间有什么根本的意见分歧；事实上，承认显白教诲的可能性和必要性的前提条件是，哲人已然在最根本的问题上达成了意见一致。③

拉比在第一次实际使用"理性法"概念之前让我们明白了，理性法究竟在何种意义上可被称为"理性的"。很显然，理性法并不是绝对理性的。拉比在谈到人的理性能力时指出，"政府"和"统治法"就是靠运用这种能力而产生出来的。拉比在这个语境中所说的"理性"显然只是实践理性。④ "政府"和"统治法"源自实践理性，[122]政治共同体的（善）法——（正当的）实在法——以及其他正当的行为准则源自实践理性，正是考虑到这一点，它们才被称为理

---

① 参见本书 113 – 115 页。

② 正如"理性法"既可以指政治法典，也可以指 regimen solitarii[隐士的行为准则]，这种法所体现的显白教诲也既可以服务于政治统治，因而就是针对作为公民的公民的，也可以服务于理性对激情的支配（的最高形式），即服务于哲学生活，因而就是针对潜在哲人的。后一种类型的显白教诲的最突出的例子可见于柏拉图的《斐多》。

③ 参见 I 13，并参照 62。

④ I 35。参见 V 12 (318, 20f.)。在前一个段落，拉比以自己的名义说话；在这里，他暗中将理性与实践理性等同起来，从而"忘记了"——即暗中完全忽视了——理论理性。在后一个段落，他总结了哲人们的观点；在这里，他明确谈到了理论理性与实践理性的区别（参见本书 103 页注释 1）。

性的。① 立法者可用"统治型宗教"来补充纯粹的政治律法、"统治法",②从而增强人民服从纯粹的政治律法的意愿。从理论理性的观点来看,这种宗教丝毫谈不上理性,因为支撑其教义的论据是否有效,必定是十分可疑的。但是,从实践理性的观点来看,它又完全有理由被称为理性的,因为它的教义显然有用。

拉比先让国王相信了犹太教信仰最显著的预设或寓意的真理性,从而稍稍缓和了他原来的怀疑,此后过了相当长一段时间,他才第一次提到理性之法。③ 在这个情境下,拉比首先将认识上帝的正确方法与错误方法进行了对比:前者所依循的是"出自上帝的……神性知识",后者所依循的则是"推论"和"思想"——占星家和护符制作者采取的就是这种方法。拉比说得很清楚,错误的方法为摩西以前"占星术的和物质性的法"奠定了基础,这些法的多样性似乎证明了它们的非正当性。正是在这个语境下,拉比将神定法与人定的"理性法"进行了对比。④ "法"和"宗教"在这个语境下被当作同义语来使用,据此可以说,拉比重申了他原先将推论型宗教与启示宗教对立起来的观点。不过,这一重申并非原封不动的复述:他不再将推论型宗教归于哲人,而是将它归于占星家以及其他类型的迷信家;此外,他也没有提到推论型宗教的政治性质。顺便补充一句,拉比在最早谈到推论型宗教时并没有将这种宗教称为法(nomos)或律法(law),而且,他的话也只是暗示说,推论型宗教出自哲人。不管

---

① 参见亚里士多德:《尼各马可伦理学》,1180a21 以下。

② 参见 I 13,并参照迈蒙尼德对 Aboda zara IV 7 所作的注疏(Wiener 编,27 页),以及法拉克拉:《论探寻者》,阿姆斯特丹版,1779,29b。

③ 参见 I 48, 52 和 58,并参照卡札尔国王前面的话;另参见 I 76, 62 和 60。

④ I 81 和 79 (32, 15 – 21 和 34, 6 – 8)。参见 I 80, 97 (46, 24ff. 和 50, 7 – 10), 98; II 16 (82, 11f.) 和 56 (116, 14 – 16)。

这意味着什么,拉比看来承认有两种推论型宗教或理性法,[123]一种出自哲人,①另一种出自迷信家。事实上,拉比在第一次使用"理性法"概念时正是着眼于后者,而非前者。②

哈列维(或拉比)断定,柏拉图《法义》之类的著作与旨在规范或探究迷信活动的著作之间有着密切的亲缘关系,不过,他并非作出这种断言的唯一一位中世纪作家:现存就有一部探究巫术、炼金术等问题而被某些人称为"柏拉图的《法》"(Plato's Nomoi)的著作。③ 从哈列维或启示宗教信徒的观点来看,柏拉图的《法义》和迷信之法自然属于同一种类,即人定法。理性法与推论型宗教实际上是一回事,就此而言,我们必须把《法义》之类的著作和迷信之法所属的那个种类更精确地描述成人定法典,它部分地或整个地由调节宗教信仰或行为的规则构成。我们必须区分这个种类的两个属类:一个主要涉及仪式或巫术活动(迷信之法),另一个则不怎么强调仪式或巫术活动(哲人制定的法)。④ 这两种法典都被称为理性法典,因为它们都是实践理性的产物。关于"占星家的迷信之书",拉比提到其中一本的书名:《纳巴泰的农业》(The Nabataean Agriculture)——他似乎认为这本书有印度渊源。在这个语境下,他又谈到印度人,说印度人是些否认神启(即否认一部"出自上帝的书"的存

---

① 在 I 97 开头和 I 99 结尾,在与 I 81 相同的语境中,哲人都被明确地提到。

② II 20(88,10-13)最直接地对应于 I 81,它似乎表明,拉比将其与真正的法进行对比的法是波斯人、印度人和希腊人的法。另参见 V 2 开头。

③ 参见施泰因施奈德:《中世纪的假铭文文献》(Zur pseudepigraphischen Literatur des Mittelalters),*Wissenschaftliche Blätter*,柏林,1862,51 页以下,以及《希腊著述的阿拉伯语译本》,19 页。

④ 参见阿佩尔特(O. Apelt)为他的柏拉图《法义》德译本编制的索引,见"德尔斐""节庆""祈祷""神""坟墓""祭品""祭司""洗涤""占卜师"等条目。

在)的人。① [124]这样看来,哲人制定的法和某些迷信之法的亲缘关系并不仅仅在于,它们都是人定法,都带有宗教意图。事实上,这两类文献还有一个共同点:它们的作者都明确否认神启。最后但并非最不重要的,我们不能排除如下可能性:某些迷信活动或信仰的始作俑者,或许还有某些迷信之法的制定者,其本身就是对大众说话的哲人。②

为了更恰当地理解哲人制定的理性法与迷信的理性法之间的关系,我们必须求助于迈蒙尼德的《迷途指津》。按照迈蒙尼德的观点,《纳巴泰的农业》是萨比教徒最重要的文献。萨比教徒是些极端愚昧的人,他们离哲学要有多远就有多远。他们喜好各种各样的迷信活动(偶像崇拜、护符、巫术)。存在着"萨比教徒的法",这些法与萨比教徒的"宗教"密切相关。如同"希腊人的法"一样,萨比教徒"愚蠢的胡思乱想"包含着对各种"政治指导"形式的描述。③ 他们毫不犹豫地断定了最奇异、"本质上不可能"的事情的实在性。于是,人们倾向于认为,萨比教徒极易轻信神迹。④ 但是,正如迈蒙尼德指出的,萨比教徒居然断定最奇异、"本质上不可能"的事情的实在性,这本身就是一件不可思议的事情,因为他们相信宇宙的永恒性,也就是说,他们在关键问题上同意哲人的观点,而站到了信从启

---

① I 79 (32, 19f.)和 61。关于印度文献对《纳巴泰人的农业》的作者伊本·瓦赫希亚(Ibn Wahshiyya)的影响,参见施特劳斯(Bettina Strauss):《萨纳克论毒素的书》,*Quellen und Studien zur Geschichte der Naturwissenschaften und der Medizin*,IV,柏林,1934,116 页以下。参见本书 111 页注释 2。

② 参见 I 97 开头(46, 24 - 48, 4)和 III 53(204, 9 - 15)。参见阿维森纳:《论灵魂》,Alpagus 译,威尼斯,1546,60b - 61a。

③ 《迷途指津》,III 29 (63a 和 b, 64b, 66b)。参见 II 39 结尾。

④ 关于"本质上不可能的"神迹,参见迈蒙尼德:《论复活》,Finkel 编,34 - 36, 27 - 30 页。

示的人的对立面。① 如果我们跟着这一论证思路往下走,一直达到其必然结论,那么,当我们读到迈蒙尼德在《论复活》中对《迷途指津》所作的最可信的评论时,就不会感到惊讶。按照迈蒙尼德的评论,萨比教徒根据宇宙的永恒性作出一个推断:神迹是不可能的;换句话说,他们实际上并不轻信神迹。正因为他们完全不相信神迹,上帝才推迟宣告未来的复活神迹,[125]直到摩西在西奈山领受启示以后很久,也就是说,直到神迹信仰在人的脑子里深深地扎下了根,复活神迹才被宣示于人。② 据此,迈蒙尼德在《迷途指津》中指出,《纳巴泰的农业》的作者说了一堆荒诞不经的话,目的是要让人对圣经的神迹产生怀疑。他还特别指出,这部著作里的某些故事意在暗示,圣经的神迹其实只是一些装神弄鬼的把戏。③ 无疑,我们不难理解一个否认神迹的人为什么会收集涉及神奇的自然事件的萨比教信息;实际上,这些事件要比最令人难忘的圣经神迹更加不可思议。我们甚至会有一个也许不算荒唐的想法:《纳巴泰的农业》之类的书的作者并非坚持迷信信条和活动的头脑简单的人,而是哲人的信徒。④ 因此,我们不能不作进一步讨论就轻率漠视如下猜想:在迷信之法以及对迷信之法的迷信解释中,至少有一部分主要从理论理性的观点来看是理性的,而非从实践理性的观点来看是理性的。哲人制定的理性法旨在颠覆对严格意义上的神圣立法的信

---

① III 29 (63a)。参见 III 25 结尾。
② 《论复活》,31–33 页。
③ III 29 (65a)。
④ 相应地,"萨比教徒"文献的至少一部分在倾向和方法上可与伊本·阿尔拉旺迪(Ibn Ar‑Râwandî)对婆罗门的描述相比较(参见克劳斯:《论伊斯兰教异端的历史》,*Rivista degli Studi Orientali*,XIV,1934,314–357 页)。萨比教徒和婆罗门在《卡札尔人书》II 33 中被一起提到;参见 I 61。迈蒙尼德指出,印度人是萨比教徒的残存者;参见《迷途指津》,III 29 (62b, 63a, 65a) 和 46 (101b)。

仰,因而也属于同样的情况(除必要的改变而外)。① 不管怎样,迈蒙尼德刚开始阐述萨比教时就指出,萨比教徒将上帝与星辰,更准确地说,与苍天等同起来。② 也就是说,[126]萨比教徒的基本信条与阿维森纳的信徒所宣称的阿维森纳隐微教诲的基本原则——上帝即天体——完全相同。阿维森纳在《东方哲学》中阐述了自己的隐微教诲,据说他之所以把这一教诲称为"东方的",是因为它与"东方人"的观点完全相同。③

四、作为一切法典的框架的理性之法

拉比第一次以赞同的口吻提到理性之法,是在国王加入犹太教社团并开始研习《律法书》和先知书一段时间以后。拉比在回答国王的"希伯来问题"④时已经向他说明,犹太民族比其他民族更优越。国王总体上相信了这一点,但他又感到,正因为犹太民族比其他民族更优越,人们就应该在犹太人中间比在其他人中间发现更多

---

① 参较柏拉图在《法义》第一卷对米诺斯和吕库古的法律的神性根源的讨论。

② 《迷途指津》III 29(62a - b)。特别注意62b页底部对"所有萨比教徒"和萨比教时期的"哲人"的区分:唯有后者才将上帝与天上的神灵等同起来,大多数人显然将上帝与天体等同起来。参见《密西拿托拉》,"偶像崇拜",I 2(Hyamson 版,66b 1 - 7)。关于萨比教徒的"无神论",亦可参见《迷途指津》,III 45 (98b - 99a)。

③ 阿威罗伊:《毁灭的毁灭》(Tahâfut al - tahâfut),X(M. Bouyges 编,贝鲁特,1930,421页)。参见《卡札尔人书》,IV 25(282, 1f.)。迈蒙尼德论及萨比教徒的东方倾向,与亚伯拉罕及其追随者的西方倾向形成对比;参见《迷途指津》,III 45 (98a)。

④ II 1结尾。参见II 81。

的修道士和苦行僧。正是在批判苦行主义和隐修教义的语境中,拉比第一次和第二次以赞同的口吻提到理性之法。① 这一批判是对哲学所作的批判的核心所在,因为它所涉及的不是个别哲学学派的个别思想,而是哲学生活本身——一种根本上远离社会的隐修士一般的沉思生活。②

国王已经有了一个部分地基于圣经有关章节(《申命记》第10章第12节和《弥迦书》第6章第8节)的假定:走向上帝的正确道路是谦卑、苦行和正义。如果把国王暗示而没有引用的圣经词句补全,可以这样说:在国王看来,走向上帝的正确道路是敬畏上帝、遵行上帝之道、爱上帝、尽心尽性事奉上帝、行公义、好怜悯、存谦卑的心与上帝同行。③ [127]拉比的回答如下:"这些以及类似的东西都是理性法;它们是神律的先导,在性质和时间上先于神律,对统治任何一个人类共同体都是不可缺少的;就连一群强盗在其相互关系中也必得履行公正的义务,否则他们的联合就不会长久。"这样看来,拉比心目中的理性法是一系列规则的总和,是维持一个社会所必需的最低限度的道德。在他看来,理性法与每个社会的关系类似于吃、喝、运动、休息、睡觉、醒来等"自然活动"与个体的关系。④ 我们禁不住要说,拉比把理性法看成是准自然法(iura quasi naturalia)。⑤ 拉比第二次以赞同的口吻提到理性法,是在讨论完"希伯来问题"并过了一段时间之后。这次他补充说,对理性法的认识不依赖于启

---

① 参见 II 48,并参照 45 和 50 开头,以及 III 7,并参照 1 - 17。
② 参见本书 122 页注释 1。
③ 国王仅仅引用了如下两句话:"现在耶和华你的上帝向你所要的是什么呢? 只要你敬畏耶和华你的上帝云云";"耶和华向你所要的是什么呢?"伊本·提本的译文加上了《弥迦书》的如下词句:"行公义,好怜悯。"
④ II 48。
⑤ 这些法不是自然的,恰恰因为它们是法。

示,不过,这只是就其内容而言,而不是就其分量而言:对这些显然非常笼统的规则进行精确的特殊化处理,远远超出了人力的范围。① 如果把这两句话联系起来,我们就必须认为,拉比所赞同的理性法只是一切法典的框架,而不是法典本身。

在关于这个问题的第一个陈述中,拉比还将理性法称为"理性的、以统治为宗旨的律法"、"(就连)最小、最低级的共同体也必得遵循的律法"、"以统治为宗旨的、理性的律法"、"理性律法"(rational law)、"诸理性(律法)"(rational [laws])。在这个语境下,他只有一次用了 nomoi 一词,此外则始终用 laws 或 law 来替换它。由此,拉比便告诉我们,他所依循的是凯拉姆,而不是哲学,因为他正是根据凯拉姆传统将他所说的"理性律法"与"启示律法"进行了对比。[128]但是,拉比对传统又有所偏离,他并非毫无保留地使用这些术语。② 这种做法并不让人惊讶,因为:第一,拉比无疑是一个穆台凯里姆,但却不是一个典型的穆台凯里姆;③第二,拉比没有将他对这些术语的独特用法归于穆台凯里姆或哲人。同样不让人惊讶的是,作为一个穆台凯里姆,拉比似乎把对上帝应尽的义务列入"理性律法"。真正让人惊讶的有以下两点:第一,他似乎将最崇高的宗教义务(敬畏上帝、全心全意爱上帝、存谦卑的心与上帝同行)列入最低限度的义务,就连最小、最低级的社会也要履行这些义务,就像——

---

① III 7。参见撒狄亚:《论信仰》,III, Landauer 编,119 页。
② 通常的凯拉姆用语是"启示律法",而拉比则首先说到"神性的和启示的律法",然后又说到"神律",最后说到"律法"。(II 48。在后来的两个陈述中[III 7 和 11],他没有再说到"启示律法"。)凯拉姆用语隐含着这样一层意思:神律作为一个整体由理性律法和启示律法构成;而拉比则认为理性律法是为神律作准备,因而外在于神律:他坚持认为,理性律法独立于神律。IV 13 结尾提到了"启示律法",III 60 也暗示了"启示律法",可参看。
③ 参见本书 102 页及下页。

或几乎像——每个人要吃饭、喝水、睡觉那样必然。第二，拉比将"理性法"和"理性律法"当作同义语使用，实际上就将理性法或推论型宗教与理性律法或理性诫命等同起来了：前者在国王皈依之前遭到了拉比的明确反对，后者则是圣经法典及其他法典的框架。第一个困难涉及作为一切法典的框架的理性法的内容，第二个困难涉及一切法典的框架与哲人详尽阐述的完整法典之间的显然十分密切的关系。

对上帝应尽的义务是每个社会——无论多么低级——必得遵从的最低限度的道德吗？① [129]在关于这个问题的第一个陈述中，拉比引证了如下几点作为理性法，或理性的统治律法的例子："公正、良善、知道上帝的恩典""公正、知道上帝的恩典""行公义、好怜悯"。引证的顺序颇有启发意义，预示了后面的解释。② 拉比在明确谈到强盗团伙时仅仅提到公正的义务，而在谈到最小、最低级的共同体时则提到三点：公正、良善、知道上帝的恩典。在第二个陈述中，拉比没有把对上帝应尽的义务纳入与"神法（或神性行为）"迥然不同的"统治行为和理性法"——或"以统治为宗旨的理性（法或行为）"——之中。在第三个陈述中，他对理性法或理性律法甚至连暗示都没有，而是区分了神律、统治律法和心灵律法。他没有把对上帝应尽的义务列入统治律法，而神律和心灵律法则仅仅

---

① 拉比对这个问题的回答不能根据挪亚七诫予以确定，因为正如他在 I 83（36, 17-20）中——即在他首次提及理性法（I 81）后不久——所暗示的，他认为挪亚七诫是"传承下来的"，因而就不只是"理性的"（参见 I 65）。另参见 III 73 开头，并参照 II 48, III 7 和 11。十诫——"律法之母、之根"——也同样如此；参见 I 87（38, 19f.），II 28 和 IV 11 开头，并参照 II 48, III 7 和 11。

② 另参见本书 142 页注释 1。

关注这些义务。① 第一个陈述中悬而未决的关键问题在后两个陈述中同样未获解决,因为在这两个陈述中,拉比没有说明"统治行为或理性法"或"统治律法"——它们似乎不包括对上帝应尽的义务——是否穷尽了每个社会必得遵从的不可或缺、不可改变的最低限度的道德。②

有鉴于此,我们就只能讨论一下两种可能的情形。不过,即便这样做也不甚容易,因为拉比的陈述十分怪异,让人捉摸不透。这适用于下面两个问题:第一个问题是,宗教是否属于每个社会必得遵从的最低限度的道德,是否属于自然法?[130]第二个问题是,自然法能否被称为理性的?如果拉比的意思是说,宗教对社会本身不具有根本意义,那么,在他的论证中,这一观点就与自然法不是理性的这一论点联系在一起,反之亦然。③ 这两个问题的联系就如同宗教本身与道德本身的联系一样紧密。

拉比的尴尬处境很容易理解。否认宗教对社会具有根本意义,这对一个像哈列维那样的虔敬者来说——我们还可以大胆补充说,对任何一个相信人类的累积经验的人来说——是非常困难

---

① II 48, III 7 和 11 (152, 9 – 154, 24)。这三段话在下文中分别用第一个陈述、第二个陈述和第三个(最后一个)陈述来表示。神律、统治律法和心灵律法的区别类似于伊本·帕库达对以下三者所作的区分:"四肢的神启义务"、"四肢的理性义务"和"心的义务"。神律实际上等同于仪文律法;心灵律法最重要的例子是十诫中的头三诫。

② 在第一个陈述的中间,拉比似乎区分了"理性律法"和"以统治为宗旨的理性律法":前者的目标是公正、知道上帝的恩典,后者的目标是公正、良善、知道上帝的恩典。这样看来,统治律法本身的特殊目标是"良善"。(关于"良善"和"城邦"的密切关系,参见 III 2 – 3。)第二个和第三个陈述包含着对这一隐含意义的解释。

③ 宗教对社会不具有根本意义这一论点意味着,自然法等同于非启示性的统治律法。但是,如果我们不假定非启示性的统治律法不能等同于理性法,因而就不是理性律法,我们就不能确定非启示性的统治律法的确切含义。

的。另一方面,如果断定宗教对社会具有根本意义,那就等于说,就连实行偶像崇拜的最可鄙的宗教也自有其价值。要知道,臭名远扬的强盗团伙或最低级、最小的共同体并不信奉唯一真正的宗教或其摹本。这里的问题是,如果否认譬如说莫洛克神(Moloch)的存在,而又并不同时断定某个其他神的存在,这究竟比对莫洛克神的强烈信仰更好,还是更糟?我相信,从拉比的观点来看,这个问题不可能得到解决。① 造成这种尴尬的原因是,拉比竟然提出了一切社会的基础这样一个哲学问题,但我们回过头想想,这在拉比与国王的谈话中其实是不可避免的,因为当时的国王仍是一个异教徒。抛开谈话情境不说,以论证的方式为宗教进行辩护,这对纯粹的信仰多少会造成一些危险。哈列维本人也没有忘记指出这一点。②

"统治律法"这一概念本身就表明,它所指示的那一组律法要比其他各组律法更直接地与统治相关,尤其与政治统治相关:单是统治律法似乎就构成了一切统治所必需的最低限度的道德,构成了众多的人定法典和唯一的神定法典的框架,[131]而这一框架显然是必要的和充分的,同时又总是相同的。在最后一个陈述中,统治律法——不妨这样说吧——居于核心的地位,③为了更清楚地把握其要旨,我们就必得克服这个困难。这个陈述是唯一一个明确讨论统治律法的陈述,但它却恰好没有明确讨论统治律法的非启示要素,因为它讨论了包含在神定法典内的统治律法,却没有区分其启示要素和非启示要素。另一方面,在第二个陈述中,拉比确实区分了仅

---

① 另参见 IV 12f. 对如下问题的闪烁其词的讨论:伊斯兰教和哲学哪个更可取?
② 参见本书 113 页及下页。
③ 在三个陈述中,最后一个陈述是唯一提到奇数组的律法的陈述。

仅通过启示而为人所知的律法和不依赖启示而为人所知的律法。这个陈述讨论了"统治行为和理性法",却没有区分统治律法和理性法。最后一个陈述对统治律法和心灵律法所作的区分让人觉得,统治律法与理性法之间存在着相应的——虽然绝非同样的——区别。① 为了弄清在拉比心目中,哪些明确的统治律法能够不依赖启示而为人所知,我们就必须比较一下第二个和第三个陈述:毫无疑问,在"统治行为和理性法"的标题下出现于第二个陈述中的律法和在"统治律法"的标题下出现于第三个陈述中的律法都是不依赖启示而为人所知的统治律法。

拉比将通过斋戒和谦卑训练心灵的义务列入不依赖启示而为人所知的以统治为宗旨的理性律法,而没有将它列入隶属于神定法典的统治律法。[132]这样,他似乎就告诉我们,这项义务不属于自然法。这并不让人感到惊讶,因为一伙强盗不会通过斋戒和谦卑来训练自己的心灵,从而确保团伙的持久存在,如果有人真的这样以为,那是十分荒谬的。另一方面,拉比将不得杀人的禁令列入隶属于神定法典的统治律法,而没有将它列入不依赖启示而为人所知的以统治为宗旨的理性律法。这同样很好理解,因为圣经绝对地禁止杀人,而一伙强盗则仅仅禁止杀害同一团伙的其他成员。这也可以解释为什么拉比在两个细目中都列举了不得欺骗或撒谎的禁令,因

---

① 心灵律法不是理性律法,因为它们把人导向作为立法者和审判者的上帝,而人类理性不能独力地知道作为立法者和审判者的上帝;参见 III 11 (154, 5ff.),并参照 IV 3 (228, 18ff.) 和 16。如果因为 II 47f. 而断定心灵律法是理性的,那就等于说,就连一伙强盗也不能不信仰、敬畏和爱亚伯拉罕的上帝(不同于亚里士多德的神)。伊本·提本在"心灵律法"后面添加一句话:"而且它们是哲学律法"。这一补充要么基于对作者意图的彻底误解,要么旨在提供一个暗示,对此暗示,至少我还不能把握。

为圣经本身在涉及这一禁令时仅仅说到邻人。① 他在两个细目中还列举了敬重父母的义务:"家庭是城邦的主要元素。"②如果我们遵从伊本·提本译文的暗示,我们就必须说(这似乎更好一点),拉比将敬重父母的诫命列入圣经的统治律法,将敬重"父辈"的义务列入不依赖启示而为人所知的统治律法——在拉比心目中,"父辈"很可能还带有比喻含义,指"向导"或"导师"。③ 相应地,他很可能会说,如果一伙强盗不敬重他们的同类中比他们的智识水平更高的人,那么,就连这样的团伙也不可能长久存在。总而言之,自然法实际上不过是维持每个社会的基本存在所必需的不可缺少、不可改变的最低限度的道德。④

[133]前面的讨论立足于统治律法与理性法的区别,因而就立足于这一论证思路迫使我们接受的一个假定:"非启示性的"统治律法归根到底不能称为理性律法。⑤ 有许多理由可以说明这一假定

---

① 不得欺骗的禁令在 III 7 的细目中,或许还在 III 11 列举的统治律法细目中占有核心的地位,如果我们把每一项算作一个单独的律法的话(也就是说,如果我们把比如说"敬重父亲"和"敬重母亲"算作两个不同的律法的话。参见本页注释3)。

② 迈蒙尼德:《迷途指津》,III 41 (90b),他在此处讨论了类似的圣经诫命。

③ "敬重父母是一项义务"(III 7),原文脱落了"是一项义务"。此外,伊本·提本将 alwaalidiin 译作"父辈"。

④ 阿尔波(Joseph Albo)在《论原则》('*Ikkarim*)I 7 中对这一"低限的"自然法观作了更明确的描述。撒狄亚及其他人未能区分"具有纯粹技术性质的司法规范"和"道德规范",参见古特曼对此所作的批判性评论(《犹太哲学》,慕尼黑,1933,80 页及下页)。

⑤ 迈蒙尼德(《八章书》,VI)仅仅将哈列维称为统治律法的律法列入被穆台凯里姆错误地称为理性律法的律法之中——这里的所谓"理性律法"实际上应该称为受到普遍接受的律法。也就是说,迈蒙尼德偏离了他的塔木德原始材料(b. Yoma 67b),未将对上帝应尽的义务列入其中。另参见本书 146 页注释 1。

是有道理的。只要理性律法与神启律法或超理性律法形成对比，"理性律法"一词的含义就十分清楚。但是，如果用它来区分像自然法和民法这样的不同类型的非启示性律法，它的含义就变得暧昧不明了。要知道，所有名副其实的律法都是理性的产物，①因而都是理性的。一项公正地解决仅仅存在于某个特定国家、某个特定时期的某个特定问题的律法同样是理性的，从某种意义上说，它甚至要比一项适用于所有时代、所有国家的律法更加理性。不仅如此，如果把普遍有效性当作合乎理性的明确标记，答案就一目了然了：在拉比列入非启示性统治律法的那些最具有普遍性的律法中，没有一项真正具有普遍有效性。② 几乎人人都承认，如果有人图谋杀人，我们完全可以骗他，不让他知道潜在的受害者的行踪。最后，有些律法就其本身而言并不以促成人之为人的完善为旨归，我们能否在强调的意义上将这些律法称为理性律法，是很值得怀疑的。统治律法便是如此，其本身仅以促成人的物质福祉为旨归，完全不关心人的灵魂福祉。③

到目前为止，我们已经澄清了如下自然法观：自然法并不包含对上帝应尽的任何义务，④它们仅仅确定了"内部道德"（Binnenmoral）的基本元素，不能被称为理性的。我们把这种观点称为哲学观点。⑤ [134]它肯定不是凯拉姆观点。拉比这个非典型的穆台凯

---

① I 35。参见《尼各马可伦理学》，1180a212f。
② 参见 IV 19。
③ 参见迈蒙尼德《迷途指津》II 40 (86b) 关于统治法典的讨论。
④ 参见托马斯·阿奎那：《神学大全》，12, 问题 104, 第 1 条："在任何一项法律的规诫中，都有一些规诫依理性的命令本身而具有约束力，……这种规诫被称为道德规诫。……即便在涉及人与上帝的关系的规诫中，也有一些规诫是道德规诫，它们是通过信仰而形成的理性本身的命令，例如必须爱和敬拜上帝。"[译按：原文为拉丁语]
⑤ 参见本书 107 页以下，以及 139 页注释 5 以下。

里姆不可能接受这一观点,尽管这是对他的陈述的一种可能的解释。为了证明这一点,只需明确说明这一观点似乎就足够了。我们可以很有把握地说,拉比实际上反对我们在前面一段提到的第一个理由。不过,这仅仅引出了一个新的难题。

拉比在其核心陈述中讲得很明白:不依赖启示而为人所知的自然法提供了一个轮廓,惟有上帝才能充分地填充它。于是,拉比似乎就承认,理性律法与非理性(启示性)律法的区分是完全正当的。但是,这段话似乎有一层隐含意思:就连单纯的统治法典也必须出自启示,如果它想要对共同体有效的话。由于一个社会——不管多低级,也不管多小——若想长存就必得遵从自然法,由于这些规则恰恰必须由神启予以确定,才能对共同体有效(也就是说,才可适用),我们就不能不得出一个结论:一个不受启示法典支配的社会不可能长存;或者说,不但宗教对每个社会的长存具有根本意义,启示宗教亦复如此。这一结论并不让人感到惊讶:在拉比看来,惟有犹太民族才是永恒的,所有其他民族都必将毁灭;所有其他民族都死了,惟有犹太民族还活着。①

一个社会如何才能在属人的意义上经久存在呢?为了从拉比的最终答案回到他对这个问题的解释,我们就必须回想一下两个论断的关联。第一个论断是,自然法是理性的;第二个论断是,宗教属于自然法。拉比接受了第一个论断,实际上也就必定接受了第二个论断——尽管有些犹豫。这样,我们就要说,在拉比看来,理性的自然法并没有被前述非启示性统治律法所穷尽;理性的自然法还包括自然虔敬②的要求。理性单靠自身就能觉察到,[135]离开了宗教信仰和行为,任何社会都不可能经久存在,但是,它不能确定什么样

---

① II 32–34; III 9–10; IV 3 (230, 12–20)和23。
② 这些要求在敬拜对象方面很不明确,参见 IV 15 和 IV 1–3。

的宗教信仰和行为是正确的:如同所有特定律法一样,涉及宗教行为和信仰的特定律法要么是超理性的,因而是好的,要么是非理性的,因而是坏的。当理性觉察到宗教的必要性时,它就力图设计出这种或那种推论—统治型宗教,以满足这一需要。这样,《卡札尔人书》第一篇所讨论的理性法就产生出来了。这些理性法是完整的法典。与这类理性法不同,那些仅为每部法典——不管是人定的,还是启示性的——提供框架的理性法是正当的。虽然这一解释要比我所能想到的所有其他解释都更加接近于拉比的信仰表白,但它仍然面临着前面提到的各种难题。①

这里涉及两个论断:一个论断是,宗教对社会具有根本意义;另一个论断是,社会生活的最低限度的道德可称为"理性法"。在拉比的论证中,这两个论断之间存在着密切的关系。不过,前文就这种关系所作的讨论并不意味着,这两个论断绝对不可分离。倘若哲人不承认宗教的社会必要性,他们就不会在统治律法之外再设计出统治型宗教。另一方面,不管拉比说了什么话,作了什么暗示,我们都不能因此而怀疑我们的最初印象:哲人否认自然法的理性性质。

---

① 根据头两个陈述(Ⅰ1 和 81),理性法是宗教法典——要么是哲人的宗教,要么是普通的异教法典。根据第三个陈述(Ⅱ48),理性法可能包含着对上帝应尽的义务。根据第四个陈述(Ⅲ7),理性法几乎肯定不包含对上帝应尽的义务。根据第五个陈述(Ⅲ11),统治律法明显有别于神律和心灵律法,也就是说,不同于调节宗教的律法。根据第六个陈述(Ⅳ19),哲人的法明显有别于哲人的(隐微)宗教——这种宗教就是"趋同于神",即趋同于亚里士多德的神。最后一个陈述(Ⅴ14)完全没有谈到这个问题。

五、理性之法与自然法

拉比用同一个词语"理性法"(rational nomoi)来表示两种不同的东西。他先用"理性法"来表示他完全不赞同的人定异教法典,然后又用它来表示类似于"理性律法"(rational laws)——凯拉姆意义上的"理性诫命"——的规则,[136]或一切法典的框架,对此,他自然又十分赞同。拉比原本可以用两个不同的词语来表示这两种迥然不同的东西,这对他来说简直易如反掌。可是,拉比没有这样做,考虑到所涉及的问题的重要性,这不能归因于粗心。拉比以奇怪的、令人费解的方式使用"理性法"一词,这就迫使我们提出一个问题:与神定法典格格不入的完整法典如何能够在经过特定的解释后等同于一切法典的框架,尤其等同于神定法典的框架?由于这个问题的答案不可能得到拉比或作者的明确陈述的证实,它就必定具有假设的性质。为了阐明这个问题,我们将尽量避免使用"理性法"(rational nomoi)这个含混的词语。在以下的讨论中,我们将把完整法典称为"理性之法"(Law of Reason),把一切法典的框架称为自然法(Natural Law)。

要把完整意义上的理性之法①与自然法等同起来显然是不可能的。因此,拉比必定区分了理性之法的两个部分:一是无涉宗教

---

① 即对"理性的"(理论—论证性的)教诲的"理性的"(实际上是智慧的)陈述,按照哈列维心目中的哲人的观点,"理性的"教诲是对启示宗教的教义的反驳。

的核心部分,二是具有异教性质的边缘部分。① 他必定仅仅将理性之法的核心部分与自然法等同起来。我们假定,理性之法主要是哲人为了能够进行沉思而必须遵从的行为准则的总和。这些准则针对的是哲人本身,而不管具体的时间和地点。因此,它们就只能具有一种非常笼统的性质:[137]它们在特定情况下的运用由每个哲人自由决定,可以说是每个哲人的全部私法准则的框架。每个哲人在个别情形下如何运用这些一般规则,在很大程度上要取决于他碰巧生活于其间的社会具有怎样的性质:该社会可能有利于,也可能不利于哲学和哲人。如果一个特定的社会敌视哲学,理性之法就会向哲人提供两种可能的选择方案:要么离开这个社会,寻找另外一个社会,要么引导自己的同道逐步采取一种更合理的态度,②也就是说,在必要的限度内让自己的行为暂时适应该社会的要求。初看上去,哲人似乎弃绝了理性之法,而接受了另一种生活准则,但如果更仔细地考量,我们就会发现,这恰恰是遵从理性之法的一种形

---

① 拉比在第一次提到哲人制定的法时暗示了严格意义上的理性之法与哲人的宗教的区别——他在即将扼要解释《论创世》时作了这样的暗示(参见本书125页注释1)。在这个语境中,拉比指出,这些法是一种特定类型的"统治法"(IV 19),也就是说,它们不过是一种特定类型的行为准则。对"法"的这种解释是不可缺少的,因为这个用语可以表示,而且在《卡札尔人书》的某些较早的段落里确实表示这样的行为准则再加上人定宗教或统治型宗教,甚或单独的统治型宗教。参见本书129页及下页,并参照I, 1 和79 (34, 8)。吉尔松尼德(Gersonides)在《主的战争》(*Milhamot hashem*)中说:"托拉不是一种迫使我们相信不真实的事情的法。"参见该书导论,莱比锡版,1866,7页。另参见法拉克拉:《论探寻者》,阿姆斯特丹版,1779,29b 和 38a - b,以及马西利乌斯在《和平的保卫者》(Dictio I., c. 5., §10f.)中对 lex[法]、lex divina[神律]和secta[学派]所作的不加区别的使用。

② 参见法拉比在论柏拉图哲学的著作中对柏拉图《王制》及《书信》的讨论(希伯来语译文见法拉克拉:《智慧的开端》,76页以下)。

式。① 这样看来,理性之法并非与某一特定的社会形式——例如柏拉图《法义》所勾勒的那种形式,即典型的理性律法——不可分割地联系在一起。原则上,哲人要进行沉思,就需要从社会中隐退。因此,理性之法主要是哲学隐士的行为准则的总和,是 regimen solitarii[隐士的行为准则]。② 对理性之法的最贴切的描述莫过于如下规劝:一个人应通过斋戒和谦卑训练自己的心灵。理性之法的宗旨是趋同于神,或沉思,其内容则有所不同,可归结为"灵魂的纯洁":理性之法不同于社会或政治律法,它所调节的是"灵魂"、"意图"、哲人的基本态度,而不是任何行为,不是任何身体活动。③ 当然,[138]我们必须明智地、有保留地理解哲学生活的隐遁性质:苏格拉底是哲学生活的典范,但他却喜欢和弟子在一起,④而且他还必须与不是也不会成为他的弟子的人生活在一起。因此,理性之法必须用社会行为准则来加以补充,更准确地说,理性之法包含着社会行为准则。拉比将理性之法的这一社会的或涉及统治的部分称为理

---

① 参见本书 120 页以下,125 页及下页。

② 《卡札尔人书》里的哲人在谈到理性法时没有提到任何社会关系(参见本书 109 页)。哈列维暗示说,仅由理性法引导的生活是一种隐修士一般的生活(参见本书 132 页)。拉比指出,单独的理性法不足以正确地指导社会,这实际上就隐含着这样一层意思:它们足以正确地指导个人;参见 III 7 (150, 1-4)。还可考虑 siyâsa[统治]的两层含义;参见本书 125 页注释 3。

③ 参见 III 7 开头:"统治行为和理性(智性)法",并参照 III 65 (214, 28)中 practica[实际之事]和 intellecutualia[智性之事]的区别。参见本书 137-138 页。

④ III 1 (140, 13-16)。

性之法,并将它等同于自然法:他所接受的理性法纯粹以统治为目的。① 他好像没有看到理性之法不涉及统治的部分,没有看到这一部分所要达成的目标:他故意忽略了这个不涉及统治的部分,故意忽略了它的目标——即趋同于"亚里士多德的神"。② 要知道,对非哲人甚或哲人的反对者而言,惟有理性之法涉及统治的部分才是"可见的",才是有意义的。但是,拉比将理性之法的这个涉及统治的部分(我们可以简单称之为哲人的社会道德)与自然法(即自然道德)或一切法典的框架等同起来,③[139]于是就得以对后者有所阐明。

---

① II 48 开头。哲人们不会将理性之法涉及统治的部分称为理性的(参见本书 138 页),但是,按照穆台凯里姆的观点,构成这一部分的规则是理性律法。拉比是一个非典型的穆台凯里姆,因此,他就将穆台凯里姆的理性律法与他所说的理性之法——即理性之法涉及统治的部分——等同起来。作为例子,我们可以注意到,哈纳西(R. Sheshet ha-Nasi)在对柏拉图理性法的简要推荐中(参见马克斯,上引文,424 页)仅仅提到很可能被拉比称为统治律法的柏拉图式律法。哲人的法仅仅是一些行为准则,拉比是否将这种法称为理性法(IV 19),是值得怀疑的:"理性的"一词没有出现在原文中,而出现在伊本·提本的译文中。如果我们假定,拉比在首先提到哲人的法时采纳了哲人的用语,那么,这两种读法都有道理。如果他将哲人的法称为理性的,那么,在他心目中,哲人的法就是完整的理性之法(即包括社会行为准则在内的 regimen solitarii[隐士的行为准则])。如果他没有将哲人的法称为理性的,那么,在他心目中,哲人的法就只是理性之法涉及统治的部分。第二种读法得到了上下文的证实:在此上下文中,法与哲人行为准则的核心部分——即趋同于神,或严格意义上的道德——被区别开来。

② 我们可以说,拉比用心灵律法取代了理性之法不涉及统治的部分。理性之法不涉及统治的部分旨在调节人对亚里士多德的神的态度,而心灵律法则旨在调节人对亚伯拉罕的上帝的态度。参见本书 138 页注释 1。

③ 可参较希雅(Abraham b. Hiyya)的解释。希雅将 regimen solitarii[隐士的行为准则]看成是神定法典的框架:十诫概括地包含着《律法书》的所有诫命;十诫单独就是 peroushin,即隐遁的圣徒的充足行为准则(《灵魂的沉思》[Hegyon ha-nefesh],Freimann 编,35b-38a)。参见本书 135 页注释 1。

理性之法的社会部分有什么特征呢？虽然哲学预设了社会生活（劳动分工），但哲人对社会并无依恋感，其心灵所寄在别的地方。相应地，哲人的社会行为准则并不超出共同生活的最低道德要求。除此而外，从哲人的观点来看，遵从这些准则并非目的本身，而只是达到目的的手段——哲人的最终目的是沉思。更准确地说，这些准则不是强制性的，它们并非绝对有效，而只是在多数情况下有效；哲人在遇到极端情况、紧急需要时可以安然无恙地忽略它们；①它们是"实践智慧"的准则，而不是严格意义上的道德准则。因此，自然法是一种仅仅具有假设的有效性的社会行为准则，其所针对的是"粗犷的个人主义者"，是那些对社会没有内在依恋感的人、那些并非公民的人：正是在与根本上具有隐士品质的哲人的对照中，真正有德或虔敬的人才被称为 $\varphi\acute{\upsilon}\lambda\alpha\xi\ \pi\acute{o}\lambda\varepsilon\omega\varsigma$ [城邦的守护者]。② 由此看来，社会行为准则不是绝对准则。无须补充说，正是基于这一观点，哲人才认为，一个已成为哲人的人可以在言行中尊奉一种他在思想中并不尊奉的宗教。在我看来，也正是这一观点构成了哲人显白教诲的基础。

拉比将理性之法和自然法两者都称为理性法，[140]实际上就将理性之法中与不是哲人的人相关的部分与自然法等同了起来。

---

① IV 19。参见本书 118 页及下页。我们从 IV 19（拉比提及哲人之法的第一段话）中所得知的可概述如下：哲人的法不同于哲人的宗教（或哲人所解释的理性法）；它们只是行为准则；而且，这些准则仅仅调节社会行为；它们不是强制性的；它们不是理性的。（参见本书 142 页注释 1、144 页注释 1 和 146 页注释 1。）

② 参见 III 2–3，并参照阿维森纳：《形而上学》，X 4 开头，以及柏拉图：《王制》，414 a – b。

这样,拉比就暗中断言,自然法不是强制性的,①它并不强制要求人们对社会产生内在的依恋感,也没有预设这样的依恋感。拉比至少在这个限度内接受了哲人对自然法的看法。但是,正因为拉比与哲人一道走得这样远,他才发现了哲学立场的根本弱点,才看出了哲学之所以蕴蓄着如此巨大的危险的最深层原因。如果哲人对自然道德——不以神启为基础的道德——的评价是正确的,自然道德严格说来就根本不是道德,因为人们很难将它与维系强盗团伙的道德区别开来。自然道德既是如此,那就只有全知全能的上帝所启示和批准的律法才会使真正的道德——"绝对命令"——成为可能;只有启示才能将自然人转变成"城邦的守护者",或者用圣经的语言来说,转变成他的兄弟的守护者。② 一个人不必天生虔敬,他只要对真正的道德怀有热情,就会衷心渴求启示:有道德的人本身就是潜在的信徒。否认神圣立法者的哲人同时也否认我们所说的道德律的强制性,这个事实使哈列维发现了一个征兆,说明道德与启示之间存在着必然的关联。[141]哈列维将犹太教看成是唯一真正的启示宗教,他针对哲人捍卫犹太教,其实也在有意识地捍卫道德本身,因此,他不仅捍卫了犹太教的事业,而且也捍卫了全人类的事业。

---

① 在 II 48 中,拉比断言,就连一个强盗团伙也不能不履行公正的义务。既然如此,我们是否应该相信,强盗比哲人更讲究道德?哲人不会否认,在大多数情况下,公正的规则实际上是强制性的;关键问题涉及一些紧要的情形,一些极端必要性的情形。如果就连《律法书》也承认,在极端情形下,除不得杀人和淫乱的禁令外,一切统治律法都可以被违反,我们就能够很有把握地假定,强盗团伙以及其他许多共同体在这两点上也不会破例。(参见 IV 19 结尾和 III 11,并参照迈蒙尼德:《密西拿托拉》,"托拉的基础",V。)尤其重要的是,哲人不会承认,被社会称为强制性的规则事实上具有严格意义上的强制性:社会必须将某些特定的规则作为强制性规则宣示给它的成员,目的是要赋予这些规则以一定程度的威严和神圣性,从而促使社会成员尽可能服从它们。

② 参见本书 139 页及下页。

由此看来,哈列维对哲学的根本反对并非特别出于犹太教的理由,甚至并非特别出于宗教的理由,而是出于道德的理由。他十分克制地谈论这个话题:他不是一个狂热的人,所以不想向那些无所顾忌的人和狂热的人提供肯定会遭到他们滥用的武器。然而,这种节制瞒不过读者,他们仍能看出哈列维一心一意想要达成的主要和最终目标。

第五章　如何研读斯宾诺莎的《神学—政治论》

一

[142]一项特定的历史研究应如何展开呢？在试图回答这个问题之前，我们必须提出种种理由，说明这项研究何以有意义。事实上，诱使一个人去研究一个特定历史问题的那些理由直接决定了研究方法的一般性质。为什么要对斯宾诺莎的《神学—政治论》①展开新的研究，理由很明显。《神学—政治论》的主要目标是要反驳古往今来人们为启示提出的种种诉求。斯宾诺莎成功了，《神学—政治论》成了"理性主义"或"世俗论"抨击启示信仰的一部真正的经典文献，至少就此而言，斯宾诺莎是成功的。只有当《神学—政治论》讨论的问题仍是一个活生生的问题时，对这本书的研究才具有真正的重要性。直到不久以前，人们还普遍相信，《神学—政治论》讨论的问题在十九世纪已由斯宾诺莎的后继者一劳永逸地解决了，因而已完全过时。可是，只要稍微看看目前的情况，就可以发现，实

---

① 本章在引用《神学—政治论》(*The Theologico – Political Treatise*)时，若是在正文中，即引作 the *Treatise*，若是在注释中，则引作 *Tr.*[译按：中译文一律作"《神学—政治论》"]。在注释中，*Tr.* 后的罗马数字表示第几章，逗号后、括弧前的阿拉伯数字表示 Gebhardt 版《全集》的页码，括弧内的阿拉伯数字表示 Bruder 版插入的 §§。

际情况并非如此,这个问题正重新成为人们关注的焦点。我们不能不注意到,《神学—政治论》中那个最根本的问题——即因哲学和启示的冲突诉求而引起的问题——在我们这个时代引起了讨论,[143]然而,讨论层次却明显低于昔日已经司空见惯的讨论层次。正是考虑到这样一些情况,我们又重新启动了对《神学—政治论》的探究。我们将尽量专注地倾听斯宾诺莎,并尽一切努力按斯宾诺莎的意思准确理解他的话语,因为如果做不到这一点,我们就很有可能用我们的愚蠢毁掉了斯宾诺莎的智慧。

理解另一个人(不管是活着的人,还是死去的人)所说的话,可能有两种不同的含义,我们不妨暂且称之为解释(interpretation)和阐明(explanation)。解释的意思是,我们试图弄清言说者究竟说了些什么,以及他如何实际地理解他自己所说的话,而不管他是否把这种理解明确地表达出来。阐明的意思是,我们试图弄清这些话所具有的就连言说者本人也没有意识到的各种隐含意义。与此相应,如果我们发现一句话是反讽性的,或是一句谎言,这就属于解释的范畴;另一方面,如果我们发现一句话乃基于一个错误,或是一种愿望、旨趣、偏见或历史情境的无意识表达,这就属于阐明的范畴。很明显,解释必须先于阐明。如果阐明不以适当的解释为基础,就不是对需要阐明的陈述的阐明,而是对历史学家想象中的某个虚构事物的阐明。同样明显的是,在解释内部,对一个陈述的明确意义的理解必须先于对作者所知道却没有明确说出的事情的理解。我们必须首先理解一个陈述本身,否则就无法认识到,也无法证明它是谎言。

对另一个人的话语或思想的理解如果具有确然无疑的真实性,就必然基于对这个人的明确陈述的精确解释。但是,精确性在不同的情况下有不同的含义。在有些情况下,精确的解释要求仔细权衡言说者使用的每个词语。不过,如果遇到一位不够严谨的思想者或言说者,就很难仔细权衡他随便说的某句话了,一旦仔细权衡,那反倒是一种很不精确的做法。① [144]为了弄清在理解一种特定的写作时需要多大程度或何种类型的精确性,我们就必须首先了解作者的写作习惯。但是,只有理解了作者的著作,才能真正了解他的写作习惯,既然如此,在刚开始时,我们似乎就不得不受我们对作者性格的先入之见的引导。倘若有一种方法能够帮助我们在解释作者的著作之前先弄清他的写作方式,研究步骤就会变得更为简单,但实际情况不是这样。一般认为,人们怎么读就怎么写。细致的作者通常都是细致的读者,反之亦然。一位细致的作者会希望别人细致阅读他的书。他自己读书就十分细致,也只有在这个过程中,他才明白了被细致地阅读究竟意味着什么。阅读先于写作,我们先读后写,我们通过阅读学会写作。一个人要学好写作,就需要首先把那些好书读好,把那些写得细致入微的书读得细致入微。因此,通过研究作者的阅读习惯,我们就有可能在某种程度上预先了解他的写作习惯。如果这位作者明确讨论一般性阅读的正确方法,或者明确讨论阅读某部他投入了很大精力专心研究的书的正确方法,那么,任务就变得简单了。斯宾诺莎在《神学—政治论》中用了整整一章的篇幅讨论如何阅读圣经,他把圣经细致入微地读了一遍又一

---

① 考虑一下斯宾诺莎的下面一段话(书信15):

在第四页上,你让读者了解了我是在什么场合写出第一部分的。其实我非常希望你在这个地方,或在你愿意的任何地方,向读者解释这一部分是我在两个星期内急就出来的。因为一旦作了这样的解释,就不会有人再认为这些东西已经表述得很清楚了,似乎不容再作更清楚的解释了。这样,读者就不会黏着于这句或那句话的某些晦涩之处,而他们在阅读过程中是会偶尔遇到这样的晦涩文字的。[**译按**:原文为拉丁语]

遍。① 为了弄清应该如何阅读斯宾诺莎的书,我们不妨看看他所设立的阅读圣经的规则。

斯宾诺莎认为,解释圣经的方法与解释自然的方法完全相同。阅读自然之书的要点在于从"自然史"提供的材料中推断出自然事物的界说。同样,解释圣经就在于从"圣经史"提供的材料中推断出圣经作者的思想,或圣经问题之为圣经问题的界说。有关自然的知识只能从自然本身中推演出来,而完全不能去考虑什么是合度的、美的、完善的或合理的。同样,有关圣经的知识也只能从圣经本身提供的材料中推演出来,而完全不能去考虑什么是合理的,[145]因为我们无权假定,圣经作者的观点符合人类理性的意旨。换句话说,对圣经教义的理解与对这种教义是否合理的判断是必须严格分开的两件事。我们也不能将圣经作者的思想与对圣经作者的思想的传统解释等同起来,除非我们首先证明,这种解释可以回溯到圣经作者的口头话语。除此而外,鉴于圣经作者各个不同,我们必须一个一个地去理解他们,在进行研究之前,我们无权假定,他们每个人都有相同的意见。圣经必须毫无例外地按其本身来理解。任何一种思想如果不能得到圣经本身的明确证实,都不能作为圣经教义加以接受。有关圣经的全部知识必须毫无例外地从圣经本身中获得。②

按照斯宾诺莎的设想,"圣经史"包括三部分:一、有关圣经语言的全面知识;二、圣经各书关于每个重要问题的陈述的汇集和清晰编排;三、有关全部圣经作者的生平的知识,以及有关圣经作者的性

---

① 《神学—政治论》IX,135 页(§31)。
② 《神学—政治论》VII, 98 - 101、104 - 105、108 - 109、114 - 115 页(§§ 6, 7, 9 - 14, 16 - 19, 22, 35, 37 - 39, 52, 55, 56, 77ff. , 84);XV, 181 - 182 页(§ 8);XVI, 190 - 191(§§ 10 - 11);序言,9 - 10(§§ 20, 25)。

格、精神气质和兴趣的知识;有关圣经各书成书场合和时间的知识,以及有关圣经各书的读者对象、命运等等的知识。这些材料,或者更具体地说,这些透过语法、古文书学、历史等等来加以理解、并经过汇编和适当编排的圣经陈述乃是解释的基础,而严格意义上的解释就是要根据上面提到的各种材料,通过合理的推理得出圣经作者的思想。在这里,我们必须再度依循自然科学的模型。我们必须首先弄清圣经思想的最普遍或最根本的要素,即:全部圣经作者究竟明确表述了一种什么思想,以此作为针对所有时代、所有人的教义?然后,我们必须依次讨论那些派生性的或不那么具有普遍性的主题,例如涉及不那么具有普遍性的问题的圣经教义,以及个别的圣经作者的独特教义。①

斯宾诺莎对其解释学原则("有关圣经的全部知识必须毫无例外地从圣经本身中获得")的表述并没有确切表达出他的实际要求。[146]首先,他坚持认为,有关圣经语言的知识不能主要从圣经中获得,而是必须从一种特定的传统中获得。② 至于说到作者的生平等知识,以及有关他们的书的命运的知识,尽管我们完全有可能从圣经中部分地获得这种知识,但确实没有什么理由把毫无例外地从圣经中获得这种知识当作不可推卸的责任。斯宾诺莎本人欢迎任何能够说明这类问题的可靠的外部信息。③ 而且,他并没有说过,涉及各个重要主题的圣经陈述必须按圣经本身提供的原则予以编排。有理由相信,如果让他自己来编排圣经的各个主题,那就根本不会

---

① 《神学—政治论》VII, 98 – 104、106 – 107、112 页(§§7, 13, 15 – 17, 23 – 24, 26 – 29, 36, 44 – 47, 70);V, 77 页(§39)。
② 《神学—政治论》VII, 105 页(§40)。
③ 参较譬如说《神学—政治论》IX, 140 页(§58)。

有什么圣经根据,而是符合他心目中这些主题的自然顺序。① 尤其重要的是,他所设想的严格意义上的解释就是要弄清圣经处理的各个主题的界说,但不可否认的是,圣经本身并没有提供这样一些界说。事实上,作为界说,它们超越了圣经的视域。因此,对圣经的解释不是要精确地像圣经作者理解自己那样去理解圣经作者,而是要比圣经作者更好地理解圣经作者。可以说,斯宾诺莎对其解释学原则的表述不过是下述观点的夸张的——因而也是不甚精确的——表述:任何一个圣经段落的唯一意义就是其字面意义,除非我们从不容置疑的圣经语言用法中找到了理由,迫使我们从隐喻的角度来理解这个段落。一位圣经作者的陈述可能与理性、虔敬、传统甚或另一位圣经作者的教诲不相吻合,但这无疑不能成为抛弃字面意义的理由。只要看看斯宾诺莎所挑战的那种观点有多大的力量,就可以明白,他的夸张是有足够道理的:[147]他必须在无数反对者的喧嚷声中让自己的声音被听到。

斯宾诺莎的解释学原则("圣经必须毫无例外地按其本身来理解")与我们所遵从的解释学原则("必须精确地像圣经作者或编纂者理解圣经那样去理解圣经")在某种程度上是一致的。斯宾诺莎要求,必须把对圣经教义的解释与对这种教义的真理性或价值的判断严格分开。这一要求部分地符合我们在区分解释和阐明时的意图。不过,正如我们已经指出的,这两项原则具有根本区别。按照我们的原则,在面对一本书时,需要首先提出诸如此类的问题:这本书的主题是什么? 也就是说,作者如何标明或理解这本书的主题? 作者探讨该主题的意图是什么? 针对该主题,他提出了一些什么问题? 他仅仅或主要关注这个主题的哪一方面? 只有首先回答了这

---

① 参较譬如说《神学—政治论》Ⅶ, 98 – 99 页(§§9 – 11)上对历史、启示和道德教诲所作的区分。

些以及类似的问题,我们才会想到把作者针对书中讨论或提到的各种话题所作出的陈述加以汇集或编排,因为只有首先回答了我们指出的那些问题,我们才能知道书中涉及的哪些特殊话题是重要的,甚至是最核心的。圣经本身提供了某种向导,提示我们什么主题是核心的或重要的,什么样的编排符合圣经的思想。倘若我们遵循斯宾诺莎的原则,我们就会在完全离开圣经向导的情况下开始汇集和编排各种主题的圣经陈述。不仅如此,如果我们遵循斯宾诺莎的原则,我们下一步就要搜寻圣经的最普遍、最根本的教义,将它作为圣经每处都明确表述的教义。可是,不断重复某卷书的最根本的教义,这有必要,甚或有可能吗? 换句话说,一卷书的最普遍、最根本的教义必然就是书中最明确的教义吗?① 在我们看来,斯宾诺莎的圣经解释学有各种各样的缺陷,不过,在此我们无须详述这些缺陷,因为针对这种解释学提出的任何反对意见都会立足于圣经本质上是可理解的这样一个前提,[148]而斯宾诺莎恰恰否认了这一前提。按照斯宾诺莎的观点,圣经具有本质上的不可理解性,因为圣经的绝大部分经文都在谈论不可理解的问题;另一方面,圣经又具有偶然的不可理解性,因为虽然存在着有助于说明圣经意义的材料,但我们实际上只能获得其中的一小部分。正因为圣经本质上是不可理解的书,正因为圣经是一部"难解的"(hieroglyphic)书,所以就需要设计一种特殊程序来解释它:设计这一程序的目的是要打开一条间接的通道,以通往一部不可能直接——即经由其主题——企及的书。这意味着,并非所有的书都需要一种与破译自然之书完全相同的解释方法,只有那些难解的书才需要。斯宾诺莎主要关注的是圣经在每处地方明确教导过的思想,因为只有这种无所不在的教诲才

---

① 《神学—政治论》VII, 100、102 – 104、112 页(§§ 16, 27 – 29, 36, 70)。

能给圣经每个难解的段落提供线索。正因为圣经本质上是不可理解的,所以我们就必须毫无例外地按圣经本身来理解圣经:圣经的绝大部分经文都在谈论一些除非通过圣经,否则便无法把握的问题。① 由于同样的原因,我们不可能仅仅试图像圣经作者理解自己那样去理解圣经作者;每当我们试图理解圣经时,我们都必然会作出努力,争取比圣经作者更好地理解圣经作者。

斯宾诺莎认为他自己的书——尤其《神学—政治论》——是可以理解的,而不是难解的,这一点或许无须证明。他指出,难解的主题只是一个好奇心的问题,而不会有什么用处,可是《神学—政治论》的主题却非常有用。② 为了搞清楚斯宾诺莎希望读者如何阅读他的书,我们就必须从他的圣经解释学转向他所设定的阅读明白易懂的书的规则。

[149]斯宾诺莎认为,如果一本书探讨的是明白易懂的问题,那么,就没有什么困难会严重妨碍人们对它的理解。因此,在斯宾诺莎看来,并不需要制定复杂的程序来帮助人们理解这类书。为了理解这类书,我们并不需要完善的知识,顶多需要对原文的语言具备"非常一般的,甚至可以说非常幼稚的知识"。事实上,只要阅读译

---

① 可特别将《神学—政治论》VII, adnot. 8(§66 n.)与 VII, 98 - 99、105 页(§§9 - 10, 37)进行比较,并将 VII, 109 - 111 页(§§58 - 68)与 101 页(§23)进行比较。另参见书信 21(34 §3):"我明确地、毫不含糊地承认,我不理解圣经。"[译按:原文为拉丁语] 参见《神学—政治论》VII, 98 - 99、114 页(§§6 - 10, 78)。我们所说的圣经本质上的不可理解性(essential unintelligibility)是由于其主题(或来源),圣经偶然的不可理解性(accidental unintelligibility)是由于经文的状况等等。这两种不可理解性的区别也构成了佩雷尔(Isaac de la Peyrère)的圣经评断的基础,参见佩雷尔:《基于先亚当人类的假设的神学体系》第一部分(*Systema theologicum, ex Praeadamitarum hypothesi. Pars Prima*, 1655), IV 1。

② 《神学—政治论》,序言,12 页(§33);VII, 111 - 112(§69)。

文就绰绰有余了。我们不必了解作者的生平、兴趣和性格,不必了解书的读者对象、书的命运,也不必了解各种异文,等等。明白易懂的书是无须解释的。面对难解的书,我们无法透过自己的经验或见识来理解它的主题,而面对明白易懂的书,读者"在阅读过程中"自然可以调动自己的经验或见识来促成对它的理解。与斯宾诺莎似乎告诉我们的相反,并非难解的书,而是明白易懂的书,才能够而且必须按其本身来理解。难解的书的意义必须从各种材料(作者的生平、书的命运等等)中间接地推断出来,而这些材料并不一定由书本身提供出来;相反,对明白易懂的书的意义则能够而且必须直接地加以确定,也就是说,我们需要考虑它的主题,考虑作者的意图,一言以蔽之,考虑那些只有通过书本身才能真正了解的东西。① 如果把这一标准运用于斯宾诺莎自己的书(我们必须这样做),我们就会意识到,按照他的观点,他的著作的全部"历史"、研究他的书的近代学者所采取的整个历史步骤都是多余的,因而——可以补充一句——与其说有助于理解他的书,还不如说对理解他的书构成了障碍。

我们不妨再补充几句话来进一步解释一下。斯宾诺莎说,我们在理解明白易懂的书时并不需要了解各种异文,这样的知识纯属多余。但他又说,任何一本书都会有错误的异文。斯宾诺莎一定是在想,如果某本书或书中的某一段落处理的是可理解的题材,聪明的读者"在阅读过程中"就能轻易发现和纠正那些潜入该书或该段落的错误。② 斯宾诺莎说,我们在理解明白易懂的书时也没有必要了

---

① 《神学—政治论》Ⅶ, 98 - 99、109 - 111 页(§§9 - 10, 59 - 60, 67 - 68)。

② 《神学—政治论》Ⅸ, 135 页(§32);Ⅹ, 149 页(§42);Ⅻ, 165 - 166 页(§§34 - 35, 37)。盖布哈特(斯宾诺莎:《全集》,第二卷,317 页)说:"作者不能控制书籍的印刷,这种情况尤其明显地见于《伦理学》一书。这样就留下了不少校勘上的疑惑之处。在有些地方,这些疑惑之处达到了十分严重的地步,甚至对斯宾诺莎学说的解释也要取决于如何处理这些疑惑之处。"[译按:原文为德语]

解作者的性格或气质。[150]斯宾诺莎不会把马基雅维里的《君主论》看成是一本难解的书,可是他在讨论这本书时却又考虑了作者的"智慧"或"审慎",以及作者对政治自由的热爱,他的最终结论完全是经由这样一番考虑而得出的。① 如果对斯宾诺莎提出这样的疑问,他或许会回答说,他的结论并非基于对马基雅维里生平和性格的任何预先的、外在的了解,而是基于每个聪明的读者在阅读《君主论》和《李维史论》时都不会忽略的常识。斯宾诺莎说,可理解的话题即便被晦涩的表述包裹起来,也仍是可以理解的。但他无疑知道,众多的作者在处理可理解的话题时都陷入了自相矛盾。斯宾诺莎或许会回答说,如果作者陷入了自相矛盾,读者就不妨把他对作者关于这个问题的思考的判断悬置起来,而运用自己的才智去弄清楚,两个互相抵触的论断中究竟哪一个是真的。就明白易懂的书而言,根本不需要考虑这样一个问题:作者的语言用法是否允许我们对两个互相抵触的论断中的一个作出隐喻性解释。很显然,这样的考虑是不恰当的,因为在理解明白易懂的书时,甚至根本没有必要知道这些书原先是用什么文字写成的。②

---

① 《政治论》V, 7 页。参见《神学—政治论》VII, 102、111 页(§§24, 67, 68);书信43(49 §2)。

② 《神学—政治论》VII, 101、111 页(§§21, 66 - 68)。斯宾诺莎的隐含意思是说,就可理解的书而言,我们根本不需要知道这本书是以何种方式、在什么场合写成的。参见《神学—政治论》VII, 102、111 页(§§23, 67)。但是,可比较他针对其《笛卡儿哲学原理》(*Renati Des Cartes Principia Philosophiae*)所说的话(参见本书152页注释1)。斯宾诺莎在《神学—政治论》XVII adnot. 38(§55 n.)中指出,我们必须考虑希伯来人在不同时期所处的"状态",这样才不至于把譬如说某些后起的制度说成是摩西发明的。他的这种说法并不与他在《神学—政治论》VII adnot. 8(§65 no.)中的隐含意思(对各种制度的理解并不需要考虑"历史")相抵触,因为在前一段话中,他只是在谈论圣经——一部若不考虑"历史"就完全不可理解的书——中记录的各种制度。

我们对斯宾诺莎的阅读规则的研究似乎走入了死胡同。我们不能像斯宾诺莎阅读圣经那样去阅读他的书,因为他的书肯定不属于难解之书的范畴。我们也不能像斯宾诺莎阅读欧几里得《几何原本》或其他明白易懂的书那样去阅读他的书,因为他所知道的那些并不难解的书对他来说是容易理解的,但他自己的那些书对我们来说却是不易理解的。斯宾诺莎是一位有才智的作者,他在谈论最重要的圣经问题时总是成竹在胸。就是这样一个人,却直截了当地承认他不理解圣经。如果他都这么说,[151]我们就不得不承认,要想理解他的书绝非易事。斯宾诺莎的阅读规则对于理解一本既非难解、又非易懂的书(如一本当代的欧氏几何手册)来说几乎——甚至完全——没有用处。当然,我们可以说,通过为两种极端情形制定规则,斯宾诺莎让我们知道应该怎样阅读那些难度适中的书:离开了"历史",这类书既非绝对地可以理解,亦非绝对地不可理解;如果一本书不是无须解释的,那就需要"历史"来帮助我们理解它。但是,我们如果不想彻底压制斯宾诺莎所说的这些话的精神实质,就必须强调补充一句:在他看来,对于理解真正有用的书而言,"历史"的作用微不足道。

另一方面,斯宾诺莎的现代解释者认为,理解斯宾诺莎的书非常有用,甚至很有必要。与此同时,他们又确信,"历史"对理解斯宾诺莎的书有很大帮助。于是,这些解释者就在显然很重要的一点上反驳了斯宾诺莎:他们认为,斯宾诺莎的书不能按斯宾诺莎自己的解释学原则来理解。由此便出现了一个不可避免的问题:如果拒绝接受斯宾诺莎的解释学原则,是否还有可能理解斯宾诺莎?一个人如何回答这个问题,那要取决于他认为这个有争议的问题具有怎样的重要性。如果获得充分理解的"历史"问题确实与哲学本质的问题相同,那么,斯宾诺莎的现代解释者与斯宾诺莎之间在取向上就存在着一种根本差异。斯宾诺莎的现代解释者理所当然地认为,哲学为了能够胜任其工作,就必须是"历史的",因此,哲学史乃是一个哲学学科。他们从一开始就假定(就因为他们是通哲学的哲学史家,而不仅仅是古文物研究者),斯宾诺莎的整个立场,若从他自己的表述和理解来看,完全站不住脚,因为它明显不是"历史的"。这些解释者因而就缺乏一种极度强烈的动机,[152]要像斯宾诺莎理解自己的学说那样去理解斯宾诺莎的学说。这种极度强烈的动机来自一种猜想:斯宾诺莎的学说是唯一真正的学说。没有这样一种动机,任何有理智的人都不会投入自己的全副精力去理解斯宾诺莎;没有这样一种献身精神,斯宾诺莎的书就永远不会展露出其充分意义。

看来,如果接受斯宾诺莎的解释学原则,我们就不能理解他;如果不接受他的解释学原则,我们同样不能理解他。为了摆脱这一困境,我们就必须首先明白,为什么斯宾诺莎会满足于他针对如何阅读严肃书籍这一问题所发表的那些不能令人满意的意见。或许有人会说,斯宾诺莎唯一关注的就是真理本身,是关于整全的真理,至于别人对此有什么教诲,则不在他的考虑范围之内。不过,仅仅这样说是不够的,因为斯宾诺莎知道他在多大程度受益于其他人所写的某些书,正是这些书帮助他掌握了他心目中的真理本身。对此,他心里实在是太明白了。真正的原因在于,他蔑视过去那种只有通过阅读很难的书才能把握的思想。在其他条件相等的情况下,理解过去的书要比理解现代的书需要更多的"历史"解释。如果一个人相信,最有用、最重要的书是那些现代的书,他就不会感到历史解释有什么必要。斯宾诺莎就属于这种情况。他以自己的名义出版的唯一一本书是讨论笛卡儿哲学的书。他以大量著述作了广泛讨论的仅有几部书(除圣经以外),是笛卡儿和波义耳的书,也就是他同时代人的书。在他心目中,苏格拉底、柏拉图和亚里士多德——更不用说他们的追随者了——的权威没有什么分量。相比之下,他对伊壁鸠鲁、德谟克利特、卢克莱修及其追随者的推崇要高得多。① 不过,并没有什么明确的迹象表明他曾经刻苦钻研过他们的著作或著作残篇。他通过同时代人伽桑狄的著作就很容易地了解了他们的学说。具体说到政治哲学,斯宾诺莎断然宣称,除了他自己的政治哲学之外,先前的全部政治哲学都是无用的。② 他承认自己极大地受益于某些"杰出的人,[153]他们针对正确的生活方式写下了大量精彩的著作,给凡人许多智慧的忠告"。③ 他心里想到的可能是塞涅卡、西塞罗之类的作者,但他所提到的那些学说按其本质就易于为每个人所理解。至于上帝是万物的内在原因这一更困难、更基本的教义,斯宾诺莎推测说,他所讲的"与所有古代哲人所讲的完全一样,虽然讲述方式有所不同"。不仅如此,他还认为,他所讲的也"与所有古代希伯来人所讲的完全一样,只要我们能够根据一些在许多地方已经掺假的口传来进行推测,这一点就显而易见了"。这不是谈论确定的原始文献材料的方式。此外,当斯宾诺莎说他的上帝观念彻底偏离了他所知道的所有其他学说时,或许他要更真诚一些。④ 当然,斯宾诺莎读过相当不少的老书,

---

① 书信56(60 §13)。参见《神学—政治论》,序言,9页(§§18-19);I,19页(§19)。
② 《政治论》I,1。
③ 《伦理学》III,序言。参见《神学—政治论》VII,111页(§68)。
④ 书信73(21 §2)。参见《伦理学》II 7 schol.。参见书信6结尾:

> 我要说,被他们[即整理者]和所有至少我认识的人归于上帝的许多属性在我看来都仿佛是受造物。相反,我认为,他们因偏见而视作仿佛是受造物的其他属性都是上帝的属性。我还要说,我不会像所有我认识的人那样把上帝与自然分开。[译按:原文为拉丁语]

另参见斯宾诺莎在书信12(29 §2)中对"所有的人"在永恒问题上的教导的抨击。至于对"所有古代希伯来人"的指涉,参见《神学—政治论》III,48页(§18)和XI,158页(§24)。

尤其在他年轻时更是如此,但问题是,在成熟时期的斯宾诺莎眼里,这些书以及对它们的研究究竟具有怎样的重要性。他的态度并不令人惊奇。那些促成了近代哲学或科学兴起的人普遍相信,他们正在取得超越所有先前哲学或科学的进步,而这种进步使所有先前的努力都理所当然地遭到了人们的遗忘。

斯宾诺莎是为后代写作,而不是为同时代人写作。他肯定意识到,终有那么一天,他自己的书也会变成老书。但是,如果他的书包含着对整全的唯一真实的——亦即唯一清晰、明确的——描述,看来这些书就没有理由不在一切时代都为人们所直接理解——只要它们能流传下去。不过,这一回答本身似乎提供了一个决定性的证据,说明斯宾诺莎并没有考虑到一种至关重要的、对我们来说如此明显的可能性,即:一个时代的整体取向会让位于另外一种根本不同的取向,而一旦出现这种变化,[154]前后两个时代的思想鸿沟就只能通过历史解释加以弥合。站在斯宾诺莎的立场上,人们或许不得不反驳说,他所否认的并不是他的学说出现后发生这种变化的可能性,而是这种变化的正当性。在斯宾诺莎眼里,抛弃他的思路,而接受一种完全不同的思路,这是一个明显的愚蠢错误,只不过提供了一个新的例证,说明人的思想又重新退回到受迷信奴役的状态,而类似这样的现象其实早已屡见不鲜了。

斯宾诺莎的阅读规则源于他对其哲学的最终性质的信念,他认为他的哲学是对整全的唯一清晰、明确,因而也就是唯一真实的描述。如果我们从一开始就拒斥斯宾诺莎的信念,我们就永远不能理解他,因为我们缺乏必要的动机去正确理解他。另一方面,如果我们开放思想,严肃对待这样一种情况,即他有可能是对的,那么,我们就能理解他。这样,我们就有了必不可少的动机。除此而外,我们还能纠正他那些不充分的阅读规则,同时又不用担心在做这番工作时会彻底偏离他的根本原则,因为如果这些原则是正确的,解释学问题就不能成为核心问题。更准确地说,纠正斯宾诺莎解释学的必要性直接产生于一个假定:他的学说是唯一真实的学说。基于这一假定,只有通过某些老书,我们才能把握唯一真实的学说。对我们来说,阅读老书之所以变得极其重要,恰恰因为对斯宾诺莎来说,阅读老书完全不重要。我们万分迫切地需要一种精细的解释学,这与斯宾诺莎不需要解释学出于相同的原因。设计一种更精良的历史方法,这是绝望处境中的一种绝望的补救之道,而不是健康、兴旺的"文化"的表征。只要我们持这样一种观点,我们就与斯宾诺莎的思维方式完全一致。

我们的论证暗示出,时至今日,只有通过某些老书,才能企及真理本身。我们还必须说明,这一暗示是与斯宾诺莎的原则彼此相容的。斯宾诺莎知道,哲学所遇到的自然障碍的力量在一切时代都是一样的,[155]而由于某些特定的错误,这种力量还有可能进一步增强。① 哲学经常遭到激烈的反对,卷入自然的和偶发的漩涡中,随后人们又可能采取一种新的姿态,对哲学进行蓄意的、无情的压制。迷信是哲学的天敌,但它有时会用哲学的武器将自己武装起来,摇身一变,成为伪哲学。伪哲学的类型数不胜数,因为每一位后起的伪哲人都试图对前人的成就作出某些改进,或避免他们的某些错误。因此,就连最有远见的人也不可能预见到会出现什么样的伪哲学,从而无法控制未来人们的心灵。现在,并非哲学,而是将人们引入哲学的方式必然随着哲学的人为障碍或偶然障碍的变化而变化。哲学的人为障碍在某个特定时刻会变得异常强大,因而在着手"自然的"引入之前必须首先完成精细的、"人为的"引入。可以想象,有时候会出现一种特定的伪哲学,要想破除这种伪哲学的威力,就

---

① 《神学—政治论》XI end;序言,7页(§9)。参较迈蒙尼德:《迷途指津》I 31(34 b Munk)。

只能靠集中全力,精读老书。只要伪哲学占了上风,就需要有精细的历史研究,而在更幸运的时代,这种历史研究原本是多余甚至有害的。

我们还需要考虑是否必须从斯宾诺莎的观点出发将现代的主流思想描述成这种类型的伪哲学。不过,在此之前,我们将尝试根据有关哲学的自然障碍的经典描述来表达我们的意见。人们有可能十分害怕往上走,走到可以看见阳光的地方,很想让自己的子孙完全不能走到这样的地方。于是,他们就在他们出生的洞穴下面挖一个深坑,退入坑中。如果某个子孙想爬到能看见阳光的地方,他就必须首先到达与自然洞穴平行的高度,为了做到这一点,他就必须发明新的、彻底人工的工具,而这类工具是那些穴居人所不知道的,对他们来说也毫无必要。如果这个人固执地认为,通过发明新工具,他已经达到了超越其穴居祖先的水平,他就是一个十足的傻瓜,就永远不可能见到阳光,甚至会失去对太阳的最后一点记忆。

[156]按照斯宾诺莎的观点,人的想象的、激情的生命乃是哲学的自然障碍,它制造出斯宾诺莎所说的迷信,以此确保自身不致陷入崩溃。因此,人们就天然面临着一种二者择一的局面:要么选择对整全的迷信式描述,要么选择对整全的哲学式描述。迷信和哲学是截然对立的,但它们却有一个共同点:它们都试图对整全作出终极描述,并且认定,这种描述对于指导人类生活是必不可少的。只要哲学对整全的描述仅仅遇到各种迷信式描述的挑战,而尚未遇到伪哲学的挑战,哲学就处于自然的情境中。很显然,在我们这个时代,这种情境已经不复存在了。迷信和哲学这两个老对手在同一个真理平面上曾展开一场世俗的殊死搏斗,争夺对人类的指导权,它们的对立透露出一种单纯性和直接性,到了后来,这种单纯性和直接性就让位于一种更"复杂"或更"实用"的态度。对整全进行终极描述(这种描述必然终结于或开始于有关万物的第一原因或诸多第

一原因的知识)这一想法本身已经被越来越多的人所摒弃,因为在人们心目中,这一想法不仅无法实现,而且也是毫无意义甚至荒谬的。这些人所遵从的权威是科学和历史这一对孪生姊妹。他们心目中的科学不再致力于对整全作出真实的、终极的描述。相应地,他们也惯于区分科学和哲学,或科学家和哲人。① 这样,他们就暗中——有时甚至公开——承认了一种非哲学的科学和一种非科学的哲学的可能性。在这两种活动中,科学自然享有高得多的声誉,人们习惯于将科学的持续进步与哲学的失败进行对照。若不是因为下述考虑,在此基础上仍具有正当性的哲学就不过是科学的侍女,成了所谓的方法论。[157]科学拒绝接受对整全进行终极描述这一想法,它从根本上将自身设想成这样:它是不断进步的,是人类思想超越所有先前时代的思想而取得进步的结果,它在未来还将取得更大的进步。但是,科学需要伴随一种至少渴求精确性的努力:它必须真正地证明进步是一个事实,必须理解进步的种种条件,从而确保未来进步的可能性。离开了这样一种努力,在科学本身的精确性与科学对其进步性的认识的性质之间就存在着极其严重的不一致。因此,现代意义上的科学必然伴随着人类思想史,而人类思想史要么像原来那样采取一种非常初级的形式,要么像今天这样采取一种远为精细的形式。现在,人类思想史已占据了哲学从前占据的位置,或者说,哲学转化成了人类思想史。哲学与历史的根本区别原本隐含于哲学的原初涵义中,现在则让位于哲学与历史的融合。如果按现代科学的精神去研究人类思想史,我们就可以得出一

---

① 斯宾诺莎有时将"哲学"和"科学"当作同义词使用,关于这一点,可参见譬如说《神学—政治论》II, 35 – 36 页(§§26 – 27);IV, 60 页(§11);XIII, 167 – 168、172 页(§§4, 7, 27);XIV, 174 页(§§5, 7);XV, 187 页(§38);XIX, 237 – 238 页(§§54, 62 页)。

个结论:全部人类思想均"受历史的制约",如果想让一个人的思想摆脱其"历史情境",那纯属不切实际的空想。一旦这成为一个被越来越多的新观察所不断加强的根深蒂固的信念,对整全进行终极描述(这种描述本身不"受历史制约")这一想法似乎就站不住脚了,其原因是连稚童都能明白的。这样一来,就不存在直接通达哲学的原初意义的路径了,要知道,哲学的原初意义恰恰就是要对整全进行真实的、终极的描述。一旦走到这一步,就只有通过回忆哲学在过去意味着什么,才能了解哲学的原初意义。这实际上等于说,只有通过阅读老书,才能明白哲学本来是什么意思。

只要人们普遍相信对整全进行终极描述是可能的、必要的,一般的历史,尤其是人类思想史就不能成为哲学努力的不可或缺的组成部分——不管哲人对那些起辅助作用的有关过去思想的报告有多高的评价。[158]但是,在这种信念失去力量以后,在人们与过去所有的哲学思想的基本前提彻底决裂以后,对过去思想的不同阶段的关注便成为哲学的必要组成部分。如果富于智慧地刻苦钻研过去的思想,就会导致过去思维方式的复兴。历史学家或许相信,对人类思想的真正理解就是按特定的时代理解每一种学说,或者将每一种学说理解成特定时代的表现。如果历史学家从这一信念出发开始其探究工作,他就必然十分熟悉这样一个观点,即:他的最初信念是没有根据的。事实上,正是他所探究的主题不断向他强调这一观点。不仅如此,他还被迫意识到,如果受那一最初信念的引导,就不可能理解过去的思想。历史主义的这种自我毁灭并不完全是一个意料之外的结果。在十八世纪后期、十九世纪初期,由于近代方法、近代自然科学以及与之相伴的道德和政治学说受到了批判,人们开始强烈关注过去的思想,并且关注的严肃程度在不断提高。历史理解,过去思维方式的复兴,原本是为了矫正近代心灵特有的种种缺陷;然而,这种冲动从一开始便遭到了与之相伴的信念的削弱,按照这一信念,近代思想(与近代生活和近代感情相区别)高于过去的思想。由此造成的结果是,历史理解原本是要矫正近代心灵,现在却轻易蜕化成了对如下教条的确认:近代思想高于过去的全部思想。历史理解变成了历史主义,从而丧失了它的解放力量。这种历史主义实际上不过是近代心灵之自我批判的僵化的、自满的形式。

我们已经知道了应该如何透过斯宾诺莎的原则来判断现代的主流思想。斯宾诺莎论述过哲学的障碍,也谈到过有碍于理解他自己的书的种种因素。现在,我们知道了应该如何严格遵循他的原则,并在此基础上扩展他的这一观点。这样,我们便有权一方面阅读他的书,另一方面又背离他自己的阅读规则。我们同时意识到,我们不能简单地用众多现代历史学家所实际遵循的阅读规则来取代斯宾诺莎的阅读规则。[159]历史地理解斯宾诺莎的思想,这在今天常常是指按斯宾诺莎的时代来理解他的思想。诚然,这种理解可以说是斯宾诺莎的书的"历史"(他本人或许会这样表述)之更为精细的形式。但同样真实的是,斯宾诺莎认为,只有在理解难解的书时才需要历史的协助。我们无权直截了当地漠视他本人的观点:他的书能够,而且必须按其本身来理解。我们只应加上一个限制性条件:这必须保持在可能性的限度之内。我们必须忠于他的指令的精神。与斯宾诺莎的隐含意思相反,为了能够理解他的书,我们就需要一些别的信息,这些信息并非由他本人所提供,不管在何时何地,也不是每个有理智的读者都能轻易获得的。但是,我们千万不要忘了这样一个事实:这类信息的作用完全是辅助性的,它们必须整合进斯宾诺莎本人确实或明确提供的框架中。这一点适用于斯宾诺莎没有直接提供,因而在他看来对理解他的书毫无意义的所有知识:关于他的生平、性格和兴趣的信息,关于他的书的成书场合和时间的信息,关于读者对象的信息,关于他的学说的命运的信息,最后但并非最不重要的,还有关于他的书的原始资料的信息。我们千万不要以为这类外在的知识提供了通往他的学说的线索,除非我们能够毫无疑义地证明,要想按他的表述弄清他的学说是不可能的。这一原则从一开始就造成了一种合理的猜疑,使人无法相信对斯宾诺莎学说的各种极不相同的理解,例如将斯宾诺莎的学说理解成犹太神秘哲学或柏拉图哲学的修正版本,理解成巴洛克精神的表达,理解成中世纪经院哲学的顶峰。对这一原则的任何偏离都会让人面临这样一个危险:在像斯宾诺莎理解自己那样去理解斯宾诺莎之前,试图比斯宾诺莎更好地理解斯宾诺莎。其结果是,一个人所理解的不再是斯宾诺莎,而是自己想象中纯然虚构的东西。

[160]常见的那种历史理解诱导人们把自己研究的作者主要看成是作者同时代人中的一个,或者这样来读他的书,就好像这些书主要是写给同时代人的。但是,像成熟期斯宾诺莎那样的人的书本质上是要成为一切时代的财产,因而主要是写给子孙后代的。这就决定了斯宾诺莎写书的方式:对这些书的理解并不需要预先拥有关于事实的知识。据他所知,这种知识只对他的同时代人有意义,也只有他的同时代人才容易了解。要想飞升到永恒的境界,在选择行装时就需要格外谨慎。有的书需要若干外部条件才能获得充分理解,为了理解这样的书,就必须使用——更确切地说,保存——含有对作者有用的信息的全部图书档案资料。实际上,这样的书根本不值得写,不值得读,无疑也不值得在作者身后继续流传下去。尤其值得注意的是,肯定还有一些对处于成长期的斯宾诺莎非常重要的事实和学说,当时的斯宾诺莎自然还不能像后来那样对同时代的学说(从斯宾诺莎的观点来看,这也许包括他所了解的众多中世纪哲学学说)与他心目中值得保存的学说进行区分。我们有理由把有关斯宾诺莎"成长"的信息看成是不相干的,直到有事实表明,离开了这样的信息,斯宾诺莎的最终学说是无法解释的。由于斯宾诺莎学说针对的主要是子孙后代,解释者就必须时刻留意成熟期斯宾诺莎

的书与他的书信的不同分量。斯宾诺莎的书信主要不是写给子孙后代的,而是写给特定的同时代人的。如果斯宾诺莎成熟期的著作可以看成主要是写给最优秀的读者的,他的大量书信就明显是写给普通人的。

　　之所以需要外部信息,是因为人的预见能力必定有限,他无法知道,什么是子孙后代能够理解的。在此,只需举一个最引人注目同时也最重要的例子,就可以说明问题。斯宾诺莎无法预见,当然也无法有效地预防这样一种情况:他一边使用、一边修正的传统哲学术语会变得过时。[161]因此,当今斯宾诺莎的读者就必须学习为斯宾诺莎同时代人所熟悉的语言的基本知识。再概括一点说,斯宾诺莎的解释者必须重构在斯宾诺莎看来对于理解他的书必不可少,但又不能通过他的书合理提供出来的"背景",因为任何人都不会把所有的东西和盘托出,一旦这样做,那对每个人来说都是枯燥乏味的。这意味着,解释者在做重构工作时必须顺着斯宾诺莎自己树立的路标往下走,其次还要遵循斯宾诺莎偶尔在他的著作中留下的各种提示。解释者必须将一种基于斯宾诺莎的明确陈述的清晰设想作为出发点,这种设想牵涉到斯宾诺莎如何看待他的先辈。他还必须最大限度地关注斯宾诺莎本人极其看重或高度赞赏的那个"哲学传统"分支。例如,解释者既不能安然无恙地漠视斯宾诺莎针对柏拉图和亚里士多德所说的那些话,也不能安然无恙地漠视斯宾诺莎针对德谟克利特和伊壁鸠鲁所说的那些话。他必须警惕一种因无知而造成的愚蠢的自以为是,觉得自己能比斯宾诺莎更好地了解什么对斯宾诺莎是重要的,就好像斯宾诺莎并不知道他自己在说些什么似的。解释者必须更加看重斯宾诺莎引用过的那些普通教科书,而不看重那些我们不能确信斯宾诺莎是否一定知道的经典。在试图解释斯宾诺莎时,解释者必须尽力不越出斯宾诺莎及其同时代人的专门术语所划定的界限。如果他用现代术语转述斯宾诺莎的思想,甚或描述其性质,他就有可能将一个与斯宾诺莎格格不入的世界引入对斯宾诺莎思想的号称准确的解释中。我们必须首先完成对斯宾诺莎学说的解释,只有在这之后,当我们面临着对斯宾诺莎的学说作出判断的必要性时,我们才有权漠视斯宾诺莎的提示,甚至有义务这样做。斯宾诺莎自称已经驳倒了过去那些最重要的哲学学说和神学教义。为了对这一宣称作出判断,为了对支撑着这一宣称的论据的力量作出判断,我们自然就必须将传统的经典纳入考量,而不管斯宾诺莎是否知道或研究过这些经典。如果斯宾诺莎对他肯定熟悉的某一事实或学说缄默不语,而提及或讨论这一事实或学说原本对他的论据具有根本性的意义,[162]那么,对斯宾诺莎的缄默的理解就属于严格意义上的解释,因为隐瞒一件事情往往都是刻意为之。

二

按照斯宾诺莎的观点,他所设定的阅读圣经的规则之所以不能用来研究他自己的著作,还有另外一重原因:圣经的读者对象是一般大众,而他自己的著作则是写给哲人的。在《神学—政治论》序言中,斯宾诺莎明确敦促普通大众不要碰这本书,他把这本书明确推荐给"有哲学素养的读者"或"哲人"。① 写给一般大众的书必须是这样的:一个人只要按大众习惯的阅读方式去读这本书,就能充分理解它,即是说,这本书的要旨必须能够通过漫不经心、粗枝大叶的阅读而予以把握。换句话说,在教诲类大众书籍中,最根本的教诲

---

① 《神学—政治论》序言,12 页(§§33 – 34);V, 77 – 79 页(§§37 – 46);XIV, 173 – 174 页(§§1 – 2, 10);XV, 180 页(§§2 – 3)。

必须大写在每页纸上,它必须是最清晰的教诲,而哲学书籍则不是这样。

　　斯宾诺莎认为,读者在阅读明白易懂的书时根本无须知道这本书的读者对象,就能充分理解它。他强调指出,《神学—政治论》是写给一个特定人群的,这样,他实际上就向我们提供了最初的线索,暗示出这本书的特殊困难所在。他说,这本书是特别写给这样一批人的:"如果他们不认为理性应是神学的附庸——如果他们不让这唯一一个障碍挡住自己的去路,他们就能更自由地进行哲学思考。"斯宾诺莎把那些认为理性——或哲学,或科学——应顺从神学的人说成是怀疑论者,说成是否认理性之确实性的人,而真正的哲人不能是怀疑论者。① 因此,《神学—政治论》不是写给现实哲人的,[163]而是写给潜在哲人的。它的读者对象是那些"更加审慎的人",是那些不易上当受骗的人。② 这是一个明显要比现实的哲人群体更广泛的群体,因此,它并不等同于现实的哲人群体。

　　《神学—政治论》的读者对象是潜在的哲人,而潜在的哲人相信神学——即圣经——的权威。斯宾诺莎所说的圣经是指《旧约》和

---

　　① 《神学—政治论》序言,12 页(§34);XV,180 页(§§1-3);XX,243 页(§26)。《知性改进论》,18、29-30 页(§§47-48, 78-80)。斯宾诺莎经常把"哲学"与"理性"当作同义词使用,隐含意思当然是说,哲学是人的自然理解力的完善。参见《神学—政治论》VII,117 页(§94),并参照 XV,180、182-184、187 页(§§1-3, 12, 17, 21, 38);XIV,179 页(§38);序言,10 页(§27)。参见 IV,59 页(§10)。在斯宾诺莎心目中,哲人是一个在其研究中不受任何神学考虑局限的人。这一点可见于这样一些段落:《神学—政治论》VI,88、95 页(§§34, 37, 67-68);XII,166 页(§40);XIII,167 页(§5);XV,188 页(§42);书信 23(36 §2)。

　　② 书信 30。参见《神学—政治论》XVII,205、219 页(§§24, 103);XVI-II,223 页(§11);X,adnott. 21, 25(§§1n., 43n.)。

《新约》。① 这样,《神学—政治论》的读者对象就是基督徒中的潜在哲人。按照斯宾诺莎的明确声明,正是基督教信仰与基督教实践之间的反差促使他写出了本书。② 我们如果相信斯宾诺莎众多的明确陈述,就必须按下述方式来解释斯宾诺莎为什么要把书写给潜在的基督教哲人。基督教乃基于最完满的神示,犹太教则否。基督教具有普世的、属灵的性质,而犹太教则具有特殊神宠论的、肉身的性质,两者形成了鲜明的对比,这就解释了为什么基督徒接受哲学要比犹太教徒更容易,也更自然,而犹太教徒天生就"鄙视"哲学。不仅如此,神学的统治最终造成了神学家及其追随者对哲人的迫害,而斯宾诺莎的目标是要把哲学从神学的统治下解放出来。基督教是典型的爱的宗教,而《旧约》的诫命则是,"当爱你的邻舍,恨你的仇敌"。因此,斯宾诺莎对宽容的呼求很自然地就是向基督徒发出的,而不是向犹太教徒发出的。③

尽管如此,《神学—政治论》的主题明显含有更多的犹太教成分,而非基督教成分。斯宾诺莎谈论《旧约》要比谈论《新约》更充分;不仅如此,在许多情形下,他都提到了最广义的犹太教笺注家,或者与他们辩论,或者赞同他们。至于基督教笺注家,斯宾诺莎则几乎没有提到他们——即便不是完全没有提到。而且,他的解释更

---

① 《神学—政治论》XII, 163 页(§24);XIV, 174 页(§6);XV, 180、184 -185 页(§§1-3, 24)。

② 《神学—政治论》序言,7-8 页(§§13-14)。参见 XIX, 234-235 页(§§38-39)。

③ 《神学—政治论》I, 21 页(§§23, 25);参见 II, 43 页(§§56-57)和 XI, 158 页(§23),并参照 II, 42-43 页(§§52-55);III, 48 页和 adnot. 5(§§21, 21 n., 22);IV, 64-65 页(§§30-34);V, 70、77 页(§§8, 38);XI, 152、158 页(§§4, 24);XII, 158-159、163 页(§§3, 24);XVII, 214-215、221 页(§§77-82, 115);XVIII, 221 页(§2);XIX, 233-234 页(§§29-30, 38)。参见书信 73(21 §§4, 7)和 19(32 §10)。

多地受惠于犹太教原始资料,[164]而非基督教原始资料。斯宾诺莎提到,他十分精通犹太教口头传说,仅凭记忆就能准确无误地谈论各种犹太教问题,谈论他"很久以前"就这些问题所探明的情况。我们或许可以举一个最突出的例子来说明《神学—政治论》的这种犹太教背景:斯宾诺莎在描述有关圣经和哲学的关系的两种对立观点时只提到两个人,在他眼里,这两个人是犹太教内部两个阵营的领袖人物。按他的解释,他之所以不从语文学的角度来考察《新约》,是因为他的希腊语知识有欠缺。① 如果从斯宾诺莎的这句话来进行概括,我们或许可以解释为什么犹太教主题在《神学—政治论》中居于主导地位:相比于基督教传统,斯宾诺莎对犹太教传统要精通得多。我们可以沿着同一方向再往前走一步,作出这样一个推测:斯宾诺莎把大量原先用来为他叛离犹太教进行辩护的材料纳入了《神学—政治论》。对《神学—政治论》中令读者印象深刻的某些矛盾之处似乎很难作其他的解释。为了我们的目的,只要提到两个最突出的例子就够了。斯宾诺莎说,第三章的论题(上帝对犹太人的拣选)对《神学—政治论》的主导目的来说是不需要的。斯宾诺莎的这句话也同样适用于第四章和第五章——这两章最终成了对犹太教仪文律法的批判。因此,第三章至第五章看来就是一部主要写给犹太教徒的著作的残迹。此外,《神学—政治论》能否立得住脚,要看它是否遵循了这样一个原则:每一圣经段落的真正意义都必须毫无例外地根据圣经本身予以确立,而不能参照哲学的或科学的真理。但是,在讨论神迹问题时,斯宾诺莎又明显背离了这一原则,他断言,圣经教义与哲学学说完全相符,所有与哲学学说相抵触的圣经段落都必须当作对圣经的渎神式增补而予以拒斥。斯宾诺

---

① 《神学—政治论》I, 18 页(§13);IX, 135 – 136 页(§§30 – 31, 36);X, 150 页(§48);XV, 180 – 181 页(§§1 – 5)。

莎的一位年长的同时代犹太人达科斯塔(Uriel da Costa)曾精力充沛地运用这种方法来解决哲学和圣经的冲突。[165]斯宾诺莎偶尔运用这一方法,看来源于他年轻时在犹太教范围内进行的思考,是那时留下的又一残迹。

那种认为斯宾诺莎把他年轻时为叛离犹太教所作的部分辩解纳入《神学—政治论》的看法充其量只是一个貌似有理的假设。除此而外,任何一位名副其实的作者都不会把早先著作中那些在新书中没有意义的部分纳入新书。《神学—政治论》中究竟有哪些部分出自斯宾诺莎的早期辩解呢?对这个问题的一切关注都会诱使解释者逃避一个责无旁贷的义务,这个义务就是,把《神学—政治论》理解成是由斯宾诺莎撰写和出版的一部书。这种情形是高级评断学(higher criticism)乐于见到的,尽管它对此可能有误会。虽然我们只能推测《神学—政治论》中有哪些部分——如果有的话——出自斯宾诺莎的早期著作,但这些部分在《神学—政治论》中究竟起了什么样的作用,却是可以弄清楚的。现在就让我们从这一观点出发讨论我们所提到的两个困难。

斯宾诺莎说,《神学—政治论》的主要目标是要把哲学从神学中分离出来,为了达成这一目标,就需要讨论"先知和预言"的问题,但却不需要讨论如下问题:预言禀赋是否为犹太人所独有?上帝对犹太人的拣选意味着什么?① 就《神学—政治论》的表面论证来看,这是完全正确的。但是,若欲进行更深层的论证,就需要证明(有别于断定),预言是一个自然现象。如果不能证明预言是一个普遍现象,也就是说,如果不能证明预言并不为犹太人所独有,那么,《神学—政治论》头两章的证据就不能令人满意了。但是,要证明这一点,又

---

① 参见《神学—政治论》II,44页(§58),并参照 III 的标题和总体框架。参见 XIV,180 页(§40)。

需要先行讨论一个问题:什么样的现象可能为一个民族所独有?与此同时,还需要对一个民族——作为民族——经由拣选而能享有的特权进行讨论。然而,对《神学—政治论》的经过充分理解的论证而言,不但第三章是不可或缺的,第四、五章也同样如此。事实上,比起《新约》来,这部著作的绝大部分都在更直接地考察《旧约》。[166] 斯宾诺莎在讨论《旧约》或犹太教时很自然地遵循了犹太教对主题的传统编排。根据这一传统(它最终可追溯到伊斯兰教的凯拉姆),我们所谓的"神学"可分成两部分:关于上帝的单一性的教义和关于上帝的正义的教义。关于神的正义的教义专门处理预言、律法和神意的问题。这个顺序是必然的,因为神意,或神的奖惩,预设了神律的存在,而神律又预设了神启或预言。正是这一顺序构成了《神学—政治论》前六章的基本框架,我们如果考虑一下斯宾诺莎明确提示的"神迹"和"神意"的关系,就能立刻看出这一点。①

同样,根据《神学—政治论》的语境,我们也可以理解斯宾诺莎在讨论神迹时为何忽略了他的圣经解释学原则。出于下面将谈到的原因,斯宾诺莎尽力十分克制地表达他对神学问题的看法。但是,在有一个根本问题上,他始终拒绝作出明确的让步,这就是作为超自然现象的神迹的可能性问题。虽然斯宾诺莎毫不犹豫地谈论

---

① 《神学—政治论》I – III:预言;IV – V:律法;VI:神迹。至于神迹和神意的关系,参见《神学—政治论》VI, 82、88 – 89 页(§§ 6, 34, 37, 39)。斯宾诺莎可能十分熟悉这三个根本主题的顺序,他部分地从迈蒙尼德的讨论框架中接受了这一顺序,部分地也从这一权威的明确话语中接受了它。参见《迷途指津》III 17(34b – 35a Munk)和 45(98b – 99a)。从这一传统的视角来看,《神学—政治论》真正的神学部分最终是在讨论神的正义的问题(有别于神的单一性的问题)。这一推论是有道理的,只要将《神学—政治论》I – VI 与《伦理学》I 的附录进行一番比较,就能看出这一点。如果我们说整个《神学—政治论》的主题是神的正义和人的正义,这话可能有点夸张,但并不会产生误导作用。考虑一下《神学—政治论》XIX, 229 – 232 页(§§ 5 – 20)。

各种超理性的教义,但他却始终不承认严格意义上的神迹的可能性。倘若斯宾诺莎从不承认超理性教义的可能性,他就只有两种选择,要么干脆把圣经教义与理性学说等同起来(这会对哲学与神学的分离产生致命的后果),要么干脆否认作为神示教义的全部圣经教义有任何真理性可言。然而,事实并非如此。他敢于做的最极端的事情不是始终不渝地否认超理性启示的事实性,而是始终不渝地否认其超自然的或奇迹的性质,[167]而为了首尾一贯或方便地做到这一点,他就只好彻底否定严格意义上的神迹的可能性。为了避免在关键问题上与圣经决裂,斯宾诺莎就必须断定,圣经本身否定了严格意义上的神迹的可能性。《新约》里有关于耶稣复活的叙述,斯宾诺莎承认,这些叙述与他对基督教所作的灵性解释是相互矛盾的。尤其在面对这些叙述时,斯宾诺莎为了坚持圣经否定了严格意义上的神迹的可能性这一断言,就只好暗示说,圣经中关于严格意义上的神迹的所有描述都不可能是圣经本身的内容,而必定是其他人对圣经所作的渎神式增补。①

《神学—政治论》及其所有部分都是写给基督徒的,对此没有任

---

① 参见《神学—政治论》VI, 91 页(§51),并参照书信 75 和 78(23 §§5 -7 和 25 §6)。参见《神学—政治论》XV, 185 页(§27)。斯宾诺莎在这些书信中明确否认了耶稣的复活,从《神学—政治论》XII, 163、166 页(§§24, 39)上有关论述的言外之意来看,这一点可以得到确认。我们在正文中所谈到的情况清楚说明了斯宾诺莎的神迹讨论所引起的另外一个困难。斯宾诺莎在对圣经教义进行主题讨论时说,圣经只是间接地教导说,不存在严格意义上的神迹,可他又补充说,所有与此相矛盾的圣经段落都必须作为渎神式增补而予以拒斥。在讨论神迹那一章的最后一部分,斯宾诺莎又说,圣经直接教导说,不存在严格意义上的神迹,可他又补充说,这一明确的圣经教义绝不是强制性的。换句话说,圣经教义要么只是隐含的,同时又是神圣的,要么就是明确的,同时从宗教的观点来看又是无关紧要的:它肯定不是既明确而又带有强制性的。参见《神学—政治论》VI, 89-91 页(§§39-51),并参照同上,95-96 页(§§66-71)。

何令人信服的理由去怀疑。结果,如果只是说斯宾诺莎对犹太教传统要比对基督教传统拥有更多的知识,就无法充分解释为什么在《神学—政治论》中犹太教主题居于主导地位,因为这个事实本身将使他丧失在基督教的核心话题上以权威的身份对基督徒说话的资格。《神学—政治论》特有的"犹太教"性质必须按斯宾诺莎的主导意图来理解。如果我们假定他相信基督教对犹太教的优越性,我们就不得不指出,斯宾诺莎想向基督徒提出如下忠告:他们应该抛弃几乎从一开始就损毁了基督教的犹太教肉身残迹,应该返回到原初基督教纯粹灵性的教义。如果《神学—政治论》的主要目标是要将基督教从其犹太教遗产中解放出来,犹太教主题在斯宾诺莎的讨论中理所当然就应该处于最显著的位置。[168]比起基督教传统来,斯宾诺莎更精通犹太教传统——这一事实不仅没有削弱反而提升了斯宾诺莎将基督教的东西教给基督徒的资格。

现代历史学家常常按斯宾诺莎生平或时代的特殊情况来解释《神学—政治论》的意图,从而回答有关其读者对象的问题。斯宾诺莎本人甚至也有一些话表面上可以支持这一思路。但是,我们需要注意一个最重要的事实:《神学—政治论》不是专门写给斯宾诺莎同时代人的。斯宾诺莎的这些话如果不能围绕这一事实聚集在一起,就必然遭到误解。事实上,这本书是写给那些身为基督徒的潜在哲人的。这种人并非斯宾诺莎的时代所特有,只要基督教存在一天,他们就存在一天。同样,斯宾诺莎的问题及其解决方案也不仅仅属于斯宾诺莎自己的时代,而是始终与基督教相伴随。当然,这并不排除一个事实:按照斯宾诺莎的明确表白,他在《神学—政治论》中进行那样的考察,不仅是哲学和主题本身的要求,而且也是"时代"的要求。① 我们现在必须看看这与目标的超时间性,以及论题、著

---

① 《神学—政治论》II, 29 页(§2)。

作的超时间性是如何相符的。

斯宾诺莎的出发点是这样一个反差:基督教一方面宣讲普遍的爱,另一方面又采取迫害行动,尤其是对哲人进行迫害。这一反差在每个时期——除了基督教发展的初期——都一直存在。要知道,基督教很早就开始衰落了,衰落的原因并不是任何有罪的行动。由于同时代人不了解福音,使徒们就被迫诉诸当时广为人知、受到普遍接受的各种观念,借此向人们宣传福音。这样,他们就为信仰与哲学的融合奠定了基础,而这种融合乃与福音书的原初意图相抵触,证明了以宗教的名义迫害哲学的正当性。在错误不受辩驳的情况下,时间越长,错误所产生的影响力就越大。有鉴于此,随着时间的推移,情况就变得越来越糟糕。除了下面马上要提到的某些事实之外,斯宾诺莎时代的情况要比以往任何时候都更糟糕。但是,还是有理由希望,[169]在"我们的时代"基督教社会将会第一次重新返回福音书的纯粹教义。这一希望有若干事实为根据。例如,当时已经有了一些基督教共和国或民主国家,这些社会按其本质就要求有公共讨论的自由;持有与文雅相冲突的权威态度的先知已经不复存在了;中央集权的基督教教会系统已经解体。① 但是,所有这一切仅仅意味着,在斯宾诺莎的时代,基督教社会普遍接受真正的、纯粹的基督教教义的机会,或真正的、纯粹的基督教教义的发表机会比以前增加了。事实上,自从有了基督教,历代的自由心灵都同样有机会接受这一教义。

---

① 《神学—政治论》序言,7-9 页(§§12, 14-20);I, 16 页(§7);VII, 97-98、105、112 页(§§1-5, 38-39, 70);VIII, 118 页(§§2-3);XI, 153、157-158 页(§§8, 21-24);XII, 159 页(§4);XIV, 173、180 页(§§2, 4, 40);XVIII, 225-226 页(§§24-25);XIX, 235-237 页(§§43, 50, 52-53);XX, 245-246 页(§§39-40)。

三

　　《神学—政治论》的神学部分开始和结束于一个隐含的论断：作为超越人类理性能力的真理的确凿知识，启示或预言是完全可能的。这一论断在这部著作的其他不少段落中也被明确地或隐含地加以重复。① 但是，在另外一些段落，斯宾诺莎又直截了当地否定了任何超理性知识的可能性。② 这样，斯宾诺莎在他的著作的核心问题上就陷入了自相矛盾。如果不对他怎样看这个问题作出判断，那就等于把《神学—政治论》当作一部完全不可理解的书而抛弃了。没有任何理由让一个真诚相信神示和超自然教义的人宣示：[170] 除了通过感觉和推理之外，人没有其他途径可以掌握真理；惟有理性或哲学——与启示或神学相区别——才拥有真理领域，才有权涉足真理领域；对不可见、不能被理性证实的东西的信仰完全是荒谬的；那些据说"超越了理性"的学说实际上只是幻想或纯粹的虚构，"远远处于理性之下"。单是这一观察就解决了困难：斯宾诺莎并不承认任何超理性学说的可能性。不过，我们需要对斯宾诺莎论述中的诸多自相矛盾之处进行更详细的讨论，因为《神学—政治论》有许

---

① 《神学—政治论》I, 15 – 16、20 – 21、28 页（§§1 – 4, 6 – 7, 22 – 23, 45）；XV, 184 – 185、188 页（§§22, 26 – 27, 44）。参见譬如说 VI, 95 页（§65）；VII, 98 – 99、114 页（§§8 – 10, 78）；XI, 155 – 156 页（§§14 – 15）；XII, 162 – 163 页（§§21 – 22）；XIII, 168、170 页（§§6 – 8, 20）；XVI, 198 – 200 页（§§53 – 56, 61, 64）。参见书信 21(34 §§3, 23)。

② 《神学—政治论》V, 80 页（§49）；XIII, 170 页（§17）；XIV, 179 页（§38）；XV, 184、188 页（§§21, 23, 42）。参见 IV, 62 页（§20）；VII, 112 页（§72）。另参见迈耶（L. Meyer）给《笛卡儿哲学原理》所写的序言。

多这样的矛盾,其中有些并不像刚才提到的那个矛盾那样容易解决。我们需要一种精确的、普遍的规则,只有借助于这样的规则,我们才能在所有情形下确然无疑地断定,斯宾诺莎的两个特定的矛盾陈述中究竟哪一个表达了他的严肃看法。

我们将首先列举另外几个实例来说明斯宾诺莎论述中的一些重要矛盾。斯宾诺莎断言,一旦哲学与神学(或理性与信仰)发生了彻底分离,或局限于其各自的领域,它们之间的冲突就烟消云散了。哲学——而非神学——的目标是真理,神学——而非哲学——的目标是顺从。神学基于一个根本教义:单纯的顺从无须涉及真理的知识,就足以确保拯救。这一教义必定或真或假。斯宾诺莎断定,这是一种超理性真理,但他同时又断定,超理性真理是不可能的。如果接受第二个论断,就可以得出结论说,神学的真正基础是非真理。① 因此,哲学与神学不是完全一致的,而是相互矛盾的。同一矛盾的另一种形式由两个相互矛盾的论断呈现出来:一、神学(或圣经,或预言)在涉及一切单纯的思辨问题时并不具有权威性;[171]二、神学在涉及某些单纯的思辨问题时具有权威性。② 斯宾诺莎断言,圣经关于神意的教义与哲学学说是相同的。另一方面,他又断言,惟有哲学(因而不是圣经)才教导神意的真理,因为惟有哲学才

---

① 这一结论被如下事实所证实:顺从(即对上帝的顺从)的预设前提是,上帝是立法者或统治者,而理性却否认这一前提。参见《神学—政治论》IV, 62 - 65 页(§§22 - 37)和 XVI adnot. 34(§53 n.)。与我们在正文中得出的结论一致,斯宾诺莎说,信仰需要的主要不是真实的教义,而是虔诚的教义,"尽管其中可能有非常多的教义甚至连真理的影子都没有。"参见 XIV, 176 页(§20)和 XIII, 172 页(§29)。另参见 XV, 182、187、188 页(§§11 - 12, 38, 43);XII, 159 页(§6)。参见书信 21 (34 §§3, 23),并参照 XV, 185 页(§§26 - 27),以及前面的注释所引用的那几段话。

② 参见《神学—政治论》XV, 188 页(§42)和 II, 35 页(§24),并参照 V, 77 页(§38),XIII, 168 页(§6),以及 XX, 243 页(§22)。

能教导说,上帝同等地关照每一个人,无论是正义之人,还是不义之人都会遭遇同样的命运。① 换句话说,根本就不存在什么神意。这与一个隐含的论题相符:理性与信仰之间存在着根本的对立。斯宾诺莎实际上把"预言"和"圣经"当作同义词来使用,他断言,我们对预言现象的了解无一例外地来自圣经,但他同时又断言,异教徒的占卜师是真正的先知,②因而就暗示说,西塞罗的《论预言》(De divinatione)第一卷与圣经是同样好的材料,可供研究预言。

我们需要对《神学—政治论》在基督教或新约问题上的种种矛盾之处进行更广泛的讨论。斯宾诺莎首先断定,除了耶稣(他习惯性地称之为基督)而外,没有人达到了超人的卓异境界,足以在没有想象力协助的条件下接受超理性内容的启示;或者说,惟有耶稣(与《旧约》先知截然不同)才真正地、充分地理解了他所接受的启示。于是,斯宾诺莎就可以这样说:上帝的智慧在基督身上具有了属人的性质,基督是拯救之道。③ 这些话必须根据斯宾诺莎对超自然现象的否定加以理解,或者说加以修正。从一般的方面看,存在着自然法则;从特殊的方面看,存在着人性法则。由于这两种法则在一切地方都始终相同,由于并不存在全"新"的东西,拥有人身的基督

---

① 参见《神学—政治论》VI, 82、95 – 96 页(§§6, 66 – 71),并参照 VI, 87 – 88 页(§§37, 32 – 34, 36);XIX, 229、231 – 232 页(§§8, 20);XIV, 177 – 178 页(§27);《伦理学》I 附录。

② 参见《神学—政治论》III, 53 页(§39),并参照 I, 15、16 页(§§1, 7);VI, 95 页(§63);VII, 98 页(§6);XII, 163 页(§27);XIV, 179 页(§38);XV, 188 页(§44)。另参见 XVII, 219 页(§§105 – 106)与 XI, 152 页(§§5 – 6)之间的矛盾。

③ 《神学—政治论》I, 20 – 21 页(§§22 – 25);IV, 64 – 65 页(§§30 – 32)。参见书信 73(21 §4)和 75(23 §9)。

的心灵就不可能具有超人的性质。① ［172］换句话说，由于人没有比理性更高的能力，由于不可能存在超理性真理，耶稣就不可能是别的，只能是有史以来最伟大的哲人。斯宾诺莎在《神学—政治论》中对耶稣作了两次主题讨论，第二次就恰好证实了这一结论。斯宾诺莎"与保罗一道"断言，万物都在上帝里面，并在上帝里面运动。我们可以假定，当斯宾诺莎作出这一断言时，他实际上相信，他把上帝当作万物的内在原因的想法可以追溯到耶稣本人。他甚至证明说，耶稣的知识必然是纯理性的，因为耶稣受差遣来教训全体人类，从而就必须遵从全体人类的共同观点，也就是说，必须遵从理性的根本原则，而《旧约》先知则必须仅仅遵从犹太人的观点，也就是说，必须仅仅遵从一系列特殊的偏见。② 更准确地说，《旧约》先知受到大众偏见魔力般的影响，而耶稣及其使徒则仅仅自由地将其理性思想的表达适应于大众偏见。③《新约》的显白教义不是哲学性的，其隐微教义才是真正哲学性的。但是，这一结论与《神学—政治论》的主要意图显然不合。倘若《新约》的隐微教义是哲学智慧的巅峰，哲学与圣经的彻底分离就是一个荒谬的要求。除此而外，斯宾诺莎"与保罗一道"断言，万物都在上帝里面，并在上帝里面运动，接着他又补充说，也许所有的古代哲人和所有的古代希伯来人都持有相同的观点。他满怀敬意地谈到所罗门关于上帝的教义，干脆把所罗门

---

① 《神学—政治论》I, 16 页（§3）。可考虑一下斯宾诺莎所使用的 modus irrealis［非现实的模式］一词，参见 I, 20 – 21 页（§22）和 I adnot. 3（§40 n）。参见 III, 47 页（§12）; VI, 95 页（§§66 – 67）; XII, 159 – 160 页（§7）;《伦理学》III, 序言。

② 《神学—政治论》IV, 64 – 65 页（§§30 – 36）。参见 XI, 154 页（§11）。另参见《遗著》中《伦理学》的序言。

③ 《神学—政治论》II, 42 – 43 页（§§52 – 57）; V, 77 – 78 页（§§37 – 40）; XI, 158 页（§23）。参见 XI 的整体论证。

称为"哲人"。不过,斯宾诺莎心目中的哲学预设了数学知识,而所罗门并没有什么数学知识。不仅如此,民众接受所罗门的箴言就像接受先知箴言一样虔敬,[173]他们对那些宣称在宗教问题上拥有权威的哲人只有轻蔑,没有敬意。因此,更准确的做法是,不把哲学,而是把大众智慧归于所罗门,并相应地将同一描述运用于耶稣的教训。① 这与两个事实相符:第一,按照斯宾诺莎的看法,"圣经"——即两约——教义"并不包含哲学的东西,而只包含最简单的东西";第二,斯宾诺莎或许认为,他自己的上帝学说——即真正的哲学学说——与先前的所有学说都是截然对立的。② 斯宾诺莎似乎把理性的教义严肃地归于耶稣,而这种教义其实不过是理性的道德。可是,斯宾诺莎又并不始终一贯地坚持认为,耶稣发现了或第一次宣讲了真正的道德教训。事实上,所有时代的所有人本质上都可以接触到这一教训;撇开这点不说,《旧约》先知和智者肯定知道并宣讲过这一教训。③ 耶稣或《新约》特有的教训不是理性道德本身,而是这种教训与"历史"——它使耶稣得以向一切民族的普通人宣讲他的教训——的结合。换句话说,两约教训的实质内容基本相同,唯一的区别在于,《旧约》先知因着摩西之约宣讲这一教训,从而就仅仅宣讲给犹太人,而使徒则因着耶稣的受难宣讲它,从而就宣讲给所有的人。④ 理性道德与两种"历史"基础的任何一种结合起

---

① 《神学—政治论》II, 36、41 页(§§29, 48);IV, 66 页(§40);VI, 95 页(§67);VII, 114 页(§79);XI, 156 页(§15)。书信73(21 §2)。

② 《神学—政治论》XIII, 167 页(§4);XIV, 174 页(§8);XV, 180 页(§2)。参见本书 161－162 页。

③ 《神学—政治论》IV, 66－68 页(§§40－46, 48);V, 71－72 页(§§10－13);VII, 99 页(§11);XII, 162 页(§19);XIX, 231 页(§16)。

④ 《神学—政治论》XII, 163、165－166 页(§§24, 37);XIX, 231 页(§16)。

来,都意味着,理性道德乃以神的诫命的形式呈现出来,因此,上帝就被设想成一个立法者。《新约》与《旧约》一样,都要求顺从上帝,于是,两约都同样与哲学学说相冲突,因为按照哲学学说,上帝不能被设想成一个立法者。"按着灵认识基督"意味着相信上帝是仁慈的,可是哲学教导说,把仁慈归于上帝是没有道理的。① [174] 总之,《新约》并不比《旧约》含有更多的理性品质。既然如此,就没有理由要求使徒比《旧约》先知在更大程度上摆脱他们时代的偏见。斯宾诺莎曾在一封书简中为《神学—政治论》进行辩护(尽管他并未在书中这样做)。在这里,斯宾诺莎承认,所有使徒都相信耶稣的肉身复活,因而都受到大众偏见魔力般的影响。②《新约》或许比《旧约》含有更多的推理成分,最伟大的《旧约》先知可能从来没有提出过任何一项合理的论证,但无疑地,这并不意味着《新约》中就没有不合理的论证。③ 哲学陈述在保罗书信中尤为突出,但其数量并不比据认为出自所罗门之手的那些作品更多。保罗的哲学话语可溯源于他的一个意愿:他希望自己对希腊人来说是个希腊人,希望被哲学败坏的大众接受福音书。这样,《新约》中最具哲学内涵的话语看来就不过是来自希腊哲学的舶来品。不仅如此,保罗说这些话是为了刻意迎合听话人的偏见,因此,它们就未必与保罗自己的观点相符。最重要的是,保罗利用哲学来教诲大众,这似乎为哲学与神学的致命融合奠定了基础,而《神学—政治论》所针对的正是这种融合。毫无疑问,保罗因信称义的教义与斯宾诺莎心目中最重

---

① 《神学—政治论》IV, 64 页(§30);XIII, 171 - 172 页(§26);XIV, 174、178 页(§§6 - 8, 28)。

② 书信 75(23 §5)和 78(25 §6)。

③ 《神学—政治论》XI, 152 - 153 页(§5 - 7);XIV, 175 - 176 页(§§17 - 18)。参见书信 75(23 §7)。

要、最有用的圣经教义是相互抵触的。① 我们不妨这样想:斯宾诺莎强调《新约》的普世性质(与《旧约》的特殊神宠论性质形成对比),实际上否定了他在别的地方曾断定过的两约道德教训的相同性。但是,他引用"当爱你的邻舍,恨你的仇敌"这句话,却是要证明登山宝训与摩西教义的根本相同性,而非其差异性。[175]"当恨你的仇敌"(即外邦人)与"当爱你的仇敌"这两个训诫的差异完全要归因于犹太民族政治境遇的变化:摩西还可以考虑去建立一种好的政治制度,而耶稣(如同先前的耶利米一样)的宣教对象则是一个失去了政治独立性的民族。② 斯宾诺莎并没有始终一贯地承认,《新约》关于私人道德的教训要高于《旧约》教义。退一步说,即便他这样做了,在他眼里,这一点也不像如下事实那么重要:由于与基督教起源有关的种种情况,比起《旧约》教义(始创于摩西,而摩西虽非名义上的王,却是事实上的王)来,基督教为灵性权力与世俗权力的二元论——从而也就为永久的国内冲突——提供了强大得多的支持,因为社团的安全乃是最高的法。③ 总而言之,斯宾诺莎把《新约》的教义(或《新约》的隐微教义)与真正的教义等同起来,这在《神学—政治论》的许多段落中都遭到了否定。

我们再举最后一个例子,这个例子涉及一个我们在自己的表述中也被迫模仿的矛盾。这一矛盾有一个颇为有利的地方:我们只需求助于斯宾诺莎自己对一个类似困难的解释,就能够解决它。在

---

① 《神学—政治论》XI, 156 - 158 页(§§15, 21, 23 - 24);XII, 166 页(§40);XIII, 167 页(§3);XIV, 175 - 176 页(§§14 - 19);III, 54 页(§46)。参见 I, 21、28 - 29 页(§§25, 46)上对保罗的隐含批评。

② 《神学—政治论》XIX, 233 页(§§29 - 30);XII, 165 - 166 页(§37);VII, 103 - 104 页(§§30 - 33)。

③ 《神学—政治论》XVIII, 225 - 226 页(§25);XIX, 232、236 - 238 页(§§22 - 24, 50 - 59)。参见 V, 70 - 72 页(§§8 - 9, 13 - 14)。

《神学—政治论》的一组段落中,斯宾诺莎暗示说,圣经是难解的,或者说,因其主题的缘故,圣经是不可理解的。与这一观点相应,斯宾诺莎在一封书简中明确表示,他完全不理解圣经。这一观点使斯宾诺莎面临着一个危险:他不得不承认,圣经有许多神秘难解之处,为了理解圣经,就需要作出超理性的解释。① 无论如何,这一观点与《神学—政治论》的全部意义和意图相互冲突。在另一组段落中,斯宾诺莎同样明确地说,因其主题的缘故,圣经是易于理解的,所有妨碍理解的困难都是由于我们的语言知识不足,由于文本的糟糕状况以及类似的原因,②只要运用正确的方法,就能克服几乎所有这些困难;[176]根本不需要超理性的解释,也不需要权威的传统。既然如此,斯宾诺莎说他不理解圣经,究竟是什么意思呢? 斯宾诺莎在《神学—政治论》中提到"某些教会"的基督论,在这里,他说他对这些事情既不谈论,也不否认,"因为我乐于承认,我不理解这些事情"。在对这一段落的可信的评论中,斯宾诺莎首先重申他不理解"某些教会"的基督论,接着又补充说,"说实话",他认为这些教义是荒谬的,明显是自相矛盾的。③ 相应地,他又说,他之所以不理解圣经,是因为他不想"说实话",如果一定要让他承认真相的话,他就只好说,圣经教义是自相矛盾的。于是,斯宾诺莎关于圣经的可理解性的观点就必须按如下方式来描述:我们如果不理解一本书的教诲,就意识不到这一教诲的荒谬性;有鉴于此,圣经确实是可以理解的。但是,如果一本书的教诲是明晰的,而另一本书的教诲是自相矛盾的,那么,前者就比后者更容易理解。如果一本书在相当大的

---

① 《神学—政治论》VII, 98、112 页(§§9, 23);XII, 159 页(§4);II, 35、36 页(§§25, 29)。

② 《神学—政治论》V, 76 - 77 页(§§35 - 39);VII, 112 页(§§70, 73);XIII, 167 页(§§3 - 4)。参见 XIV, 174 页(§§6 - 8)和 II, 34 页(§21)。

③ 《神学—政治论》I, 21 页(§24);书信73(21 §5)。

程度上是由自相矛盾的论断、原始偏见或迷信的残烬、洋溢着奔放想象力的话语组成的,那就很难搞清楚它的意义。① 如果再加上编辑、保存方面的糟糕情况,这样的书就更难理解了。不过,只要运用正确的方法,这些困难中有许多都是可以克服的。

斯宾诺莎认为圣经是一部矛盾百出的书,而他自己又在一部矛盾百出的书中表达了这一看法。我们必须看看,斯宾诺莎对圣经中各种矛盾的讨论能否帮助我们理解他自己的书。我们必须把范围缩小一点,看看斯宾诺莎怎样看待同一说话人的两个非隐喻陈述之间的矛盾。他的规则是这样的:在这种情况下,我们就必须将我们对说话人在这个问题上的看法的判断悬置起来,除非我们能够证明,[177]这一矛盾的出现是由于作出这两个陈述的场合有区别,或由于受话人有区别。② 斯宾诺莎按照这一规则来分析耶稣和保罗某些观点的矛盾(真实的或有嫌疑的):他们经常提出两个不同的观点,一个针对普通人,另一个针对智者。斯宾诺莎的分析进一步超出了这一点。保罗在某些场合说,他"照着人的常话"说。就因为有保罗这句话,斯宾诺莎就把保罗的全部在他看来与大众观点相符的陈述搁置起来,认为它们只是保罗俯就大众的一些说法。而且他还评论说,这些陈述是"照着人的常话"作出的。③ 如果我们把这一分析程序归约到它的原则,我们就得出了一个规则:如果一位作者承认——不管多么偶然地承认——自己"照着人的常话"说,同时又在一个问题上作出了两个相互矛盾的陈述,我们就必须把那个与大众

---

① 《神学—政治论》XV, 180、184 页(§§3, 20);VI, 81-82、88 页(§§1-5, 36)。尤其参见书信73(21 §3)对《神学—政治论》的思想所作的明确补充,这一补充阐明了"迷信"的含义。

② 《神学—政治论》VII, 101、103-104 页(§§21, 29-33)。

③ 《神学—政治论》IV, 65 页(§§33-36);II, 42 页(§51);XVI, ad-not. 34(§53 n)。

观点相悖的陈述看成是他的严肃观点。更准确地说,我们必须把这位作者的每一个与大众心目中神圣或权威的观点相符的陈述看作是无关紧要的,对它不加理会。即便这位作者从来没有作出与之相抵触的陈述,我们也必须至少对它有所怀疑。①

斯宾诺莎本人就是这样一位作者。他在《知性改进论》中提出了三条"生存规则",第一条是:"要针对大众的理解力说话,凡是不妨碍实现我们的目标(即最高的善)的事情,都要尽力去做。因为,只要我们对大众的理解力作出尽可能多的妥协,我们就能从他们那里获益匪浅。还要再加上一点:这样一来,他们就会乐于倾听真理。"②也就是说,这样就能诱使大众接受哲人希望传达给他们的真理,而他们也就不会对哲人偶尔表露的异端思想心存怨恨了。③ 斯宾诺莎的意思是说,哲人选择什么样的外在崇拜形式,归属于哪个教派,这对他来说只是一个需要权宜处置的问题,怎么方便就怎么办。但是,斯宾诺莎的话还有另外一层更重要的意思:哲人要让自己的思想表达适应于通行的观点,[178]办法是,只要有可能或有必要,哲人就宣称自己也持有同样的观点,即便他认为这些观点是虚假的或荒谬的。从斯宾诺莎在《神学—政治论》中对这个问题的讨论来看,这就是对 ad captum vulgi loqui[针对大众的理解力说话]这一短语的正确解释。因为斯宾诺莎在《神学—政治论》中教导说,上帝——耶稣和保罗也一样——在对持有流俗观点的人说话时,总是宣称自己也持有相同的观点,至少不会质疑这样的观点,通过这种方式来迁就听话人的理解力。即便以摩西而论,斯宾诺莎也暗示

---

① 对同一原则的稍微不同的表述,可参见鲍威尔(E. E. Powell):《斯宾诺莎与宗教》(Spinoza and Religion),波士顿,1941,65 页。

② [译按]可参见《知性改进论》,贺麟译本,1.17,商务印书馆 1986 年版。

③ 《知性改进论》,9 页(§17)。参见《政治论》III 10。

说,摩西可能教导了一些他不相信的东西("摩西相信,至少他想教导说……")。① 斯宾诺莎把这种传授方法称为"针对大众的理解力说话",或按斯宾诺莎更常用的短语,ad captum alicuius[针对某人的理解力说话]。针对大众的理解力说话,这必然意味着 ad hominem[采取因人而异的方式]进行论说,说话人碰巧对某个特殊的大众群体或个人说话,他就迁就该群体或个人的特殊偏见。② 圣经的作者或众作者"针对大众的理解力"说话,传达一种有益的或虔诚的教训,他们不仅不质疑听话人那些虚假的或荒谬的原则或前提,反而宣称自己持有同样的观点,从而也就进一步确认了这些原则或前提。③

《神学—政治论》实际上提供了唯一真实的信息,让我们能够了解斯宾诺莎传授方法的确切性质,这不是偶然的。出于明显的原因,对这个问题作出充分的、直接的解释是根本不可能的,但作出如下断言则是可能的:在圣经中,一个或一批禀有优异心灵的人屈尊

---

① 《神学—政治论》VII, 101 页(§22)。II, 38 - 39 页(§§36, 38)上的一个暗示为这一陈述作好了铺垫。参见 IV, 45、53 页(§§6, 41)。

② Ad captum vulgi[针对大众的理解力]:VI, 84 页(§14);XV, 180 页(§2)。Secundum captum vulgi[按照大众的理解力]:XIII, 172 页(§26);XV, 178 - 179 页(§33)。Ad captum plebis [针对普通人的理解力]:V, 77 页(§§37 - 38)。Ad captum alicuius[针对某人的理解力]:II, 37、43 页(§§31 - 33, 53, 55, 57);III, 44 - 45、54 页(§§3, 6, 46)。Ad hominem sive ad captum alicuius[针对人身或针对某人的理解力]:II, 43 页(§57)。在 III, 45 页(§6)上,斯宾诺莎将 ad captum (Hebraeorum) loqui[针对(希伯来人的)理解力说话]这一短语用于他自己的一句话。参见 XIV, 173 页(§§1 - 2);VII, 104、115 页(§§35, 81 - 82);序言,6 页(§§7 - 8)。

③ 《神学—政治论》VI, 88 页(§36);XV, 180 页(§§2 - 3)。参见 II, 32 - 33、35 - 43 页(§§15, 24, 29, 31 - 35, 41 - 45, 47, 50, 52 - 57);IV, 65 页(§§33 - 37);V, 76 - 78 页(§§35 - 40);VII, 98 - 99 页(§10);XI, 156、158 页(§§15, 23 - 24);XIV, 173 页(§§1 - 3)。

俯就,用普通大众的语言说话;圣经中有许多与迁就大众偏见的陈述相矛盾的陈述。于是,斯宾诺莎就断言,[179]圣经中至少有些矛盾是有意识的或蓄意的。据此,斯宾诺莎暗示说,圣经中有一种隐微的教义,圣经的字面意义背后暗藏着更深的秘义。通过否认这一最终结论,①斯宾诺莎让读者确切无疑地相信,他的如下论断具有反讽的或显白的性质:圣经作者有意识地让他们的陈述适应于大众的理解力。但是,这一临时策略已经实现了其最重要的功能:它为读者提供了一则亟需的信息。可以说,斯宾诺莎勾勒出他对圣经的显白解释,借此说明了他自己的显白方法的性质。

肯定会有一些学者相信,"针对大众的理解力说话"的意思只是说用不太技术性的语言来表达自己的看法。他们会争辩说,如果采取另外一种解释,那会有损于斯宾诺莎的品性。这些学者需要考虑一下:如果他们的理由站得住脚,那就等于说,斯宾诺莎把一种道德上可疑的实践归于圣经作者或众作者了。斯宾诺莎不"承认真相",他把自己的观点隐藏在或多或少透明的迁就式话语中,以迎合大众普遍接受的观点。不管正确的道德规则是怎样的,斯宾诺莎肯定不会对此感到内疚。斯宾诺莎确实说过,明智的人即便身处最险恶的境况,也不会采取欺诈行动。不过,他的意思并不是说,明智的人永远不会使用谋略,因为他明确承认,有些谋略是好的或正当的。②

----

① 《神学—政治论》序言,9 页(§18);II,36-37 页(§30);VII,105 页(§37);X,149 页(§41);XII,163 页(§27);XIII,167-168 页(§§4-5)。斯宾诺莎说,上帝乃针对先知或大众的理解力说话。当斯宾诺莎这样说时,他迁就了一个他所反对的信仰,即对神启的信仰。这样,他实际上就是在"针对大众的理解力"说话。斯宾诺莎特别强调地提到,保罗"照着人的常话"说。不过,这并不能证明,在斯宾诺莎眼里,保罗摆脱了大众观点本身,这从我们在本书 185 页上的讨论中可以见出。

② 《神学—政治论》XVI,192 页和 adnot. 32(§§16 n.,18)。《政治论》III 17。参见《伦理学》IV 72。

如果说政治家有义务采取各种谋略以确保被统治者的物质福利,①那些受自然之托为人类提供精神向导的人——即哲人——也必须承担同样的义务。事实上,哲人比政治家更容易受到大众的猜忌,②[180]因而就比其他任何人都更需要小心谨慎。"谨慎"是斯宾诺莎图章上的铭文。对斯宾诺莎来说,"谨慎"主要不是指哲人在从事哲学研究时所需要的那种谨慎,而是哲人在与非哲人打交道时所需要的那种谨慎。斯宾诺莎认为,阅读史书是非常有用的。他为此找到的唯一理由就是,通过研读史书,我们能够"学会在众人中间更谨慎地生活,并且更成功地使我们的行动和生活在理性限度内适应于他们的思想方式"。③ 在斯宾诺莎看来,谨慎——尤其是说话的谨慎——极为不易:

> 就连那些最有学识、最有经验的人都不知道如何保持缄默,更不用说普通人了。人的一个常见弱点就是,即便在需要保持缄默时,他们也往往把自己的意图泄露给别人。

明智的人的本质就在于,他能够在每一种政体形式下生活,也就是说,他甚至能在言论自由受到严厉禁止的社会里生活。有鉴于此,明智的人的一个最重要的素质就是,如果他被禁止表达他的某些思想,他就会闭口不言。④ 知道真理的哲人必须准备好不把真理宣示出

---

① 参见《神学—政治论》XVI, 197 页(§46)。《政治论》I 2, III 14, 17。
② 《神学—政治论》序言,12 页(§§7-8);II, 29-30 页(§2);VII, 114 页(§79);XX, 244-245 页(§§32-35);书信30。
③ 《神学—政治论》IV, 61-62 页(§19)。参见《伦理学》IV 69, 70 and schol.。关于斯宾诺莎的谨慎,另可参见书信7(7 §§4-5),13(9 §§1-4),82(71 §2)。参较鲍威尔对这个问题的讨论,上引书,51-65 页。
④ 《神学—政治论》XX, 240 页(§§8-9);XVI, adnot. 33(§34 n.)。

来,这样做倒不是出于权宜之策,而是出于义务。若遵从真理的要求,我们不应该让圣经话语适应我们自己的观点,但从虔敬的角度考虑,每个人都应该让圣经话语适应他自己的观点,①也就是说,我们应该给自己的观点披上圣经的外衣。斯宾诺莎认为,真正的宗教或信仰更需要虔诚的教条,而不是真实的教条。倘若斯宾诺莎的圣经评断危及真正的宗教或信仰的话,他就会毅然决然地在这个问题上保持绝对的缄默。更准确地说,他就会乐于承认(为了逃避所有的困难),圣经中隐藏着最深刻的奥秘。② 换言之,如果斯宾诺莎感到这些真理可能对读者大众造成危害,他就会把它们隐匿起来,[181]作出相反的断言。

斯宾诺莎在《神学—政治论》中几乎明确提到了伊本·埃兹拉(Abraham ibn Ezra),认为他是自己的表述技巧的先驱。如果我们忽视(我们必须这样做)斯宾诺莎对他所认定的圣经典范的指涉的话,伊本·埃兹拉就是斯宾诺莎在这方面提到的唯一一个人。斯宾诺莎在谈到伊本·埃兹拉时怀有毫不掩饰的敬意。伊本·埃兹拉"不敢公开解释"他对摩西五经作者的看法,而是"以相当晦涩的语言"表达了他的见解。斯宾诺莎引用过伊本·埃兹拉的一段难解的话,这段话最后说,"理解的人应该沉默"。斯宾诺莎自己的一个暗示也是这样结束的:他说他想在这个问题上保持沉默,鉴于普遍流行的迷信,也鉴于时世的艰难,他不能解释沉默的原因,"只需向有智慧的人指明问题就足够了"。③ 斯宾诺莎没有说明他在什么方面

---

① 参见《神学—政治论》XIV, 173、178 - 179 页(§§3, 32 - 33),并参照 VII, 115、101 页(§§85, 22)。

② 《神学—政治论》XII, 159 页(§4)。

③ 《神学—政治论》VIII, 118 - 119 页(§§4 - 5, 9);X, adnot. 21(§1 n.)。关于对 aperte[公开地]一词的使用,可参较斯宾诺莎著作中的类似情形,II, 36 页(§27);IV, 65 页(§35);V, 80 页(§49);XV, 180 页(§4);书信 13(9 §1)。

受益于迈蒙尼德。他提到迈蒙尼德的次数比提到伊本·埃兹拉的次数为多,尽管从他说话的语气来看,他对迈蒙尼德远不如对伊本·埃兹拉那么友好。斯宾诺莎说,摩西"相信,至少想教导说",上帝是嫉妒的或愤怒的。此时,斯宾诺莎实际上只是把迈蒙尼德的一个提示的隐含意思明确表述出来:根据迈蒙尼德的提示,对神怒的信念是需要的,这不是为了人的最终完善,而是为了民政社会的有序安排。① 摩西——迈蒙尼德认为他是全体人类中最有智慧的一个人——必然意识到这一信念的特殊性质,因而对它作了如此强有力的表达。在《迷途指津》中,迈蒙尼德在表达自己的思想时利用了各种非隐喻性陈述之间蓄意的矛盾,而这些矛盾是大众所看不见的。正是通过这种方式,迈蒙尼德把真理揭示给那些能够自己领悟的人,同时又向大众隐瞒了真理。他提出了一个问题:圣经是否也利用了同样的矛盾?不过,他并没有回答这一问题。② 倘若迈蒙尼德对这个问题作了肯定回答(在某种意义上,他必然是这样回答的)的话,那么,《迷途指津》就为斯宾诺莎勾勒的显白式圣经解释方法提供了一个模型。按照这种解释方法,[182]圣经陈述有两部分,一部分是大众陈述,另一部分是哲学陈述,而哲学陈述又故意地、隐蔽地与大众陈述相抵触。毫无疑问,总的来说,迈蒙尼德的表述方法旨在模仿他心目中圣经的方法。迈蒙尼德在运用这种方法时曾受益于他那个时代的"哲人"。哈列维在《卡札尔人书》中描绘了一个典型的哲人,这个哲人认为,哲人完全有理由在言行中尊奉一种他在思想中并不尊奉的宗教,哲学学说本身必然伴随着一种显白教诲,

---

① 《神学—政治论》VII,101 页(§§21-22)。《迷途指津》III 28(61a Munk)。

② 《迷途指津》I,导言(11 b,3 b,8 b Munk)。参见《神学—政治论》VII,113 页(§75)。

这是理所当然的。迈蒙尼德把法拉比视为他那个时代最伟大的哲学权威。在法拉比看来,宗教不具有任何认知价值,但他还是认为,一个人在某个宗教社团中成长起来,他就要服从该社团的律法,接受该社团的信仰,这是未来哲人的必备资格。

如果以为只能从伊斯兰哲学中寻找斯宾诺莎的模型,那就大错特错了。法拉比本人将我们刚才提到的那种方法追溯到柏拉图。实际上,斯宾诺莎应用于摩西的那个表达式("他相信,至少希望教导说……")也被莱辛应用于苏格拉底。莱辛曾非常细致地研究过斯宾诺莎,他说,除斯宾诺莎的哲学外,就没有其他哲学了。按照莱辛的看法,苏格拉底"十分严肃地相信永罚,至少在这样一个限度内相信永罚:他认为,用最不容易引起怀疑、最明确的语言讲论永罚是适宜的"。莱辛认为,"所有的古代哲人"都对自己的显白教诲和隐微教诲进行了区分,莱布尼茨也作了同样的区分。① 斯宾诺莎的生存规则是以笛卡儿的"权宜道德准则"为范型的。斯宾诺莎生存规则的第一条是"针对大众的理解力说话",而笛卡儿的"权宜道德准则"一开始就要求,除非是在对自己的观点进行严格私密的审查,否则在每件事情上都必须毫不妥协地尊奉习俗。② 我们在此不能详细讨论笛卡儿写作技巧的问题,由于哲人本人经常极其谨慎地行事,[183]这个问题似乎让他的所有研究者感到困惑。斯宾诺莎还通过培根认识到显白表述(或"显露的"表述)和隐微表述(或"难解的"的表述)的传统区分。培根尤其强调政治科学的"秘密性和隐蔽性"。斯宾诺莎的研究者必须特别注意培根提出的使用术语的原则:

---

① 《莱布尼茨论永罚》(Leibniz von den ewigen Strafen),《全集》,彼得森和冯·奥尔斯豪森编,XXI, 147、160 页。

② 《方法谈》(Discours de la méthode),III 和 VI 开头。

看来最好还是追随古人,一直追随到底。因此,最好还是按照公民政府的适度做法保留古代的用语——虽然我有时改变了它们的用法和定义。尽管有某种改变,但塔西佗的明智提示仍然有效:官员职位的名称一仍其旧(Eadem Magistratuum vocabula)。①

众所周知,斯宾诺莎在很大程度上默默遵循了这一精明的规则。斯宾诺莎说,如果一个人想改变他所熟悉的用语的含义,他在其言谈和写作中就不可能"毫无困难"、首尾一贯地做到这一点。这似乎是在暗指培根的规则。② 我们只需记住一个事实:"所有优异的东西都是困难的,如同它们是稀罕的一样。"

如果按先前许多思想家所接受的标准来评判斯宾诺莎的方法,他在传达自己的观点时所表现出的谨慎和俭省根本算不得过分。事实上,若从这些标准来评判,他反倒显得极其大胆。霍布斯算是一个很大胆的人了,但他在读了《神学—政治论》后承认,他自己从来没敢这样大胆地写作。斯宾诺莎是这样一个人:他确信,宗教——即实证宗教——对社会来说是不可或缺的,他十分严肃地看待自己的社会责任。但他却经常走极端,走到了作为这样一个人所能走到的最远的极端。考虑到这一点,斯宾诺莎确实非常大胆。斯宾诺莎并没有清楚地、毫不含糊地说出全部真理,而是尽其所知,将

---

① 《学术的进展》(*Advancement of Learning*),人人丛书版,92、141 – 142、205 – 206 页。参见《增进科学论》(*De augmentis*)III 4 和 VI 2。

② 《神学—政治论》VII, 106 页(§42)。参见唐宁 - 博科夫斯基(Dunin – Borkowski):《斯宾诺莎》(*Spinoza*),II, 217 – 218 页:"只有在万不得已时,(斯宾诺莎)才传播一个自己编造的术语。……熟悉的形式似乎可以平息危险的不安。读者可以首先这样想:他们是在一个他们非常熟悉的哲学世界里活动。"[译按:原文为德语]

他的话语保持在他所认为的社会的正当要求的限度以内,就此而言,他又非常谨慎。这样看来,斯宾诺莎在其全部著作中——尤其在《神学—政治论》中——都在"针对大众的理解力"说话。[184]这与如下事实并不矛盾:《神学—政治论》是明明白白写给哲人而非大众的。大众中也有一部分人能读拉丁文,斯宾诺莎无法有效地阻止这部分人去读《神学—政治论》,于是,这部分人对他来说就变得极其讨厌。相应地,这本书的目的不只是要启蒙潜在的哲人,而且也要削弱大众对斯宾诺莎的看法,亦即安抚普通人(plebs)。① 不仅如此,《神学—政治论》不是单纯写给哲人的,而是写给潜在哲人的。这些潜在的哲人至少在接受训练的早期阶段会深深地浸染于大众偏见。斯宾诺莎认为,作为《神学—政治论》的读者对象的潜在哲人都有某种基本的偏见。实际上,潜在哲人的基本偏见不过是大众心灵的基本偏见的一种特殊形式。②

在《神学—政治论》中,斯宾诺莎是在对某种类型的潜在哲人说话,而与此同时,大众也在倾听。因此,斯宾诺莎的说话方式就是让大众搞不懂他的意思。正是由于这个缘故,斯宾诺莎就以自相矛盾的方式来表达自己的观点:那些对他的异端陈述感到震惊的人读到多少有点正统的套话,又会感到宽慰。斯宾诺莎只在一章中大胆否定了严格意义上的神迹的可能性,他在整部著作中都谈到神迹,但在其余各章,他并没有明确说明,他心目中的神迹只是一些自然现象,而对观察或记录这些现象的特定的大众思想家而言,它们却显得十分奇异。为了更好地阐明这一点,我们不妨夸张一点说,《神

---

① 书信30和43(49 §2)。
② 参见《神学—政治论》序言,12页(§34),并参照 I, 15页(§2)。参见 V, 69(§3)。参见斯宾诺莎对迷信的分析,《神学—政治论》序言,5页(§4)和《伦理学》I 附录。

学—政治论》的每一章都驳斥了一个特定的正统教条,而同时又让所有其他的正统教条不受触动。① 只有少数读者才会不辞辛劳,将各章的结果牢牢记住,并将这些结果叠加起来。也只有少数读者才承认,如果一位作者对一个问题作出了自相矛盾的陈述,他的观点完全可以由那些出现频率最低,甚或只出现一次的陈述表达出来,[185]而与此同时,他的观点又被那些出现频率最高,甚至在百分之九十九的情形下都出现的矛盾陈述掩盖起来。一个命题的真理性或严肃性并不随命题的重复频率而增加——许多读者都不能充分理解这一点。我们还必须考虑到,"普通人通常都是温和的",②都有一副好脾气。如果一位有能力的作者刻意对除少数人之外的所有人隐瞒他的严肃观点,那么,要把他的严肃观点逼取出来,那是需要审问官式的粗暴和鲁莽的。好脾气的普通人遇到这种情况就会马上退缩,或者对此感到惊骇不已。因此,我们可以说,在《神学—政治论》中,正统的陈述要比异端的陈述更明显。这样说当不会有误导之嫌。例如,《神学—政治论》第一章的第一句话就说,预言或启示是上帝默示给人的关于一切问题的确凿知识,这绝不是偶然的。我们可以把那些或多或少正统的陈述称为第一陈述,把那些矛盾陈述称为第二陈述。在关于耶稣的两个主题陈述中,第一陈述肯定要比第二陈述更接近于基督教的正统观点。③ 不过,对此规则也必须有所保留:《神学—政治论》神学部分的结尾并不比开始更不正

---

① 从根本上说,霍布斯在《利维坦》第三部分也采用了相同的方法。
② 亚里士多德:《雅典政制》22.4。
③ 还可将《神学—政治论》VII,98–99 页(§§6–10)与 109–111 页(§§58–66)进行比较。注意 109 页(§59)上的"我故意忽略了"(consulto omisi)。并将 XIV,173 页(§3:licet)与 178–179 页(§§32–33:tenetur)进行比较。

统。根据辩论修辞规则,①"第二陈述"更有可能出现在中间某处,即出现在最不容易引起肤浅读者好奇心的地方。因此,斯宾诺莎往往就在一组明确陈述中提出他的严肃观点,又在另一组明确陈述中否定了它。正是通过这种方式,斯宾诺莎得以将他的严肃观点透露给注意力更专注的读者,同时又瞒过了大众。但是,斯宾诺莎的矛盾并不都是明确的。在有些情况下,并非明确陈述本身,而是明确陈述所产生的必然后果否定了其他明确陈述。在别的情况下,我们会遇到两个互相矛盾的明确陈述,而这两个陈述都不一定是异端的,其中的任何一个也并未直接表达斯宾诺莎在相关问题上的观点。但是,这种矛盾所呈现出的不一致性却指向一个未曾明言、明确无误的异端观点,[186]这一观点将表面的矛盾化解了,因而最终就由表面的矛盾间接呈现出来。②

阅读《神学—政治论》的第二个正确规则是,在出现矛盾的情况下,与斯宾诺莎心目中的大众观点距离最远的矛盾陈述必须被视为表达了他的严肃观点。更准确地说,相对于一个从来没有被斯宾诺莎否定过的矛盾陈述,即便是一种具有异端性质的必然寓意也必须占有优先的地位。③ 换句话说,如果《神学—政治论》各章的最后论点(有别于那些几乎被不断重复的迁就式话语)互不相容,对这一事实的观察和我们接下来的思考就会把我们引向一个斯宾诺莎不再明确陈述但却明确预设的首尾一贯的观点。我们必须承认,这个观点就是斯宾诺莎的严肃观点,就是《神学—政治论》的真正奥秘所在。我们只有遵循这一阅读规则,才能像斯宾诺莎本人那样确切地

---

① 西塞罗:《演说家》(*Orator*) 15. 50。参见《论演说家》(*De oratore*) II 77. 313。

② 比如说这两个陈述:"我理解圣经";"我不理解圣经"。关于隐含的矛盾,参见《神学—政治论》XV,184 页(§20)。

③ 参见本书 188 页。

理解他的思想,才能避免受到或一直受到他的迁就式话语的愚弄。

鉴于斯宾诺莎在表述"针对大众的理解力说话"这一规则时没有设定任何限制,我们就有理由假定,他在写《伦理学》时也遵循了同样的规则。这一假定不能参照这部著作的"几何学"性质来处理,因为"针对大众的理解力说话"的意思并不是用大众的语汇来表述自己的思想,而是采取因人而异的方式或根据听话人所接受的前提(ex concessis)来进行论说,也就是站在隐蔽的立场上来进行论说。斯宾诺莎同样也以"几何学的"形式来表述笛卡儿《哲学原理》的学说,尽管他甚至没有佯称这一学说是真正的学说。① 斯宾诺莎没有明确地把《伦理学》写给除现实的或成熟的哲人之外的其他人,但这并不能保证这本书严格的隐微性质或科学性质,因为一位作者可以用其他许多办法来表明,他在"针对某人的理解力"说话。[187]我们不妨提一下其中的一种办法。《伦理学》的严肃读者几乎都读过《神学—政治论》,对这样的读者来说,提示已经足够了,他们通过《神学—政治论》明白了斯宾诺莎对所有实证宗教和圣经的严肃看法,当他们遇到《伦理学》对圣经教义的虔诚指涉②时,他们立刻就认识到,这本书绝对没有摆脱对公认观点的迁就。换句话说,我们不能给自己造成一个印象,仿佛《神学—政治论》是显白式的著作,而《伦理学》则是纯粹隐微式的著作,因而就为《神学—政治论》的谜语提供了清晰而明确的解答。斯宾诺莎不可能对一个明显的事实一无所知(如果不是柏拉图的话,至少迈蒙尼德已经向他指明了这个事实③):只要一个人能读一本书的原文,他就有机会了解这本

---

① 书信13(9 §§1-2)。参见迈耶为《笛卡儿哲学原理》所写的序言。
② 《伦理学》IV 68 schol.; V 36 schol. 参见《政治论》II 6, 22, III 10, VII 25。
③ 迈蒙尼德:《迷途指津》I,导言(4 a Munk)。参见柏拉图:《第七封信》341 d4-e3 和 344c3-d5;《斐德若》275c5 以下。

书的内容；因此，如果确实需要向大众隐瞒真理，那就应该明白，任何书面陈述都不可能具有严格意义上的隐微性质。

由于在《伦理学》中找不到斯宾诺莎具体提及该书所使用的传授方法的陈述，大多数学者都感到，这部著作究竟是隐微的，还是显白的，只能基于内证予以判断。现代研究斯宾诺莎最有学识的学者之一曾谈到《伦理学》"令人困惑的引喻和省略风格"。他指出，在这部著作中，"各种陈述并不因为它们所实际断定的东西而有意义，而是因为它们所暗含的否定而有意义"。他对斯宾诺莎的方法作了这样的解释：斯宾诺莎是一个犹太人，却生活在非犹太人的环境中，因此，他"总是感到不能畅所欲言地说出自己的想法。当斯宾诺莎和自己人在一起时，他总是毫不犹豫地、大胆地说出自己的想法，若非如此，他就变得十分谨慎、犹豫和有节制"。出于这一"历史"理由（这一理由主要不是基于斯宾诺莎的明确陈述，而是基于作者的生活史），这位学者最后断言，"他几乎不了解他自己的行为的真实原因"。也就是说，这位学者承认，他力图比斯宾诺莎更好地理解斯宾诺莎。[188]除此之外，我们很难说，斯宾诺莎在对犹太人说话时总是毫不犹豫地说出自己的想法，因为他只在很年轻时才有与犹太人谈话的正常机会，而谨慎不是年轻人的特征。曾经有那么一个时期，对一个犹太出身、有自尊心而又并不真诚地相信另一种宗教的真理的人来说，脱离犹太人共同体是根本不可能的。按照斯宾诺莎自己表达的原则，假如他生活在这样一个年代里，他在"和自己人在一起"时反倒必须极其"谨慎、犹豫和有节制"。沃尔弗森（Wolfson）教授还根据斯宾诺莎所受过的塔木德和拉比训练来解释《伦理学》的特殊风格。相应地，他要求，一个人在研究《伦理学》时必须本着"昔日拉比学者在研究他们的标准经文时所秉持的"那种精神。不过，他隐含地承认，这种方法的价值十分有限。他说：

我们必须经常问自己：斯宾诺莎作出每一个陈述的理由是什么？他想让我们听到什么？他的权威是什么？他是否正确地再现了他的权威？①

显然，在哲学研究中，斯宾诺莎根本不知道什么权威。有两类完全不同的作者：一类作者认为他们只是某一古老传统链条上的一环，正因为如此，他们就使用引喻性、省略性的语言，而这种语言只有在该传统的基础上才能为人所理解；另一类作者认为传统没有任何价值可言，于是他们就使用各种风格手段，尤其是引喻性、省略性的语言，以期把传统从他们最理想的读者脑子中连根拔除。沃尔弗森用了一个恰当得多的理由来解释《伦理学》的特殊风格，他指出，斯宾诺莎的"'上帝'只是一个抚慰性用语，表示无所不包的宇宙原则"，"斯宾诺莎从他的上帝概念推演出他的整个哲学，这不过是一种文学性虚饰"。斯宾诺莎只能通过引喻、省略或类似的手段来冲淡这等程度的迁就，这一点是很容易理解的。换句话说，如果像沃尔弗森始终暗示的那样，[189]斯宾诺莎的上帝学说根本上只是对传统神学的"内在批判"，②那么，鉴于斯宾诺莎明确要求"针对大众的理解力说话"，并对此作了可靠的解释，我们就必须承认，就其本身而言，斯宾诺莎的上帝学说——这一学说显然是他的全部学说的基础或出发点——不过是以因人而异的方式或根据听话人所接受的前提而作出的论证，这一论证隐藏而非揭示了斯宾诺莎的真正出发点。用技术语言来说，斯宾诺莎在《伦理学》中呈现的是"综合"，

---

① 沃尔弗森（H. A. Wolfson）：《斯宾诺莎的哲学》(*The Philosophy of Spinoza*)，哈佛大学出版社，1934，I, 22 – 24 页。

② 沃尔弗森，同上书，I, 20 – 22、159、177 页；II, 4 页。参见《神学—政治论》II, 43 页（§§ 56 – 57）；VI, 88 页（§ 36）。

与此同时,他又隐藏了必然先于"综合"的"分析"。① 也就是说,斯宾诺莎隐藏了通向某些定义的整个推理过程(哲学的和"策略的"),而这些定义会让打开本书的读者大吃一惊,同时又感到宽慰。如果斯宾诺莎的"上帝"确实只是一个抚慰性用语,那就必须抛开这个用语,从斯宾诺莎隐匿的无神论原则出发整个地改写《伦理学》。如果斯宾诺莎的"上帝"确实只是一个抚慰性用语,我们肯定就不再有权假定,按照斯宾诺莎的看法,上帝观念——更不用说上帝的存在了——"作为一种直觉可以直接为人所知",②因而就是哲学的合乎逻辑的出发点。无论怎样,斯宾诺莎提出的迁就公认观点的一般原则使解释者有义务面对一系列的问题:斯宾诺莎的迁就以什么为绝对限度? 更具体地说,究竟是什么彻底非神学的考虑使斯宾诺莎陷入了与唯物主义的冲突中? 这些考虑在多大程度上保证了《伦理学》的明确学说? 换句话说,我们必须看看斯宾诺莎是否在他的著作的什么地方给出了某些提示(不管多么微妙),让我们觉察到一种严格的无神论的开端或方法。顺便说一句,这也提供了一个理由,说明为什么不仅应当把《神学—政治论》置于《伦理学》的背景下来阅读,而且还应当按其本身来阅读。这部更具有显白性质的著作可能揭示了斯宾诺莎思想的特征,而《伦理学》则无法将这些特征适当地揭示出来。在过去,一代又一代的人公开指责斯宾诺莎是一个无神论者,[190]时至今日,如果有人暗示说,在对整个问题进行新的考察之前,据我们所知,斯宾诺莎可能是一个无神论者,那就无异于左道邪说。这一变化的原因并不像沾沾自喜的现代人所说的那样仅仅是由于不偏不倚的历史态度取代了狂热的党派偏见,而首先是

---

① 参见笛卡儿针对那些反对《沉思录》(*Meditations*)的意见而撰写的《反驳二书》(Secundae Responsiones)的结尾。另参见《规则》(*Regulae*)IV。

② 沃尔弗森,同上书,I, 375 页。

由于这样一个事实：显白写作这一现象及其原因几乎已被彻底遗忘了。

再回到《神学—政治论》。我们现在可以说明这部著作的某些特征得以产生的真实原因了，而迄今为止，这些原因尚未得到充分阐明。《神学—政治论》是写给基督徒的，之所以如此，并不是由于斯宾诺莎相信基督教的真理，甚至也不是由于斯宾诺莎相信基督教比犹太教更优越，而是由于"针对大众的理解力说话"（ad captum vulgi loqui）是指"针对今日大众的理解力说话"（ad captum hodierni vulgi loqui），或者说，是要迁就自己生活的那个特定时代的主流观点，而在斯宾诺莎那个时代，真正居于主导地位的是基督教，而非犹太教。换句话说，斯宾诺莎希望让"尽可能多的人"皈依哲学，① 而在这个世界上，基督徒的人数远比犹太教徒的人数要多。除此而外，还有两个"历史"原因。第一，在斯宾诺莎与犹太教社团无可挽回地公开决裂以后，他就再也不能像在《神学—政治论》中对基督徒说话那样得体地对犹太教徒说话了，再也不能出于对基督徒说话的那种目的对犹太教徒说话了。第二，在斯宾诺莎那个时代，有一个相当大的"开明"基督徒群体，而在犹太教徒中间，这样的群体则相对较小。这些基督徒的"开明"表现在，他们把宗教教义简约至最低限度，同时把所有的仪式或圣礼看成是无关紧要的——如果不是有害的话。无论如何，斯宾诺莎"对基督徒来说是个基督徒"，恰如——据他所言——保罗"对希腊人来说是个希腊人，对犹太人来说是个犹太人"。② 基督教的政治和社会权力也可以解释为什么

---

① 《知性改进论》，8-9页（§14）。参见《伦理学》V 20。参见本书188页及下页。至于犹太人受压迫的境况，参见《神学—政治论》III, 55、57页（§§47, 55）；VII, 106页（§45）。

② 参见《神学—政治论》III, 54页（§46）；VI, 88页（§36）。

《神学—政治论》处理的是犹太教主题,而不是基督教主题。攻击犹太教远不如攻击基督教那么危险,同样,攻击《旧约》显然也不如攻击《新约》那么危险。我们只需读读第十三章开头对《神学—政治论》第一部分论点的总结,就可以看到,虽然这一部分的明确论点主要基于或针对《旧约》,[191]但按照斯宾诺莎的意图,有关结论却适用于"圣经",也就是说,既适用于《旧约》,又适用于《新约》。①斯宾诺莎花了相对较多的篇幅批判"绝大部分"犹太教徒所接受的神学原则,很显然,此时他心里所想也包括"绝大部分"基督徒,因为他在同一段落提到了原罪教义,而且《神学—政治论》的其他地方也有类似的论述。②斯宾诺莎指出,《历代记上》第3章耶哥尼雅和所罗巴伯的谱系十分可疑,随后他又补充说,他原本宁愿在这个问题上保持沉默,至于原因,则流行的迷信不允许他作出解释。斯宾诺莎还毫不犹豫地指出,其他具有相同性质的《旧约》记述也十分可疑。有鉴于此,他的这句蕴含言外之意的话只能是指耶哥尼雅和所罗巴伯的谱系与《马太福音》第1章耶稣的谱系之间的联系。③ 这样看来,犹太教主题在《神学—政治论》中居于首要地位,乃是出于

---

① 除此而外,还要加上以下这点:斯宾诺莎指责对圣经经文的篡改,或虔诚的欺骗,这一指责不仅针对犹太教徒对《旧约》的篡改,而且也针对基督徒对《新约》的篡改。参见《神学—政治论》VI,91 页(§51),并参照书信 75(23 §5)和 78(25 §6)。

② 《神学—政治论》XV,181 - 182 页(§§4,10)。参见 V,80 页(§49),在这里,斯宾诺莎简单提到了那个根本相同的神学原则,这类指涉一般都以这样一句话结束:Sed de his non est opus apertius loqui[但是,不必更公开地谈论这些事]。参见序言,8 页(§§14 - 17)。

③ 《神学—政治论》X, adnot. 21(§1 n.)。关于这段话中"迷信"一词的用法,参见书信 76(74 §§4, 14)。

谨慎的考虑,而不是由于斯宾诺莎的基督教或希腊语知识不足。①斯宾诺莎对基督教特有的各种问题保持相对的沉默,这可以保护他不受大众的迫害,而在"更为精明的"读者眼里,他又不会因此而丧失谈论问题的资格。斯宾诺莎可以指望这部分读者理解他在抨击犹太教——尤其是《旧约》——时所隐具的深意。

斯宾诺莎对"针对大众的理解力说话"作了真实可靠的解释。由此看来,他不可能让《神学—政治论》的显白教诲成为"永恒的"教诲。[192]由于同样的缘故,《神学—政治论》是与其时代联系在一起的。然而,之所以如此,并不是因为斯宾诺莎严肃的或隐蔽的思想决定于他的"历史情境",而他本人又没有意识到这一点,而是因为他有意识地、深思熟虑地将其思想的公开表达——而非其思想本身——限制在他那个时代所要求或许可的范围内。斯宾诺莎吁求"哲学探究的自由",因而吁求"把哲学从神学中分离出来"。从一开始,这就与时代联系在一起,因为那个时代缺少这种自由,而与此同时又呈现出确立这种自由的合理前景。若是在另一个时代,甚或另一个国家,斯宾诺莎的谨慎原则就会迫使他提出完全不同的方案来保护哲学,但不管怎样,他都不会对其哲学思想作出丝毫的改变。在斯宾诺莎那个时代,基督教欧洲的教会权威已经遭到了削弱,在某些新教国家出现了形形色色的基督教教派,宗教迫害越来越不得人心,尤其在阿姆斯特丹,已经开始实行宗教宽容。正是在

---

① 在《神学—政治论》第十章的结尾,斯宾诺莎解释说,他之所以不对《新约》进行文学评断,是因为他的希腊语知识不足,但这并没有解释斯宾诺莎为什么把他在第十一章中对《新约》的论述局限于使徒的书信。造成这一令人吃惊的事实的原因在于,斯宾诺莎想对福音书保持沉默。另参见 V, 76 页(§34)。柯亨(Hermann Cohen)(《犹太人论著》,柏林,1924, III, 367页):"恐惧促使(斯宾诺莎)对《旧约》和《新约》采取双重标准。"[译按:原文为德语]

这种条件下,斯宾诺莎才得以公开提出"把哲学从神学中分离出来",这不仅是为了哲学或哲人,而且也是为了整个社会。斯宾诺莎在提出"把哲学从神学中分离出来"时不仅从哲学上寻找根据,而且还从圣经中寻找根据。① 斯宾诺莎的论证之所以与其时代相联系,尤其因为他在吁求"哲学探究的自由"时采用了根据圣经教义的性质而抽绎出来的证据。斯宾诺莎提到一些古典作家,这表明,斯宾诺莎相信,仅仅依据社会的理由将"哲学探究的自由"予以合法化,这在古代是同样可能的,因而在那些按古典模型建立起来的未来社会里也是可能的。更准确地说,斯宾诺莎认为,探究自由的这种特殊类型的合法化是古典遗产,而非圣经遗产。② 除此而外,从我们前面的论证还可以得出一个结论:[193]按照斯宾诺莎的意图,《神学—政治论》的显白教诲并不与基督教"具有同时性"。《神学—政治论》抨击了一些特殊的假定,同时又诉诸另一些特殊的假定。与《神学—政治论》"具有同时性"的不是前者,而是后者。在《神学—政治论》整个论证的最显明的部分,斯宾诺莎乃诉诸这样一些假定:美好的生活不过是正义和仁爱的实践,如果不相信神的正义,这种实践是根本不可能的;圣经强调把正义和仁爱的实践与对神的正义的信仰结合起来,以此作为拯救的必要和充分条件。一旦这些假定

---

① 《神学—政治论》XIV,173、179 页(§§2,34);XX,246 - 246 页(§40)。书信 30。

② 参见《神学—政治论》XX 的标题,并参照塔西佗的《历史》;参见《神学—政治论》XVII,201 页(§9),并参照鲁福斯(Curtius Rufus)VIII 5.17。另参见 XVII,206 页(§32);XVIII,225 - 226 页(§25);XIX,236 - 237 页(§§50 - 53);XI,157 - 158 页(§§22 - 24);II,43 页(§§55 - 57)。参见马基雅维里:《李维史论》(Discorsi)I 11:在好的罗马皇帝统治时期,每个人只要自己喜欢,就可以持有和捍卫任何观点。另参见霍布斯:《利维坦》,第四十六章(人人丛书版,374 页),以及密尔顿《论出版自由》(Areopatigica)的整个论点。

再也不能公开地加以辩护了,①《神学—政治论》的显白教诲也就失去了存在理由(raison d'être)。

为了使《神学—政治论》极端复杂的论证变得可以理解,我们在本文中所作的几乎全部解释都是十分必要的。这一论证的很大一部分实际上是针对传统神学向圣经提起上诉,可是,它的另一部分又质疑了圣经的权威。斯宾诺莎的解释学原则赋予整个论证以正当性,因而就模糊了该论证的各个异质部分之间的根本区别。斯宾诺莎的一个论断将这一解释学原则表达了出来:原则上,圣经的字面意义是其唯一的意义。在《神学—政治论》中,斯宾诺莎以两种不同的方式处理圣经:一方面,他以圣经为根据对传统神学展开批判;另一方面,他又抨击了圣经的权威。向着圣经字面意义的回归在这两个语境中起着完全不同的作用。斯宾诺莎勉强承认,圣经是关于启示的唯一文献。他从这一前提出发进行论证,提出了如下要求:不能用人的增饰、新发明或新观念来玷污纯粹的上帝之言,不能把未经圣经的明确陈述证实过的任何思想都算作神示的教义。② 之所以采取这一方法,有两方面的隐秘原因。斯宾诺莎认为,圣经教义在某些方面比传统神学教义更为理性,在某些方面又没有传统神学教义那么理性。就其更为理性的方面而言,斯宾诺莎试图让传统神学记起一个早已被它遗忘了的有价值的传统;[194]就其不那么理性的方面而言,斯宾诺莎向那些更精明的读者指出,现有全部神学的基础是不牢固的。这样,他就把读者不知不觉地引向了对圣经权威的批判。这一批判要求回归圣经的字面意义,还有另外一重原因:圣经是一部大众之书,而一部以教谕为宗旨的大众之书必须用

---

① 我们这里所说的可公开辩护的观点指的主要不是法律准许传播的观点,而是受到社会的一个强大阶层的同情心支撑的观点。

② 《神学—政治论》I, 16 页(§7);VI, 95 页(§65)。

最简单、最容易理解的方式陈述其思想。① 这两种方法的对立或许最生动地体现于如下事实:斯宾诺莎以两种对立的方式将"古代的"(ancient)一词应用于圣经。如果把圣经看成是所有后来宗教和神学的标准和补救之道,它就是一部"古代宗教"的文献;另一方面,如果把圣经看成是哲学批判的对象,它就是一部传达了"一个古代民族的偏见"的文献。② 在第一种情况下,"古代的"是"神圣的"意思;在第二种情况下,"古代的"是"粗野的"和"过时的"意思。鉴于斯宾诺莎在《神学—政治论》中提出了对圣经进行纯粹历史解释的主要原则,这种混淆就更为严重了。事实上,斯宾诺莎对解释学规则的最详细的阐述似乎只是为了铺平道路,以便对圣经进行客观的、历史的研究。斯宾诺莎有时把圣经用作权威文本,有时又把它用作哲学批判的靶子。由于上述原因,我们时常忍不住要按斯宾诺莎本人所认定的"科学"研究圣经的要求来评判这两种用法,而这又让我们频频注意到,斯宾诺莎的论据根本就不充分。不过,我们千万不要忽略了一个事实:对圣经的客观研究或历史研究对斯宾诺莎来说只是一种 cura posterior[后来的关切]。客观研究预设了一种超然的态度,而斯宾诺莎《神学—政治论》的主要目标正是要造就一种对圣经的超然态度。斯宾诺莎一方面对圣经教义展开哲学批判,另一方面又针对传统神学向圣经的权威提起上诉。对圣经的这两种用法(尤其是后一种用法)不能按对圣经进行历史研究的要求加以评判,因为它们本质上先于历史研究。按照斯宾诺莎的设想,若要对圣经进行历史研究,[195]就不能把圣经当作一个统一体,而他的两个首要目标则提出了正好相反的要求,因为无论是他所遵从的

---

① 《神学—政治论》VII, 116 页(§87);XIII, 172 页(§§27 - 28)。
② 可将《神学—政治论》序言,8 页(§16);XVIII, 222 页(§§7 - 9);XIV, 180 页(§40)与 XV, 180 页(§2);VI, 81 页(§4)进行比较。

那个主张,还是他所抨击的那个主张,都是为作为统一整体的圣经而提出的。《神学—政治论》的前六章为随后的全部论述——尤其是斯宾诺莎的高级圣经评断——奠定了基础,但这六章绝对没有预设这一评断的结果,相反却与这一评断的结果相矛盾:在这基础性的六章里,摩西被理所当然地视为摩西五经的作者。同样的情况在作了必要的改变后(mutatis mutandis)也适用于斯宾诺莎利用圣经进行政治教谕的努力(第十七章至第十九章)。① 这种明显的不一致性并没有损害斯宾诺莎对圣经教义所作的哲学批判的可能价值,因为不管圣经所断定的各种神学命题是谁提出的,不管圣经所记录或推许的各种制度是谁创立的,若要拒斥圣经的权威,就必须要有证据来证明这些命题和制度是荒谬的或不牢固的,这是拒斥圣经权威的必要的和充分的条件。

斯宾诺莎对圣经的哲学批判若要具备有效性,就肯定需要满足一个前提条件:斯宾诺莎已经把握了整部圣经的意图。正是在这一点上,斯宾诺莎运用圣经的两种方式——一方面把圣经用作权威,另一方面又把圣经用作哲学批判的靶子——的区别对于理解《神学—政治论》就具有了决定性的意义,因为斯宾诺莎对整部圣经的意图的论述很可能属于这样一个语境:他是在针对传统神学向圣经的权威提起上诉。如果斯宾诺莎在显白语境中像辩护人有时运用法律那样运用圣经,这肯定就不会与"针对大众的理解力说话"的原则相矛盾了:如果一个人想造成无罪开释的结果(把哲学从神学的束缚下解放出来),他就未必需要搞清楚法律的真正意图。因此,我们不能理所当然地认为,斯宾诺莎真的将圣经的基本教义与圣经在

---

① 还要考虑以下两者的区别:一、在解释圣经时必须提出的问题的正确顺序——《神学—政治论》VII, 102 – 104 页(§26 – 36);二、《神学—政治论》所讨论的话题的顺序。

每处所明确教导的东西等同起来;我们也不能理所当然地认为,
[196]斯宾诺莎真的相信圣经的道德教训在每处都得到了明确的表
达,绝没有受到有缺陷的异文等等的影响。① 斯宾诺莎在讨论圣经
的一般性质时教导了这些事情,以及其他类似的事情,但这一事实
还不能证明他相信它们。在此不拟重复我们的整个论点,只需指出
这样一点:斯宾诺莎还断言,理解的见识与圣经的教义之间不会有
什么矛盾,因为"真理并不与真理相抵触",②而我们知道,他并不相
信圣经教义的真理。不仅如此,还有某种特殊的证据支持着我们正
在提出的特殊怀疑。斯宾诺莎列举了那些据认为在圣经每处都得
到了清晰表述的圣经教义,他提到这样一个教义:由于神命的缘故,
虔诚的人会得到奖赏,邪恶的人会受到惩罚。但在别的地方,斯宾
诺莎又说,按所罗门的说法,正义的人和不正义的人、纯洁的人和不
纯洁的人都会遭遇同样的命运。③ 在同类教义中,斯宾诺莎还列举
了这样一个教义:上帝关照万物。我们很难看出,圣经怎么会在每
处都明确教导这样的事情,因为正如斯宾诺莎坚持认为的,圣经在
许多重要的段落都教导说,上帝并不是全知的,事实上,上帝对人的
未来行动一无所知,他仅仅关照他的选民。斯宾诺莎还列举了这样
一个教义:上帝是全能的。同样,我们很难看出,圣经怎么会在每处
都明确教导这样的事情,因为正如斯宾诺莎所暗示的,摩西本人相

---

① 《神学—政治论》VII, 102 - 103、111 页(§§27 - 29, 68 - 69);IX, 135
页(§32);XII, 165 - 166 页(§§34 - 38)。
② 书信 21(34 §3)。参见《形而上学思想》(Cogitata metaphysica) II 8
§5。
③ 参见《神学—政治论》XII, 165 页(§36),并参照 VI, 87 页(§33);
XIX, 229、231 - 232(§§8, 20)。

信,天使或"其他神祇",还有质料,都不是上帝创造出来的。① 另外,斯宾诺莎还说,两约在所有地方都高度推许仁爱,但他又说,《旧约》劝告、甚或命令人们要仇恨其他民族。② 尤其重要的是,斯宾诺莎作出了一系列断言:圣经的唯一意图是教人顺从上帝,圣经的唯一诫命就是顺从;[197]对上帝的顺从与对上帝的爱是根本不同的;圣经还劝诫人们要爱上帝。③ 正因为斯宾诺莎在《神学—政治论》中公开抛弃了对圣经的认知价值的信念,"针对大众的理解力说话"这一原则就迫使他将尽可能高的价值赋予圣经的实践或道德要求。出于这个缘故,他就断言,圣经的实践教义符合真正的实践学说,即哲学的实践后果。由于明显的原因,斯宾诺莎必须对这一论断作出如下增补:圣经的实践教义是其核心教义,这一教义在圣经的每处都得到了清晰的表述,它不可能被圣经的编纂者和传播者所败坏或损毁。

《神学—政治论》主要针对的是那种认为哲学应从属于圣经的观点,或者说,它主要针对的是"怀疑主义"。但是,《神学—政治论》同样也针对那种认为圣经应从属于或适应于哲学的观点,也就是说,它同样也针对"教条主义"。④ 另外,如果说这部著作主要针对的是基督教,它同样也针对犹太教。这样看来,《神学—政治论》所针对的乃是四种差异很大的立场:基督教怀疑主义、基督教教条主义、犹太教怀疑主义和犹太教教条主义。现在就会出现这样一种情况:那些可用来反

---

① 参见《神学—政治论》V, 77 页(§38);VII, 102 页(§27);XII, 165 页(§36),并参照 II, 37 – 39 页(§§32 – 35, 37 – 40);III, 44 – 45 页(§3);VI, 81 – 82 页(§§2, 4);XVII, 206、214 – 215 页(§§30, 77 – 79)。

② 参见《神学—政治论》XII, 166 页(§37),并参照 XVII, 214 页(§77);XIX, 233 页(§29)。

③ 参见《神学—政治论》XIII, 168 页(§§7 – 8);XIV, 174 页(§§5 – 9),并参照 XVI, adnot. 34(§53 n.)。参见 IV, 59、60 – 61、65 页(§§7 – 8, 14 – 15, 34);XII, 162 页(§19);XIV, 177 页(§§24 – 25)。

④ 参见《神学—政治论》XV, 180 页(§1)。

对这些立场中的某一个或某一些的决定性论据如果被用来反对另外一些立场,那就很可能是不着边际的。例如,基于《新约》权威的论据或许可以构成反对这种或那种形式的基督教神学的决定性论据,甚至可以构成反对一切形式的基督教神学的决定性论据,但是,如果用这些论据来反对犹太教立场,它们就明显是文不对题的。因此,我们原本应该期待,斯宾诺莎会按其本身来批判这四种立场中的每一种。可是,除极少数例外,斯宾诺莎乃将同一种批判施加于一个由犹太教和基督教、教条主义和怀疑主义构成的古怪混杂体。斯宾诺莎并没有自始至终区分他所抨击的不同立场,也没有细致留意每一种立场的特殊性质,[198]这样造成的结果就是,人们对他的批判完全没有必要给予严肃的关注。例如,斯宾诺莎在否定神迹的可能性之前先描述了大众在这个问题上的观点,这种描述极其粗陋,即便是一个愚不可及的傻瓜,只要他对犹太教或基督教神学有一鳞半爪的知识,他所说的每句话可能都比这更好。在这里,斯宾诺莎似乎选择了一个或许根本不存在的极易反驳的立场来作为批判的靶子。再举一个性质不同的例子。斯宾诺莎在否定启示的认知价值之前断言,"所有的"著作家都"以惊人的轻率"主张,先知在人类理解力的范围内了解所有的事情。也就是说,斯宾诺莎把一种据说已经"被当时所有重要的基督教神学家所拒斥的观点"归给了所有的神学家。① 实际上,这是迈蒙尼德的观点,斯宾诺莎似乎"以惊人的轻率"将迈蒙尼德当成了所有神学家的代表。在这里,斯宾诺莎似乎选择了一个实际的神学立场来作为批判的靶子,至于选择的理由则显得有点不着边际:只是因为他年轻时

---

① 唐宁—博科夫斯基:《斯宾诺莎》,IV,315 页。参见迈蒙尼德:《迷途指津》II 32 和 36。另参见阿布拉瓦内在笺注这几章以及在笺注《阿摩司书》第 1 章第 1 节和《列王记上》第 3 章第 14 节时所提出的批评。参见《神学—政治论》II,29 页(§1)。

碰巧仔细研究过这种立场。

这两个例子表明了《神学—政治论》的独特困难,如果不克服这些困难,《神学—政治论》在很大程度上就是不可理解的。我们想要说明的是,这些困难并非缘于斯宾诺莎的谨慎。由此,我们也想表明,我们的观点与一个我们从来没有否认过的观点完全一致:斯宾诺莎的显白写作并不是造成《神学—政治论》的重重困难的唯一事实。我们的出发点是,如果斯宾诺莎确实想解决神学问题,他就不可避免地要将问题予以适当的简化。事实上,斯宾诺莎乃以两种不同的方式对问题作了必要的简化,我们的两个例子即显明了这两种不同的简化方式。在第一个例子中,斯宾诺莎将一个隐含前提作为出发点:所有可能具有相关性的犹太教和基督教神学都必然承认《旧约》主题教义的权威即真理。此外,斯宾诺莎还假定,每一个《旧约》段落的真正意义一般说来都等同于其字面意义。他最后还假定,《旧约》最根本的教义是创世论。[199]摩西没有明确教导说,上帝从虚无中(ex nihilo)创世。相反,《创世记》第1章第2节似乎表明,摩西相信上帝从先前存在的"混沌"中创造了有形的宇宙。摩西没有提到天使或"其他神祇"的创造,他在这个问题上完全保持缄默。这强烈地暗示出,摩西相信上帝的大能确实优越于——但又绝对不同于——其他存在物的力量。如果用哲学的语言来表述摩西的思想,似乎可以这样说:自然力量(即他所说的"混沌",也就是一种盲目的"力量或冲动")与上帝的大能(一种智慧的、确立秩序的力量)具有同时性,因此,自然力量并不依赖于而是低于或从属于上帝的大能。摩西教导说,"混沌"不是创造出来的,它在时间上先于上帝创造的有序宇宙。在摩西心目中,上帝是王。因此,我们有理由假定,对摩西来说,自然力量从属于上帝的大能,这是较大的力量征服了较小的力量的结果。相应地,上帝的大能将只在那些完全没有自然力量参与的行动中显现出来。如果只有能够被清晰理解的东西才是真的,那么,只有上帝大能的清晰、明确的显现才是其真正的显现:自然现象并不显示上帝的大能;当自然行动起来时,上帝并没有相应地行动起来,反之亦然。因此,如果上帝仅仅征服了原始混沌,从中创造出秩序,这对上帝的显现来说是不够的。上帝还必须征服诸多"可见的神祇"——有形宇宙最为壮观的部分,从而使他的大能广为人知:上帝的大能——因而上帝的存在——只能通过神迹予以证明。这就是斯宾诺莎在抨击关于神迹的神学教义之前勾勒出的粗陋的大众观点的核心。斯宾诺莎在阐述这一观点时心里想到的是一位似乎根本就不存在的神学家,其实,这位神学家不是别人,正是摩西本人。这一观点乃隐含于《创世记》第1章,须知,对所有的犹太教徒和基督教徒来说,这都是具有最高权威的经文。① 在斯宾诺莎看来,这就是他的对手所持立场的"原型",而他自己所做的不过是让他的对手想起了这一"原型"。[200]从《神学—政治论》的结局可以看出,斯宾诺莎并没有宣称,这一提醒足以反驳传统的神迹教义。总而言之,这个例子告诉我们,斯宾诺莎力图简化讨论,为此,他就从形形色色的神学返回到所有神学的共同基础,即《旧约》的基本教义。

现在再来看第二个例子。在这个例子中,斯宾诺莎将所有神学家的观点与迈蒙尼德的观点等同起来。斯宾诺莎的隐含前提是,并非所有的神学立场都具有同等的重要性。与"怀疑主义"相比,斯宾诺莎肯定更喜欢"教条主义",因为"怀疑主义"否认人类理性的确实性,而"教条主义"则承认人类理性的确实性;"怀疑主义"毁掉了理性(也就是说,它把人变成了畜牲),而"教条主义"则毁掉了圣经

---

① 参见《神学—政治论》VI,81-82页(§§1-4),并参照II,38-39页(§§37-40);IV,64页(§30)。参见II,37页(§31);VI,87-89页(§§34,39);VII,115页(§§83)。

(也就是说,它只是犯了一个历史错误)。① 除此而外,我认为,斯宾诺莎从一开始就拒绝接受这样一个观点:理性学说与启示教义是完全相同的。原因在于,这一观点会导致一个后果:首先哲人就不再需要启示了,间接地,还有其他所有的人都不再需要启示了,启示是多余的,而全智的存在物不会做多余的事情。② 这样,斯宾诺莎就仅仅批判性地关注这样一个观点:启示教义部分地或整个地超越了理性,但又从来不与理性相对立;自然理性是人的拯救或完善的必要条件,而非充分条件。在这里,斯宾诺莎遇到了一个选择:启示过程要么超越了人的理解力,要么就没有超越人的理解力。有些圣经叙述让斯宾诺莎确信,启示或预言现象原则上是可以理解的。也就是说,启示不是由神的意志直接引起的,而是经由种种次级原因而间接引起的。相应地,斯宾诺莎必须为如下事实寻找自然的解释:某些人,也就是先知,宣示了一种部分地或整个地超越理性但又从来不与理性相对立的教义。对这个事实的唯一可能的自然解释就是,先知是完美的哲人,但又不只是完美的哲人。对这一关于启示的观点,迈蒙尼德部分地给出了明确的表述,又部分地作出了暗示。③ [201] 斯宾诺莎说,"所有的"神学家都断言,先知在人类理解力的范围内了解一切事情。这意味着,斯宾诺莎把有争议的问题简化了:他并不把关注对象限于最容易反驳的神学立场,或者他碰巧最熟悉的神学立场,而是把关注对象限于他认为最合理因而也就最强大的神学立场。

斯宾诺莎列举了若干理由来证明他在《神学—政治论》中提出

---

① 参见《神学—政治论》XV, 180 页(§§1-3),并参照序言,8 页(§§16-17)和 XIII, 170 页(§17)。

② 参见《神学—政治论》XV, 180 页(§§1-3),并参照序言,8 页(§§16-17);XIII, 170 页(§17)。XV, 188 页(§44)。

③ 参见《神学—政治论》V, 79-80 页(§§47-49),并参照 VII, 115 页(§83);II, 29 页(§2)。参见 XVI, 191 页(§11);IV, 58 页(§4)。

的实践方案的正当性,而我们在前面讨论的所有困难都关涉到这些理由。就其本身而言,斯宾诺莎的实践方案非常简单。若非如此,这些方案就不能被许多读者所知晓,因而也就失其为实践方案了。斯宾诺莎用显隐两种推理来支撑这些方案,它们与显明的推理一道,构成了《神学—政治论》针对所有读者的学说。我们必须完全按其本身来理解《神学—政治论》的这部分教义,然后才能把《神学—政治论》的隐蔽教义揭示出来。

附 录

《迫害与写作艺术》中的隐微论

科钦（Michael S. Kochin） 撰　唐敏 译

毫无疑问，在思想史中施特劳斯（Leo Strauss）的伟大发现就是重新发现了显白写作观念。1941年施特劳斯在《社会研究》（Social Research）上发表了论文《迫害与写作艺术》（Persecution and the Art of Writing），它的主题就是重新发现显白写作。可以说，这个发现也是施特劳斯出版于1952年的同名论著的首要思想。

在显白著作中，哲人通过小心翼翼地排列布局和择取他要表述的观点，使其与习俗意见显得一致，而将暗藏或隐微的教诲传达出来。习俗意见之间相互矛盾，但也恰恰是因为它们之间相互矛盾，能够从对它们的审察中将真理提炼接生出来。我之所以惯用"显白写作"而不沿用"隐微写作"，是遵循了施特劳斯的主张，既然所有著作从根本上说都能被所有读者接触阅读，选择性写作的哲人"就只能阐述适合于不懂哲学的多数人的意见：严格说来，他的全部著作都不能不具有显白性质"。①

显白写作是极尽所能对苏格拉底谈话方式所进行的写作模仿。

---

① Leo Strauss,《迫害与写作艺术》（Persecution and the Art of Writing, Glencoe,1952;Reprinted University of Chicago Press,1988），35页。同时参看111页注释45、187。Steve Lenzner,《自我知识的文学操练：施特劳斯的迈蒙尼德解》（A Literary Exercise in Self - Knowledge：Strauss's Interpretation of Maimonides），见 Department of Government,Harvard University,typescript。

在1936年关于霍布斯(Hobbes)的书中,施特劳斯描述了这种著名的苏格拉底辩驳方式:

> 人们——特别是雅典公民,尤其是他们的代言人智术师们——所说的话都是自相矛盾的。这些矛盾使探研相互抵牾的主张何者为真成为必要。不论探研的结果如何,必须放弃两相抵触的意见(endoxa)中的一方,必须坚持与之对立的意见(endoxon)。这样一来,后者变得实在吊诡(paradoxical);但是,通过就每一点自己尽可能地理解并与他人[理解]达成一致,它[意见]证明了自己的真实性。①

苏格拉底对那些持有习传意见的人进行口头审查。柏拉图和整个哲学传统则在著作中详细辨析习传意见,向那些有恰当准备的读者暴露它们的矛盾之处。隐微教诲被写就于字里行间,而字里行间呈现给读者(或者说粗心的读者)的仅仅是任何读者都能正常知晓的东西。只有少数读者能从看似陈词滥调的表述中推断出作者精心挑选的理据(reasons)。

施特劳斯有时表述重新发现显白写作,好像它仅仅是一项学术成果,一项工作的重要前奏——在启蒙之后重新揭示启蒙之前作品的作者意图。然而这个重新发现的意义不仅于此。施特劳斯将它理解为在他的时代致力于恢复哲学必不可少的学术步骤。施特劳斯在《迫害与写作艺术》的最后章节如是说:

---

① Leo Strauss,《霍布斯的政治哲学:它的基础和起源》(*The Political Philosophy of Hobbes: Its Basis and Its Genesis*,Elsa M. Sinclair 译,Chicago,1984;originally published Oxford University Press,1936),143页。[译按:参看中译施特劳斯:《霍布斯的政治哲学》,申彤译,译林出版社2001年版,172页;参照中译文有少量改动。]

现在,并非哲学,而是将人们引入哲学的方式,必然随着哲学的人为障碍或偶然障碍的变化而变化。哲学的人为障碍在某个特定时刻会变得异常强大,因而在着手"自然的"引入之前必须首先完成精细的、"人为的"引入。可以想象,有时候会出现一种特定的伪哲学,要想破除这种伪哲学的威力,就只能靠集中全力,精读老书。只要伪哲学占了上风,就需要有精细的历史研究,而在更幸运的时代,这种历史研究原本是多余甚至有害的。(《迫害与写作艺术》,155 页)

对施特劳斯而言,到 1939 年他获得了自己的最终立场。恢复哲学意味着尾随海德格尔(Heidegger)恢复哲学的古典意义。①

要理解《迫害与写作艺术》,首先就要理解,这本书没有任何一个章节明确地致力于古希腊哲学,没有提及海德格尔,那么它是如何帮助我们恢复古典哲学的。其次,就是要理解这本书为何要以犹

---

① 参看 Leo Strauss,《剖白》(A Giving of Accounts),见 Kenneth Hart Green 编《犹太哲学和现代性危机:关于现代犹太思想的演讲与论文集》(*Jewish Philosophy and Crisis of Modernity*: *Essays and Lectures in Modern Jewish Thought*,New York,1997),462 页。另参看《〈斯宾诺莎宗教批判〉英译本导言》(Preface to the English Translation in *Spinoza's Critique of Religion*),New York,1965,31 页。在《哲学与律法》中,施特劳斯第一次以中世纪犹太和伊斯兰哲人为中介为古典政治哲学的理性主义进行辩护。随后他出版了《霍布斯的政治哲学》,借用古典理性眼光批判霍布斯。最后,在《斯巴达的精神与色诺芬的品位》(The Spirit of Sparta or the Taste of Xenophon,见 *Social Research* 6,1939)中,施特劳斯首次直接(unmediated)阐述了古典教诲。由此看来,古人的直接教诲决定了施特劳斯的工作。尽管直到生命的尽头,他仍然在出版关于中世纪和现代作家的论述。[译按:《剖白》与《斯巴达的精神与色诺芬的品位》中译见刘小枫编《苏格拉底问题与现代性——施特劳斯讲演与论文集:卷二》,彭磊、丁耘等译,华夏出版社 2008 年版。]

太教和哲学的遭遇史作为主要的内容构成。第三,要理解这本书如何回应,自从施特劳斯的前两部关于犹太教与哲学的遭遇史著作——即1930年的《斯宾诺莎的宗教批判》(*Die Religionskritik Spinozas*)和1935年的《哲学与律法》(*Philosophie und Gesetz*)以及1941年标题为《迫害与写作艺术》的论文——刊行以来,犹太人问题历经的两种看似根本的变化。这两种变化自然就是大屠杀(Holocaust)和一个犹太国家的诞生。

尽管在施特劳斯从1941年至1948年发表的文章中有《迫害与写作艺术》的线索渊源,但它自身有一个计划。正如施特劳斯论述斯宾诺莎时说到的,"任何一位名副其实的作者都不会把早先著作中那些在新书中没有意义的部分纳入新书"(《迫害与写作艺术》,165页)。在施特劳斯1946年一本书(没有出版)的提纲——"一本暂题为哲学与律法的书的计划:历史论文"——中,① 我们发现了一类特殊的线索。在这个提纲中,书([译按]指《迫害与写作艺术》)中有四个章节被排列在七至十章的章节提纲中(总共有十二章)。只有初次发表于1948年的斯宾诺莎这一章例外。这个被放弃的计划意图明确地着力论述犹太哲学史和它在当代的重要性。尽管最终出版的著作篇幅更短,但它有更窄——在某种意义上说也更广——的关注点(focus)。它的关注点更窄,指这本书实际的学术考察重心仅为显白写作的策略,而不是从哈列维(Judah Halevi)和迈蒙尼德直至现今的全部犹太哲学史。它的关注点更广,因为它不是从"近现代犹太人的精神—智识处境"(正如被放弃的计划所为)获得方向(take its bearings from),② 而是从近现代潜在哲人的历史—智识处境(historical - intellectual

---

① 可以参看《犹太哲学和现代性危机》附录,前揭,467 - 470页。
② 同上,467页。

situation)中获得方向。

施特劳斯实际出版面市的《迫害与写作艺术》包括五个章节,而每个章节又探讨了迥异的学术议题:第一章是导言,总体上评论了施特劳斯戏称的"哲学社会学",并简要地阐述了法拉比(Farabi)对柏拉图的理解。第二章"迫害与写作艺术"是一篇方法论和纯学术(metascholarly)文章。第三章是"《迷途指津》的文学特性",这是施特劳斯最后一次切近地研究迈蒙尼德,或者说第一次尝试着研究迈蒙尼德。① 第四章是"《卡札尔人书》中的理性之法",考察哈列维伟大的护教工作。最后一章是"如何研读斯宾诺莎的《神学—政治论》"。②

《迫害与写作艺术》的诸多议题之所以能并置一起讨论,不是由于这些被谈论的作家相互之间的历史联系,而是因为我称之为的"思想规划"。我对这五个章节的主要思想意旨理解如下:

1. "导言":从形而上学独断论(metaphysical dogmatism)中恢复形而上学。

2. "迫害与写作艺术":自然也即是人的自然——人与人之间的自然差异使得显白写作成为必然。

3. "《迷途指津》的文学特性":真正的律法科学——律法必然性科学考虑了人群中的自然差异。

---

① 相较于施特劳斯早期更直接地论述迈蒙尼德的著作——比如《哲学与律法》,《〈迷途指津〉的文学特征》是一篇相当晦涩的文章。但与后来为湃恩斯(Shlomo Pines)的《迷途指津》英译本撰写的著名导言——"如何开始着手研究《迷途指津》"相比,无疑更为清晰明朗。

② 《迫害与写作艺术》中探讨的著作——哈列维的《卡札尔人书》也有五个章节。有一个早先的传闻,仅在《卡札尔人书》的第一部分中独自现身(personal appearance)的哲人是阿尔法拉比,他也仅在施特劳斯的书第一部分中成为主题(thematic appearance)。

4."《卡札尔人书》中的理性律法":人与人之间的自然差异表现在他们关于自己道德义务的身位的各式理解中。

5."如何研读斯宾诺莎的《神学—政治论》":旨在通过一种新的政治学为道德奠定基础的现代方案,及其历史主义的自我颠覆(historicist self – undermining)。

甚至最漫不经心的读者也能察觉相关章节的某些主要思想意旨,另外一些思想意旨则不甚明显。在我看来,很少显露的是前面两条——"导言"中的恢复形而上学和宣称通过阐述显白写作的必要性,展示(reveal)了[人]自然[差异]。这些思想意旨被施特劳斯编织相交,它们出现在多个章节中,有些甚至在所有章节中都出现了。它们相互之间的关系构成了名为《迫害与写作艺术》一书的整体。

首先,我们来谈论"导言",讨论法拉比的柏拉图和从西方形而上学的损毁(destruction)中复活哲学。在"导言"的第16页,施特劳斯告诉我们,根据法拉比,柏拉图的方式融贯涵括了"苏格拉底的方式和忒拉绪马霍斯(Thrasymachus)的方式"以及"苏格拉底和蒂迈欧(Timaeus)的科学和技艺"(参看附录,266页)。①

如若将苏格拉底的方式等同于苏格拉底的科学和技艺,那我们就会得出这样一个结论:法拉比的柏拉图所理解的蒂迈欧的科学和技艺就是忒拉绪马霍斯方式的产物。这也就是说,神圣和自然事物(全部哲学体系的论域)本质的科学就是忒拉绪马霍斯方法施用生效的结果。那么,什么是卡尔克敦(Chalcedon)的忒拉绪马霍斯的方式呢?对于这个问题,最具启发意义的不是《王制》(Republic)或《克利托普丰》(Cleitophon),而是柏拉图对话中其他

---

① 参看 Strauss,《法拉比如何阅读柏拉图的〈法义〉》(How Farabi read Plato's Laws),见 What is Political Philosophy? , Glencoe,1959,153、154页。

提及忒拉绪马霍斯的段落。苏格拉底在《斐德若》(Phaedrus) 中如是说道：

> 不过,谈论老年、贫穷之类让人掉泪,我觉得,靠技巧得胜的当数那位卡尔克敦人的威力。这人忒厉害,会让众人激愤起来,然后又让激愤起来的他们求爹爹告奶奶要平静下来——这是他自己说的。(《斐德若》267cd)①

忒拉绪马霍斯的方式就是面向多数人讲话的修辞技艺,用于激怒和安抚他们。而人们感到最愤怒的是不正义,特别是当他们年老或贫穷时亲身遭受不正义。忒拉绪马霍斯的技艺是一种向多数人宣讲的技艺。从阿里斯托芬那里,我们了解到多数人都是些墨守陈规旧习的穷人和老人。② 当他们感受到不正义时,因果报应(comeuppance),对不正义的惩罚就能安抚平息他们。忒拉绪马霍斯的方式不仅仅是修辞术,而且是一种道德化(moralizing)的修辞术,它被施用于"塑造青年人的品格和训导大众"(法拉比语)。③

通过追随法拉比将忒拉绪马霍斯的道德化说辞等同于蒂迈欧的形而上学教诲,施特劳斯暗示构造形而上学体系是为了回应一个

---

① [译按]中译参看刘小枫译《斐德若》未刊稿。

② 参看阿里斯托芬的喜剧《骑士》和《马蜂》。Barry Strauss,《雅典的父亲和儿子:伯罗奔尼撒战争时期的社会和思想意识》(*Fathers and Sons in Athens: Ideology and Society in the Era of the Peloponnesian War*, Princeton, 1993)。Josiah Ober,《关于民主雅典公民教育的论争》(The Debate over Civic Education in Democratic Athens),lecture at Tel Aviv University,31 May 2000。

③ Farabi,《柏拉图的哲学》(*The Philosophy of Plato*),见 sec. 36,*Alfarabi's Philosophy of Plato and Aristotle*,Muhsin Mahdi 编译, Ithaca,1969;也参看朗佩特(Lawrence Lampert)对施特劳斯笔下的忒拉绪马霍斯的讨论,《施特劳斯与尼采》(*Leo Strauss and Nietzsche*, Chicago,1996),146 – 159 页。

政治问题。在接下来的一章即"迫害与写作艺术"中,我们将会看到这个问题就是哲人与多数人的关系问题。这些[形而上学]体系描绘了一套灵魂寓居其中的宇宙秩序。灵魂是不朽的,并且根据其在世的行事和功绩(deeds and merits)而在死后领受(subject to)奖励或惩罚。于是,这些体系就将道德化修辞转变成了神义论(theodicizing)修辞。

通过表达整全的正义这种公开教诲,哲人解决了他们的政治问题。整全的正义满足了多数人对正义施行于世的道德渴望。说到底,《蒂迈欧》就是关于正义在宇宙秩序中的统治(《蒂迈欧》30b,41c,42b及以下)。柏拉图之后,这种教诲被私下向年轻人或公开向大众如此传授——灵魂不朽以见证未来由律法审判定夺的奖励和惩罚。通过这种教诲,哲人掌控了"与他同类涉世未深的青年人(puppies)",他们是潜在的哲人。① 从柏拉图的《法义》(Laws)以及将它视作一部关于预言之作的阿拉伯解释传统中,施特劳斯领会了对于政治而言,形而上学与道德结合的根本重要性。②

施特劳斯追随阿拉伯和犹太中世纪作家,将哲人的宇宙论学说看作是他们有关存在、实体和灵魂教诲的最重要的传授形式(emanations)。因此,施特劳斯将哲人对宇宙秩序的阐述看作是他们形

---

① 参看《迫害与写作艺术》,36页。这种教诲在政治上具体化为一种宗教律法,也就是如施特劳斯解释的,哲人并不是立法者,因为对于智慧统治(唯一真正合理的统治形式)而言,律法代表了一种实践的、非哲学的妥协。法律只不过是哲学统治的一种僵化人工制品。

② 参看 Joshua Parens,《作为修辞术的形而上学:阿尔法拉比论柏拉图〈法义〉的概要》(*Metaphysics as Rhetoric: Alfarabi's Summary of Plato's Laws*, New York,1995)。

而上学追问的拱顶石。① 哲人们的体系勾勒了神圣的存在、人的灵魂以及所有那些在位于其上的诸神和群星与蕴于其中的道德律之间,并连接这两者的东西,不论它是可分的样式(separable forms)抑或独立的理智(intellects)。施特劳斯想要我们跟着阿尔法拉比认识到,古代形而上学体系都是古代理解政治问题的产物。也可以说,古代形而上学体系奠基于这样一种恰当理解,即根据人们不同的自然能力而调适自己身处整全秩序中的位置。施特劳斯认为人们之间的这些自然差异构成了自然,尽管这并不是自然的第一次完全显现,但对我们而言,则是自然第一次显现于人类的自然之中。

接下来我们讨论自然——人的自然。在第二章"迫害与写作艺术"中,这个问题显露出来。我们首先考察语源:自然的古希腊词是phusis。若用它形容人类(human beings),它的意思并非通常个人或每个人身上发现的单一自然,而是指划分为不同类型的人的各种自

---

① 施特劳斯跟从法拉比和法拉比传统(包括最著名的迈蒙尼德),将我们认为出自蒂迈欧的宇宙论(法拉比甚至称它为"关于所有事物本质的科学")等同于亚里士多德意义上的作为第一哲学的形而上学。一方面,形而上学在中世纪的意义上被理解为"神圣科学";另一方面,古代形而上学是在亚里士多德著作或柏拉图的样式(ideas)学说中被称之为那个名字[译按:即形而上学]的,于是就对两者的关系产生了一个相当有争议的论述。以柏拉图为例,在《城邦与人》(*The City and Man*,120 - 21 页)中,施特劳斯将《王制》关于样式的学说和关于神圣因果性的学说联系起来。参看朗佩特:《施特劳斯与尼采》,48 页注释 15。对施特劳斯关于哲人的存在论与其神学的根本同一性的论述的辩护,参看湃伦斯(Joshua Parens):《作为修辞术的形而上学》。参看 David Bolotin,《走近亚里士多德的〈物理学〉,特别注意他的写作方式的地位》(*An Approach to Aristotle's Physics with Particular Attention to the Role of His Manner of Writing*,Albany,1998),5 - 7 页。通过比较海德格尔对"形而上学"一词演变的讨论,就能澄清施特劳斯论述的长处和不足之处。参看海德格尔:《形而上学的基本概念:世界,有限,独居》(*The Fundamental Concepts of Metaphysics: World, Finitude, Solitude*, Bloomington,1995),11 - 14 章,37 - 55 页。

然。我们倾向于认为人的自然在人之中乃是一个单一恒久不变的内核(substrate)。在古希腊,phusis通常被用来表示人的类型区分,而不指示所有人类的整体。① 施特劳斯从中世纪哲人那里认识到,这些各式各样的[人的]类型就是寓于其中不变的自然所显现的外形(form)。在施特劳斯后来的构想中,这种[外形的]变化性(variability)就是"自然实际上最重要的方面:人的自然差异"。②

---

① 参看柏拉图:《法义》766a;Arthur W. H. Adkins,《从多到一:对古希腊社会、价值和信仰中的人格和人类自然观点的研究》(*From the Many to the One: A Study of Personality and Views of Human Nature in the Context of Ancient Greek Society, Values, and Beliefs*, Ithaca, 1970),82 – 83页、158页、171页注释1;John J. Winkler,《约束欲望:古希腊的性别人类学》(*The Constraints of Desire: The Anthropology of Sex and Gender in Ancient Greece*, Routledge, 1990),64 – 70页。昆体良(Quintilian)在描述针对不同类型的受众而调整修辞教育时,着重运用了人与人之间的自然差异(见《修辞术原理》[*Institutio Oratoria*]2. viii)。

② Leo Strauss,《苏格拉底和阿里斯托芬》(*Socrates and Aristophanes*, New York, 1966; reprinted Chicago),49页。另参看施特劳斯有关卢克莱修(Lucretius)相较于他的老师伊壁鸠鲁(Epicurus)高超之处的讨论,"对激情的理解更深,激情阻碍多数人对真理学说的接受。——而他的老师必然不持有这种理解"。《卢克莱修简注》(Notes on Lucretius),见 *Liberalism Ancient and Modern*, New York, 1968; reprinted in Chicago, 1995, 92页。在法拉奎拉(Falaquera)的《论辩书信》(*Epistle of the Debate*)中,通过指出满足于空泛教条的大众和希望理解符合法律规定的信念的少数人之间的差异,智慧的人劝说法学家从事自然研究,也即是哲学;Shem Tob ibn Falaquera,《论辩书信》,见 Steven Harvey,《法拉奎拉的〈论辩书信〉:犹太哲学导论》(*Falaquera's Epistle of the Debate: An Introduction to Jewish Philosophy*, Cambridge, 1987),63 – 65页。古代人认识的人的类型差异与现代人认可的个性(individuality)有很大差别。施特劳斯这样写道,"古今之争最终或许从一开始就是关于'个性'的地位[之争]"(《自然权利与历史》[*Natural Right and History*],323页;另参看《展望善好的社会》[*Perspectives on the Good Society*],见 *Liberalism Ancient and Modern*,前揭,261页)。在《注意尼采〈善恶的彼岸〉的谋篇》(见 *Platonic Political Philosophy*, Chicago, 1983)中,施特劳斯从尼采"个性"(ipsissimosity)的表征进而阐明"个人的自然"——这即是说,

施特劳斯认为,哲人的最大兴趣就是区分人的类型,也就是区分哲学的少数人和必然是非哲学的多数人。施特劳斯告诉我们,早先的作者认为"'智者'与'俗众'之间有一道鸿沟,这是人类本性的一个根本事实,不管大众教育取得怎样的进展,都不会对它有丝毫影响:哲学或科学根本上是'少数人'的特权"(《迫害与写作艺术》,34页)。施特劳斯用"苏格拉底的格言德性即知识"表述这种区分的特点(《迫害与写作艺术》,25页)。多数人与少数人的区分也就是区分这样两类人:一类人认为道德标准与知识和无知问题截然分离,另一类人则认为德性即知识,反之恶就是无知。① 对于后者来说,习俗地理解道德德

个人归属于存在于"自然等级秩序"中的自然类型。施特劳斯认识到《善恶的彼岸》中关于"样式"的论述相比其他论著更柏拉图化(同上,175页)。问题是,写作《善恶的彼岸》的那个柏拉图化或类型化的尼采在面对现代——更准确地说,基督教和后基督教时代——对个性价值的重估时是否表达了尼采的整个学说。很不幸,朗佩特的《施特劳斯与尼采》对于这个问题没有给出相应的回答。人们想知道朗佩特是否能把施特劳斯刻画为一个不够谨慎的尼采主义者,因为朗佩特的尼采在关于人的类型(species,当然是复数)上是原初的柏拉图式哲人,而不是在他所有特殊困惑(particularized perplexities)方面的"尼采先生"。

① 对于斯宾诺莎来说,他在《神学—政治论》中肯定了苏格拉底悖论的基本前提。参看《神学—政治论》(Martin Yaffe 译,University of North Texas,typescript):

那么,人性的一条普遍规律是,凡人断为有利的,他必不会等闲视之,除非是希望获得更大的好处,或是出于害怕更大的祸患;人也不会忍受祸患,除非是为避免更大的祸患,或获得更大的好处。也就是说,人人是会两利相权取其大,两害相权取其轻。(第十六章[译按:参考温锡增中译《神学—政治论》,商务印书馆1997年版,214-215页])

关于选择,唯一的错误来源于选择当事人在面临选择时,错误地估计了相对的善和恶。比较柏拉图:《普罗塔戈拉》351b-358d;笛卡尔:《第一哲学沉思录》,第四沉思,转引自 Hiram Caton,《分析的哲学史:以笛卡尔为例》(Analytic History of Philosophy: The Case of Descartes),见 The Philosophical Forum 12, no. 4, 1981, 274页。

性本身就是无知的结果。① 哲人这个群体也承认习俗的看法,即道德德性自身是善的。尽管它是虚假的,但仍旧被广泛地维系着,因为它的维系是政治社会存在(perpetuation)的一个必要条件。

现代启蒙运动拒斥了多数人与少数人的永恒区分。这种拒斥对于启蒙运动的政治规划至关重要。这种政治规划也就是因循多数人的意见,从政治和宗教的束缚下,解放表达(expression)和思想(《迫害与写作艺术》,33-34页)。当达朗贝尔(D'Alembert)在日内瓦的大百科全书撰文抱怨时,卢梭(Rousseau)这样反驳道:

> 在许多国家,尽管哲学取得了同样大的进步,但理性却不敢提高它的音量将它默默谴责的东西打倒在地,作家胆小怯懦,还美其名曰审慎,他们敬仰那些偏见,他们本应以最大的热情并以尽可能得体的方式与之战斗。②

启蒙作家并没有否认这种[写作]实践的存在,甚至在写作中肆意使用,但是为了改造社会而使它变得不必要了。此处的达朗贝尔只是斯宾诺莎的继承人,施特劳斯对斯宾诺莎这样写道:

> 在这世上,有两类完全不同的作者:一类作者认为他们只是某一古老传统链条上的一环,正因为如此,他们就使用引喻

---

① 参看 Leo Strauss,《剖白》,前揭,464-465页。
② 参看 Jean-Jacques Rousseau,《政治与艺术:关于戏剧致达朗贝尔的信》(*Politics and the Arts: Letter to M. D'Alembert on the Theatre*, Ithaca,1968),附录,146页。我们应该注意到,卢梭在《致达朗贝尔的信》中为隐藏颠覆性的意见而替这种观点辩护(11页);施特劳斯详细阐释了卢梭反对启蒙运动将科学带给大众,参看《论卢梭的意图》(On the Intention of Rousseau),见 *Social Research* 14,1947,455-487页,尤其是484页。

性、省略性的语言……另一类作者认为传统没有任何价值可言,于是他们就使用各种风格手段,尤其是引喻性、省略性的语言,以期把传统从他们最理想的读者脑子中连根拔除。(《迫害与写作艺术》,188 页)

斯宾诺莎试图为最好的读者所做的事,启蒙者们则试图为所有的读者做。他们认为社会的进步保证了读者群体会最终汇入(be coeval with)共同体中的所有男女,如施特劳斯所说,当"黑暗王国"变为"普遍光明国度"的时候(《迫害与写作艺术》,33 页)。施特劳斯认为,达朗贝尔和其他拥护启蒙的人在历史学术上的成功导致了一个结果:启蒙运动的那些具有历史意识的继承人忘记了过去的显白写作实践这一事实。①

消解多数人与少数人的区分会给道德带来颇为矛盾的(ambivalent)结果。启蒙运动将这两者涵括于自身——对道德律的康德式(Kantian)伸张和广为传布的信条"只有无知才是罪"。马洛(Marlowe)将这句诗歌给予马基雅维里(Machiavelli),施特劳斯称之为"一条近乎对哲人的定义"。② 古今差异就在于他们是否愿意公开承认显白教诲问题。根据前述的启蒙运动中起支配作用的第二方面,消除无知的知识不是关于如何根据高低分配自己的责任(rank one's duty),而是事关如何履行最迫切的义务(duty)和实现最紧要的权利——自我保存的义务和权利。这些知识要比前现代哲人传授的复杂和充满疑虑的知识更为简单、明了,可以想象它更易于传

---

① 《迫害与写作艺术》,58 页;Leo Strauss,《自然权利与历史》(*Natural Right and History*,Chicago,1953),198 – 199 页注释 43。

② 参看《马耳他的犹太人》(*The Jew of Malta*),序言,第 15 行;施特劳斯:《自然权利与历史》,177 页。

播扩散。①

在同道和批评者中,对启蒙运动有这样一种理解,认为它的目标在于建立起一种正义的秩序而使个人的道德行为成为不必要的。通过建立机制(institution)迫使关注私利(self-interested)的个人转而为他人的利益服务。通过正义机制实现的社会正义将会取代美德。因此,启蒙运动的拥护者期望消除人类对诸如大度和仁慈等易变感情(passion)的依赖。美国的制宪者和建构现代福利国家的空想家们都曾分享这种构想:这些机制能培养政治家和社会工作者们为了做得好而做好事(do good in order to do well)。正如莱辛(Lessing)的戏剧人物法尔克(Falk)说到如何恰当地理解共济会员,他们是启蒙运动和无论何时何地都存在的普遍理性的拥护者,"共济会员真正的行为目的在于,使人们一般习惯上称为善行的一切行为,绝大部分成为多余之举"。② 或者换用当代批判理论的术语来说,"正确社会秩序的工程师们能够忽略社会伦理交往范畴,并将他

---

① 参看《自然权利与历史》,前揭,182-183 页。
② Gotthold Ephraim Lessing,《恩斯特与法尔克:写给共济会员的谈话》(*Ernst and Falk: Conversations for the Freemasons*)第一次谈话结尾处,trans. William L. Zwiebel, ed. Peter Demetz;《智者纳坦,明娜和其他戏剧及著作》(*Nathan the Wise, Minna von Barnheim, and Other Plays and Writings*),New York, 1991,283 页。另参看施特劳斯:《显白教诲》(Exoteric Teaching),见 *The Rebirth of Classical Political Rationalism: An Introduction to the Thought of Leo Strauss*, ed. Thomas Pangle, Chicago, 1989, 64-65 页。另外比较康德:《永久和平论》(*Perpetual Peace*),366 页。施特劳斯:《自然权利与历史》,193-194 页。施特劳斯:《现代性的三次浪潮》,见 *An Introduction to Political Philosophy: Ten Essays by Leo Strauss*, ed. Hilail Gildin, Detroit, 1989, 87 页。关于正义社会的当代看法,正义就在于使正义和大度的个人行为成为多余,参看 Thomas Nagel,《平等和不平等》(*Equality and Partiality*), Oxford, 1991。[译按:作者文章涉及的《恩斯特与法尔克:写给共济会员的谈话》中译见莱辛:《论人类的教育——莱辛政治哲学文选》,朱雁冰译,华夏出版社 2008 年版,148 页。]

们自己限定在条件的构造之中,在这些条件下,人们必将像自然界的物体一样以一种可计算的方式行动"。① 在《迫害与写作艺术》中,这第二种方案的鼓吹者就是斯宾诺莎。②

施特劳斯对启蒙运动的批判主要落脚于批判启蒙运动的政治学,通过重新复活政治学或中世纪伟大的理性主义者法拉比和迈蒙尼德对律法的理解。施特劳斯在《迫害与写作艺术》的第四章展示了真正的律法科学,这决定和构成了"《迷途指津》的文学特性"。施特劳斯在这个章节的起始处写道,"研究迈蒙尼德的学者实际上都完全同意,《迷途指津》并不研究两种政治学中的任何一种"(《迫害与写作艺术》,44 页)。当然,我们会揣测段落起始处的这个修辞在多大程度上否决了施特劳斯有关《迷途指津》是致力于政治学的看法,但至少在这一意义上,施特劳斯的看法得以成立,重要的哲学观点(unconventional opinions)都在字里行间教导所谓的政治学隶属于哲学。

在《哲学与律法》中,施特劳斯业已认为犹太人的(Jewish)根本经验并非一种宗教经验,不是一种信仰经验或幻象(vision),也不是一种与更高者神秘结合的经验或幻象,而是被训诫去遵循一种神律(a divine law)的经验。为了践行神律,就必须理解它。在这种意义上,犹太人和穆斯林所熟知的"律法科学"就是研习相关文卷和传统,并运用其中的原则解释处境(present situation)的科学。在迈蒙尼德看来,犹太律法不仅训导行为,还训导信仰。这种形式的研习才是"真正的律法科学"。通过它,信徒才学着理解他被训导去信仰

---

① Jürgen Habermas,《理论与实践》(Theory and Practice, Boston, 1973),43 页;引自 Shadia B. Drury,《施特劳斯的政治观念》(The Political Ideas of Leo Strauss, New York, 1988),138 页。

② 参看《神学—政治论》序言,第十六章。

的东西。这跟那种将法律先例编撰在册并加以施用的"律法主义科学"(legalistic science)形成了鲜明的对比。

施特劳斯在"《迷途指津》的文学特性"中阐述道,真正的律法科学一方面教导"创世论"(ma'aseh bereishit)与自然科学的等同,另一方面教导"神车论"(ma'aseh mercavah)与神圣科学或形而上学的等同。从"导言"中,我们已经了解到哲人的神圣科学自身是显白的。真正的律法科学就是律法必然性的科学(the science of necessity of law)。正如施特劳斯 1936 年写就的短文《简评迈蒙尼德和法拉比的政治学》这样论述道:

> 人的理性所能够理解的,不是它(托拉)的神秘起源——对这种神秘起源的追求要么导致神智学(theosophy),要么导致"伊壁鸠鲁主义",而是它的目的,领会了它的目的,就保证能够尊奉《托拉》。[1]

在《迷途指津》中,迈蒙尼德通过证明律法对于多数人和少数人是必需的,阐明律法科学的必然性。针对多数人,律法明令奖惩以

---

[1] Leo Strauss,《简评迈蒙尼德和法拉比的政治学》(Some Remarks on the Political Science of Maimonides and Farabi, trans. Robert Bartlett),见 Interpretation 18, 1990, 16 页。在哲人看来,不能将律法当作科学的产物。在讨论法拉比时,施特劳斯已经阐明哲人是一个王者,但作为哲人他并不是一个立法者。"蒂迈欧科学和技艺"的产物是一种看似教条的形而上学学说。它不向多数人传播,而是向少数不满足于大众信念的人传授。这种学说能让这少数人服膺政治,同时探知它的缺陷,以便从教条主义上升到原初意义上的怀疑论。参看拙文《野草:在中世纪阿拉伯政治哲学中耕耘想象》(Weeds: Cultivating the Imagination in Medieval - Arabic Political Philosophy),见 Journal of the History of Ideas 60, 1990, 399 - 416 页。[译按:中译见刘小枫编:《犹太哲人与启蒙——施特劳斯讲演与论文集:卷一》,张缨译,华夏出版社 2009 年版,191 页。]

支撑道德行为。对奖惩的神圣治理(divine economy)说明神意愿正义者获得奖酬、恶者遭受惩罚。通过教导看似的必然和永恒的自然秩序本身乃是神的产物,这也就是教导世界是被创造的,而不是恒在的(eternity)。① 于是,律法宣称神不仅仅依据必然性,而是按自己的意志行事。因为在律法看来,创造教义是一种必然的看法。创世问题是最重要的问题,它将哲人和信众区分开来(《迫害与写作艺术》,43 页)。

针对少数人,律法教导的是创造的可能性而非恒在。既然世界恒在这个基本问题不能被论证解答,形而上学追问就不能得出一个必然有效的形而上学体系。形而上学追问不能达成它既定的目标,这个失败不是一种学说而是一种经验,为什么这种经验只能由一本书提供,[因为]适当地阅读它本身就是一种经验。但是这种经验只能为少数特殊天性的人所获悉(《迫害与写作艺术》,94 页)。《托拉》是形而上学困惑经验的具体化(institutionalization):在迈蒙尼德看来,《托拉》是针对哲人独断地肯定恒在这一传统的解毒剂,这种传统独断地否认神的意志凌驾于必然性之上(《斯宾诺莎的宗教批判》,157-158 页)。相比渴求一种律法禁止庸常的快乐和管制人类较低的能力而言,这是一种更深的渴求。这样一种必然性只反映在无法消除的流俗意见上——某些常识(senses)相比其他更为大众化(vulgar)。不用说在大众常识里哲人不会受到束缚,甚至他的束缚也不来源于他对某些感官快乐的厌恶,毋宁说来自于他全身心地专注于对知识的强烈渴望。② 为了向大众和少数人分别传授《托

---

① 迈蒙尼德《迷途指津》,2.25,另参看《卡札尔人书》1.67。
② 参看《迫害与写作艺术》,76 页;《剖白》,前揭,465 页。《论僭政》(On Tyranny)扩展版,Victor Gourevitch and Michael S. Roth 编,New York,1991,113 页注释 23。

拉》，迈蒙尼德及其评注者和追随者采用了显白写作策略。

在第四章"《卡札尔人书》中的理性之法"中，通过陈述哈列维的道德辩护——这种辩护旨在针对那种科学的结论，施特劳斯详细阐述了有关律法必然性的科学。施特劳斯关注的重心不是哈列维的辩护细节，而是他对道德批判的回应。① 从哲学的观点看来，道德问题可以被视作自然法问题。难道真正的律法科学或律法的自然必然性来自一种自然保障其效力的自然法？哲人的回答是否定的。在哲人看来，并不存在一类特别的已经实施的律法(instituted laws)，它的所有细枝末节都由自然保障其效力；倒是存在理性律法(rational laws)，这就是说，存在一类能满足所有人类共同体必要需求的律法。这些律法包含了种种有关上帝、奖励和惩罚等信仰规定的律法，因而它事关一个人类世界，这个世界由真正的律法科学解释描绘。存在着许多这样的律法，对于它们自己的共同体，它们每一个都是必需而且适合的。每一个共同体都必然会颁布律法，并且宣称它在任何情况下都具有适用的效力。但是，事实上并不存在这类绝对有效的律令：

---

① 哈列维(或他的学生)对道德自身的辩护主要针对苦行者、异教徒和崇拜偶像的人，而不是针对哲人(参看《卡札尔人书》，2.45 – 50，2.60，3.1 – 9，3.11；参看《迫害与写作艺术》，122 – 126 页)。这些部分关于哲人的共同点在于通过理性思考试图将人们的义务追溯到神意，而不是在传统的基础上接受托拉律法(《卡札尔人书》1.97 – 99，2.26，2.60，3.22 – 23，3.36 – 38，3.49 – 50，3.65，4.1，4.11，4.14 – 17，5.1 – 2，5.4 infin.，5.16，5.21 infin.)。苦行者也信奉伊壁鸠鲁主义，[伊壁鸠鲁学派]被认为是最反对宗教的一群哲人们，在它看来，人与神的唯一联系就是畏惧(参看《卡札尔人书》，2.45 – 50，5.25；Strauss,《斯宾诺莎的宗教批判》，第一章)。哈列维的批判参照了哲人的主张，相对于理性律法和民法(rational and civil laws)，祭典法(ceremonial laws)只是第二位的，因为前者直接关系到共同体的存亡(2.48)。不像苦行者试图战胜情欲，这注定失败，哈列维学派主张一种对情欲的政治掌控(3.1 – 5)。这种从苦行主义到政治的转变显露于有关弥赛亚的寓意中(Messianic implications)。

尤其重要的是,哲人不会承认,被社会称为强制性的规则事实上具有严格意义上的强制性:社会必须将某些特定的规则作为强制性规则宣示给它的成员,目的是要赋予这些规则以一定程度的威严和神圣性,从而促使社会成员尽可能服从它们。(《迫害与写作艺术》140 页注释 141)

正如哈列维的哲人所阐释的,存在着其他方式(modes),哲人正是凭借它们掌控自己。然而这些方式发布的命令不是绝对的而是设定的(《迫害与写作艺术》139 页,引自《卡札尔人书》,4.19)。

哈列维的哲人认识到需要颁布具有绝对效力的律法是所有人类共同体的一个不变特征。为使哲人的道德批判传布不至于颠覆共同体的权威,哲人的掌控只能是针对少数潜在哲人的私下或隐微行为,或是非常间接地掌控当权者而关涉到多数人。斯宾诺莎主张心灵的思想自由可以被公共的确认和立法予以保障,就像自由哲思一样。他是第一个这样主张的哲人。在第五章"如何研读斯宾诺莎的《神学—政治论》",通过剖析关于阅读的新兴科学(斯宾诺莎的新学说需要它),施特劳斯阐明并且批判了斯宾诺莎新的政治学说。

斯宾诺莎关于阅读的新学说假定著作没有凌驾于理性的权威,所以即使表述了这种新学说的著作也没有特别的权威。于是,这里存在着一个严肃的问题,即我们为什么应该阅读古代和近现代的著作,比如斯宾诺莎的著作,人们会说,既然近现代的事业是成功的,那我们就不要或不能[阅读]。① 假如我们要严肃对待斯宾诺莎,那

---

① 施特劳斯早先一步预示了库恩(Thomas Kuhn)强调的通过文本研究以代替"科学传统"研究,并以此作为当代科学的诸多表征之一。Thomas Kuhn,《科学革命的结构》(*The Structure of Scientific Revolutions*,Chicago,1997)。

么,仅仅认为他所说的话可能是真理,那还远远不够;我们还必须考虑到,只有在斯宾诺莎的书或其他老书中,才能获得这一真理。施特劳斯主张,只有我们从启蒙退回到[启蒙自以为驳倒的]错谬,这才是可能的。①

那么,到底什么是斯宾诺莎仍然知道而我们却已经忘却的东西? 施特劳斯认为这就是哲学自身转变成了一种关于人类思想的历史。② 哲学在其真正和原初的意义上是要对整全作出真实、终极的描述。我们不同于斯宾诺莎,而是认为任何对整全的描述都必然是历史限定的(historically conditioned)。在1952年的一篇简评柯林伍德(Collingwood)的论文中,施特劳斯写道,正是这种历史主义"否认基本问题的永恒性,借此认可了对人类思想之自然视域的失落或遗忘"。③ 施特劳斯跟随法拉比相信对整全作广为熟悉的、形

---

① [译按]我们对作者这里涉及的施特劳斯对启蒙的反省方式并不会陌生,见诸他关于霍布斯、马基雅维里、阿尔法拉比的著述之中。保守地说(也许在20年代末),早在1931年的讲演稿《柯亨与迈蒙尼德》中,施特劳斯就采用了这种方式。为何要将柯亨作为理解迈蒙尼德的引导?"柯亨不也已被启蒙?"施特劳斯如是说道:

> 对于柯亨来说,启蒙规定着他的时候,他对此并非一无所知(我们往往就处于这种境地);由于柯亨自觉地、透彻地把捉启蒙,对他来说,启蒙就并非不言而喻的,他置身于[启蒙的]原初方式之中,而我们则置身于[启蒙的]派生方式之中。

我们可以猜想这是否跟施特劳斯在《斯宾诺莎的宗教批判》英译本序言中提到的自己的思想转向有关。参看刘小枫编:《犹太哲人与启蒙——施特劳斯讲演与论文集:卷一》,前揭,118 - 119页。

② [译按]在施特劳斯看来,这一转变的肇事人是霍布斯。参中译《霍布斯的政治哲学》,前揭,第六章"历史"。

③ Leo Strauss,《评柯林伍德的历史哲学》(On Collingwood's Philosophy of History),见 *Review of Metaphysics* 5,1952,586页。

而上学的描述是有历史限定的,哲人用以回应那些基本问题:它们都是一个哲人回应其特殊时代特殊处境的产物,这个处境既反映了人类状况的永恒的一面,又反映了其变动不居的一面。政治哲学就是研究哲人们对于他们的历史境况做出的政治调适。正是出于这个原因,施特劳斯将自己的学说伪装成一种人类思想史或是知识社会学(《迫害与写作艺术》,7 - 8 页)。

斯宾诺莎自身也认可这种调适的必要性,他称之为"神学"。只有神学能够教导顺从和得救,而不是知识。① 这就是说,只有神学能够证实道德的有效性——为了提供一个政治上有约束力的道德教诲,人们需要解释圣经和一种关于神意(Providence)的学说以支撑道德教诲。

这样一个学说无疑在政治上是必要的,因为每个地方的平民大众都像以色列人出离埃及一样,只要以律法为饰并贯之以恐吓和惩罚教导,就能将他们引入正轨。正如斯宾诺莎撰述道:

> 所以正当生活所遵守的规则、崇拜上帝、爱上帝,对他们是一种束缚,而不是真正的自由、神的赐与和恩惠。[摩西]嘱咐他们爱上帝,遵守他的律法,因为他们在过去受过他的恩惠(如在埃及为奴,把他们解放出来),并且,若他们违反他的命令,就威吓他们,若是他们遵守他的命令,就许他们以许多好处。所

---

① 参看《神学政治论》第十五章;《迫害与写作技艺》,172、184 页;《斯宾诺莎的宗教批判》,115 - 116 页;《迈蒙尼德论政治科学》(Maimonides' Statement on Political Science),见 *What Is Political Philosophy?* ,166 - 167 页。亦参考《法拉比如何阅读柏拉图的〈法义〉》,145 页,根据法拉比,施特劳斯写道,"柏拉图讨论过这样一个问题,一个人除了法律什么都不知道,除了法律要求的什么也不做,这个人是否具有德性。关于这个问题,'人们之间仍有较大的分歧'"。

以待他们就好像父母之待没有理性的婴儿。所以,他们并不知道美德与真正的幸福是什么,是无可疑的了。①

在《注意一种被遗忘的写作艺术》中,施特劳斯重述了他对斯宾诺莎的理解,他这样写道:

> 斯宾诺莎表面上表达了如下看法(on the assumption):上帝通过《圣经》向人所启示的其实不是关于精神或自然事物的知识,而是关于行为的正确原则,而这些原则要求宽容。②

对哲人而言,他知道只有知识能够拯救,他知道人类行为的真正尺度不是由这种道德律或诸多道德律提供,而是实践、假定的绝对命令(imperatives)——在这个操劳的世界上,正确生活的人应该为自己立法。对我们这些后斯宾诺莎主义者而言,困难在于到来的这个时代,公开支撑道德生活的谎言不再可能。施特劳斯如是描述了这种困难:

> 在《神学—政治论》整个论证的最显明的部分,斯宾诺莎乃诉诸这样一些假定:美好的生活不过是正义和仁爱的实践,如果不相信神的正义,这种实践是根本不可能的;圣经强调把正义和仁爱的实践与对神的正义的信仰结合起来,以此作为拯救的必要和充分条件。一旦这些假定再也不能公开地加以辩护

---

① 参看《神学—政治论》第二章;对雅法(Martin Yaffe)的译文稍有改动。[译按:根据作者英译文,中译文有改动。见汉译斯宾诺莎:《神学—政治论》,前揭,46页。]

② [译按]中译见《苏格拉底问题与现代性》,前揭,162页。

了,《神学—政治论》的显白教诲也就失去了存在理由。(《迫害与写作艺术》,193 页)

斯宾诺莎的显白教诲是无益的,仅当世界秩序的筹划——它的成就如基督一样,它的手段是马基雅维里主义(Christ like in its accomplishments and Machiavellian in its methods)——已经旗开得胜,一种对道德的替代辩护才是不必要的。这样一个筹划的失败(到目前为止),有可能被认为完全是启蒙运动筹划的失败,构成了对现代性内在的或政治的批判。①

在我们的同时代人中间,道德律取代了祭典法(ceremonial law),作为一项人类实践从人的自然中解放。他们对道德律的辩护并没有立足于对整全或人在自然中的位置的描述。毋宁说,它与描述整全的威胁隔离开来。② 这些论证接续了康德对自然主义和自然法的拒斥。在我们时代恢复哲学——重新追求关于整全的知识,就是拒斥这些道德律的相对主义辩护的结果。海德格尔曾从哲学上宣示了这种拒斥态度。纳粹也曾在政治上表明这种拒斥,在政治上将道德律制度化,这个最为重要的政体极为唾弃克服道德律的现

---

① 人们也可能这样说,到目前为止,这个筹划的胜利构成了对现代性内在或政治的确证。拉图尔(Bruno Latour)在其科学实践哲学中指出任何有关现代性的宣示不可避免地有着雅努斯面孔特征。参看《科学中的行动:如何通过社会跟随科学家和工程师》(Science in Action: How to Follow Scientists and Engineers through Society, Cambridge, 1987)。更详细的阐述可参考《我们从未现代》(We Have Never Been Modern, trans. Catherine Porter, Cambridge, 1993)。

② 参看罗尔斯(John Rawls):《作为公平的正义,政治的而非形而上学的》(Justice as Fairness, Political Not Metaphysical),见 Philosophy and Public Affairs 14, 1985, 223 - 252 页。现在见 Collected Papers, Samuel Freeman 编,Cambridge, 1999。

代规划。①

施特劳斯对现代道德思考危机的回应,并不是重新寻求对道德律的客观辩护,而是敦促我们采取古代和中世纪哲人们的视角。依循这种视野,我们就能理解为什么一套大全式和绝对诫命的道德律会归于无效。我们也会理解从人类自然的永恒方面,如何推演出一种道德律普及的政治必要性。至此,施特劳斯详细阐述了哲人针对人类自然的永恒区分所采取的显白策略(exoteric accommodations)。这就是多数人与少数人的区分,多数人需要一种绝对明确的道德教诲,少数人则面对所有道德命令都假设这一真实处境,仍能够规训自己的生活。

施特劳斯再三强调,依照高者,才能更好地理解低者。因此,在我们充分阐明施特劳斯的政治哲学观点后,方可能转向《迫害与写作艺术》中透露的犹太人问题。在 188 页,施特劳斯这样写道:

> 曾经有那么一个时期,对一个犹太出身、有自尊心而又并不真诚地相信另一种宗教的真理的人来说,脱离犹太人共同体是根本不可能的。按照斯宾诺莎自己表达的原则,假如他生活在这样一个年代里,他在"和自己人在一起"时反倒必须极其"谨慎、犹豫和有节制"。

当然,这是一个保留犹太性的假想辩护:它意味着在某些情境

---

① 1941 年 2 月 26 日,在一次名为"德意志虚无主义"(German Nihilism)的讲演中,施特劳斯对人们所说的"民族社会主义的内在伟大"给出了自己的评价,即:它内在地植入了对低下和野蛮但却普遍的现代启蒙国家规划的仇视。David Janssens and Daniel Tanguay 最近将这篇讲演编辑发表在 *Interpretation* 28,1999,353 – 378 页。

下,自尊(self‐respect)并不会阻止一个"犹太出身的人"假装信奉另一种宗教,不会阻止他——斯宾诺莎就是一个真实的例子——脱离犹太人共同体。更深的问题是这种自尊的地位问题,它似乎是一个不能保持正统信仰的犹太人的根本动机。① 难道哲人不唯独尊崇真理?这真理不为任何人所有,而是他自己的。或者正如施特劳斯在《论僭政》(On Tyranny)中所说,如果一个好人"不得不在败坏的祖国和秩序井然的外邦之间做出选择,他也许会理据确凿地更喜爱外邦而不是祖国"(《论僭政》,98页)。

不妨从这个角度考虑一下斯宾诺莎致博许(Albert Burgh)的信(第76封信)中有关殉教的那段话:

> [法利赛人]和罗马教会的信徒一样相信他们有成千上万的目击者,这些目击者像罗马的目击者一样,坚定地重复着他们听到的事情,就好像他们亲身经历到的一样……但是他们主要夸耀的是他们拥有比其他任何民族为数多得多的殉道者,并且日益增多那种为了他们公示的信仰以非凡的灵魂忠诚而受苦的人的数目。这并不是假的,我自己就知道有一个犹大,他们称他为信仰坚定的人,他在熊熊燃烧的烈火之中,当他知道必死无疑时,他开始吟唱圣歌,"啊,上帝!我把我这有罪的灵

---

① 在1962年芝加哥的一次演讲中(参看《犹太哲学和现代性危机》,329页),在回答一个提问者时,施特劳斯就自尊(honor)表达了自己的立场:"发问人:演讲的题目是'我们为什么仍然是犹太人?',不知我是否正确?你的回答是我们没得选择。施特劳斯:对于君子(honorable man),肯定没有。"[译按:中译见《犹太哲人与启蒙》,416页,有改动。]

魂献给你",而且就在这圣歌声中死去。①

针对这个段落的众多评论通常认为,在这个段落中,斯宾诺莎对我们所谓的犹太人身份感到自豪,这表露得确凿无疑。殉难针对迫害,乃是一种道德的,让人敬重和自尊的回应。然而,它并不是哲人的回应[方式]。哲人的回应是谨慎、隐藏和显白写作。

施特劳斯注意到了现代对无神论坦诚(atheistic probity)的特殊需求,根据它,人们的无神论信念必须要公开宣示。他比较了它和那种古代意愿,意愿隐藏自身与关于神的流俗意见(received opinions on the divine)的关系。施特劳斯转向古代的部分原因是需要舍弃(sacrifice)这种诚实,如同"我们必须要作出这些舍弃之一来解放我们的心智"。为了能够从激励他们的信仰中解放我们的心智,我们必须要放弃这种荣誉。它[这种荣誉]需要我们为无神论作证,就像殉道者为有神论作证那样,从而自我标榜为"自由—思想家"来超越殉道者。②

在致博许的原始信件中,斯宾诺莎认为被发现的殉道者的见证

---

① 参照斯宾诺莎著作的拉丁文本(Carl Gebhardt 编,Heidelberg,1926),4:321-22,我对艾尔维斯(R. H. M. Elwes)的译文(*Works of Spinoza*,2:417-18,London,1883;reprint New York,1951)做了修改。[译按:中译见《斯宾诺莎书信集》,洪汉鼎译,商务印书馆 1996 年版,293-294 页,根据作者译文有改动。]

② 参看 1952 年的"美国版前言"以及后来的各个《霍布斯的政治哲学》版本,xvi 页;《斯宾诺莎的宗教批判》"前言",30 页。有关对哲人方式道德愤慨的表述,参看帕特森(Annabel Patterson)的反施特劳斯派对显白写作的研究,见《字里行间阅读》(*Reading between the Lines*,Madison,1993),8 页。我们应该为施特劳斯补充一点,无神论坦诚的破坏性宣称仅仅属于尼采所采用的"争论方法",而不属于教诲本身——因此,这种坦诚绝不是一个最伟大思想家的基本特征,也不是我们的。参看 1935 年 6 月 23 日施特劳斯与洛维特的"通信",见 *Independent Journal of Philosophy* 5/6(1988),183 页。

(testimony)七零八落,因此不值得严肃对待(参见《斯宾诺莎的宗教批判》,139-140页)。最终,就殉道的高贵性而言,它成了无意义的。然而所有的启示宗教都奠基于或落入这种见证传统。以基督教为例,基本的见证是那些目击者、殉道者,特别是基督。斯宾诺莎的信旨在说服博许放弃改宗天主教,回到他的家庭所信奉的新教。在表述这种针对服从传承习俗的根本哲学(un - or anti conventional)辩护时,斯宾诺莎暂时肯定了习俗,然而却播下了它最终毁灭的种子。

难道自尊——它阻止了犹太出身的哲人放弃这种出身而只成为哲学的一个儿女——归根到底只是一种非哲学的、说教的(moralistic)思想抑或习惯?更糟的是,难道它是这样一种习惯——既不适合我们身居其间的现代国家的脆弱习俗,也不适合现代国家都渴望构建的和谐世界共同体?① 此时在没有回答这些问题的情况下,我必须作结。这些问题是施特劳斯研究为当代犹太人开启的最为迫切的问题。②

---

① 通过反思那些没有祖国不幸的人的命运,可知朗佩特对第二个问题的肯定是经不起推敲的(untempered)(《施特劳斯与尼采》,173页)。阿伦特(Hannah Arendt)在五十多年前写就的仅能被所有后来的经验所证实:"就如近来的以色列国家的例子所证明的,到目前为止,要恢复人权只能通过恢复或建立国家(national)权利"(见《极权主义起源》,New York,1973,299页)。保障国家权利并不一定保障人权,特别是那些所属国饱受质疑而国家权利遭到否定的外国人,但它在实践上保留了保障人权的必要的先决条件。同样值得注意的是,这种对民族主义"注重实效的认可"(pragmatic sanction of nationalism)并没有延伸到为在任何现代国家中保持犹太性而辩护,即便是在以色列。

② 这篇论文早先在海法大学1999年12月23日召开的"海法与雅典:施特劳斯百年诞辰纪念"会议上宣读过,并用希伯来语发表在 Iyyun[译按:一个致力于犹太学术的机构]主办的2001年 The Jerusalem Philosophical Quarterly 50, no. 4上。我要感谢 Ehud Luz, Cliff Bates, Steve Lenzner, Daniel Doneson, Eva Schorr 和海法大学会议上的所有听众,同时感谢 Walter Nicgorski 和《政治学评论》(The Review of Politics)的那些无名的读者们,感谢你们的评论和建议。

附　言

根据法拉比,柏拉图的方式(参见《迫害与写作艺术》,16 页;法拉比:《柏拉图的哲学》,35－36 节):1. 柏拉图的方式＝"苏格拉底的方式和忒拉绪马霍斯的方式";2. 柏拉图的方式＝"苏格拉底的科学与技艺和蒂迈欧的科学与技艺";因此,3."苏格拉底的方式和忒拉绪马霍斯的方式"＝"苏格拉底的科学与技艺和蒂迈欧的科学与技艺"。

现在假设,4."苏格拉底的方式"＝"苏格拉底的科学与技艺";通过扣除 5."蒂迈欧的科学与技艺"＝"忒拉绪马霍斯的方式",既然 6."蒂迈欧的科学与技艺"＝"关于神圣或自然事物的本质科学",那么,7."关于神圣或自然事物的本质科学"＝"忒拉绪马霍斯的方式"。

但(根据柏拉图《斐德若》267cd),8."卡尔克敦的忒拉绪马霍斯的方式"＝"谈论老年、贫穷之类让人掉泪,我觉得,靠技巧得胜的当数那位卡尔克敦人的威力。这人忒厉害,会让众人激愤起来,然后又让激愤起来的他们求爹爹告奶奶要平静下来——这是他自己说的",于是我们得出,9."关于神圣或自然事物的本质科学"＝向大众恰当地说话以激起愤怒又抚平他们的修辞技艺。

图书在版编目（CIP）数据

迫害与写作艺术 /（美）列奥·施特劳斯(Leo Strauss)著；刘锋译. --2版. --北京：华夏出版社有限公司，2020.6
（西方传统：经典与解释）
书名原文：Persecution and the art of writing
ISBN 978-7-5080-9912-5

Ⅰ.①迫… Ⅱ.①列… ②刘… Ⅲ.①政治哲学－美国－现代－文集 Ⅳ.①D097.125.34-53

中国版本图书馆 CIP 数据核字(2020)第 041859 号

Persecution and the art of writing / by Leo Strauss
© 1952 by The Free Press.
© renewed 1980 by Miriam Strauss. All rights reserved.
Licensed by The University of Chicago Press, Chicago, Illinois, U.S.A.

版权所有，翻印必究。
北京市版权局著作权合同登记号：图字 01-2007-3456 号

迫害与写作艺术

作　　者	[美]列奥·施特劳斯
译　　者	刘　锋
责任编辑	王霄翎　刘雨潇
责任印制	刘　洋

出版发行	华夏出版社有限公司
经　　销	新华书店
印　　装	北京汇林印务有限公司
版　　次	2020 年 6 月北京第 2 版
	2020 年 6 月北京第 1 次印刷
开　　本	880×1230　1/32
印　　张	8.25
字　　数	202 千字
定　　价	59.00 元

华夏出版社有限公司　地址：北京市东直门外香河园北里4号　邮编：100028
网址：www.hxph.com.cn　电话：(010)64663331(转)
若发现本版图书有印装质量问题，请与我社营销中心联系调换。

西方传统：经典与解释
Classici et Commentarii
HERMES
刘小枫◎主编

古今丛编

克尔凯郭尔　[美]江思图 著
货币哲学　[德]西美尔 著
孟德斯鸠的自由主义哲学　[美]潘戈 著
莫尔及其乌托邦　[德]考茨基 著
试论古今革命　[法]夏多布里昂 著
但丁：皈依的诗学　[美]弗里切罗 著
在西方的目光下　[英]康拉德 著
大学与博雅教育　董成龙 编
探究哲学与信仰　[美]郝岚 著
民主的本性　[法]马南 著
梅尔维尔的政治哲学　李小均 编/译
席勒美学的哲学背景　[美]维塞尔 著
果戈里与鬼　[俄]梅列日科夫斯基 著
自传性反思　[美]沃格林 著
黑格尔与普世秩序　[美]希克斯 等著
新的方式与制度　[美]曼斯菲尔德 著
科耶夫的新拉丁帝国　[法]科耶夫 等著
《利维坦》附录　[英]霍布斯 著
或此或彼（上、下）　[丹麦]基尔克果 著
海德格尔式的现代神学　刘小枫 选编
双重束缚　[法]基拉尔 著
古今之争中的核心问题　[德]迈尔 著
论永恒的智慧　[德]苏索 著
宗教经验种种　[美]詹姆斯 著
尼采反卢梭　[美]凯斯·安塞尔-皮尔逊 著
舍勒思想评述　[美]弗林斯 著
诗与哲学之争　[美]罗森 著
神圣与世俗　[罗]伊利亚德 著
但丁的圣约书　[美]霍金斯 著

古典学丛编

赫西俄德的宇宙　[美]珍妮·施特劳斯·克莱 著
论王政　[古罗马]金嘴狄翁 著
论希罗多德　[古罗马]卢里叶 著
探究希腊人的灵魂　[美]戴维斯 著
尤利安文选　马勇 编/译
论月面　[古罗马]普鲁塔克 著
雅典谐剧与逻各斯　[美]奥里根 著
菜园哲人伊壁鸠鲁　罗晓颖 选编
《劳作与时日》笺释　吴雅凌 撰
希腊古风时期的真理大师　[法]德蒂安 著
古罗马的教育　[英]葛怀恩 著
古典学与现代性　刘小枫 编
表演文化与雅典民主政制
[英]戈尔德希尔、奥斯本 编
西方古典文献学发凡　刘小枫 编
古典语文学常谈　[德]克拉夫特 著
古希腊文学常谈　[英]多佛 等著
撒路斯特与政治史学　刘小枫 编
希罗多德的王霸之辨　吴小锋 编/译
第二代智术师　[英]安德森 著
英雄诗系笺释　[古希腊]荷马 著
统治的热望　[美]福特 著
论埃及神学与哲学　[古希腊]普鲁塔克 著
凯撒的剑与笔　李世祥 编/译
伊壁鸠鲁主义的政治哲学
[意]詹姆斯·尼古拉斯 著
修昔底德笔下的人性　[美]欧文 著
修昔底德笔下的演说　[美]斯塔特 著
古希腊政治理论　[美]格雷纳 著
神谱笺释　吴雅凌 撰
赫西俄德：神话之艺
[法]居代·德·拉孔波 等著
赫拉克勒斯之盾笺释　罗逍然 译笺
《埃涅阿斯纪》章义　王承教 选编
维吉尔的帝国　[美]阿德勒 著
塔西佗的政治史学　曾维术 编

古希腊诗歌丛编
- 古希腊早期诉歌诗人 [英]鲍勒 著
- 诗歌与城邦 [美]费拉格、纳吉 主编
- 阿尔戈英雄纪（上、下）
  [古希腊]阿波罗尼俄斯 著
- 俄耳甫斯教祷歌 吴雅凌 编译
- 俄耳甫斯教辑语 吴雅凌 编译

古希腊肃剧注疏集
- 希腊肃剧与政治哲学 [美]阿伦斯多夫 著

古希腊礼法研究
- 希腊人的正义观 [英]哈夫洛克 著

廊下派集
- 廊下派的苏格拉底 程志敏 徐健 选编
- 廊下派的神和宇宙 [墨]里卡多·萨勒斯 编
- 廊下派的城邦观 [英]斯科菲尔德 著

希伯莱圣经历代注疏
- 希腊化世界中的犹太人 [英]威廉逊 著
- 第一亚当和第二亚当 [德]朋霍费尔 著

新约历代经解
- 属灵的寓意 [古罗马]俄里根 著

基督教与古典传统
- 保罗与马克安 [德]文森 著
- 加尔文与现代政治的基础 [美]汉考克 著
- 无执之道 [德]文森 著
- 恐惧与战栗 [丹麦]基尔克果 著
- 托尔斯泰与陀思妥耶夫斯基
  [俄]梅列日科夫斯基 著
- 论宗教大法官的传说 [俄]罗赞诺夫 著
- 海德格尔与有限性思想（重订版）
  刘小枫 选编
- 上帝国的信息 [德]拉加茨 著
- 基督教理论与现代 [德]特洛尔奇 著
- 亚历山大的克雷芒 [意]塞尔瓦托·利拉 著
- 中世纪的心灵之旅 [意]圣·波纳文图拉 著

德意志古典传统丛编
- 论荷尔德林 [德]沃尔夫冈·宾德尔 著
- 彭忒西勒亚 [德]克莱斯特 著
- 穆佐书简 [奥]里尔克 著
- 纪念苏格拉底——哈曼文选 刘新利 选编
- 夜颂中的革命和宗教 [德]诺瓦利斯 著
- 大革命与诗化小说 [德]诺瓦利斯 著
- 黑格尔的观念论 [美]皮平 著
- 浪漫派风格——施勒格尔批评文集 [德]施勒格尔 著

美国宪政与古典传统
- 美国1787年宪法讲疏 [美]阿纳斯塔普罗 著

世界史与古典传统
- 伊丽莎白时代的世界图景 [英]蒂利亚德 著
- 西方古代的天下观 刘小枫 编
- 从普遍历史到历史主义 刘小枫 编

启蒙研究丛编
- 浪漫的律令 [美]拜泽尔 著
- 现实与理性 [法]科维纲 著
- 论古人的智慧 [英]培根 著
- 托兰德与激进启蒙 刘小枫 编
- 图书馆里的古今之战 [英]斯威夫特 著

政治史学丛编
- 自然科学史与玫瑰 [法]雷比瑟 著

地缘政治学丛编
- 克劳塞维茨之谜 [英]赫伯格-罗特 著
- 太平洋地缘政治学 [德]卡尔·豪斯霍弗 著

荷马注疏集
- 不为人知的奥德修斯 [美]诺特维克 著
- 模仿荷马 [美]丹尼斯·麦克唐纳 著

品达注疏集
- 幽暗的诱惑 [美]汉密尔顿 著

欧里庇得斯集
- 自由与僭越 罗峰 编译

阿里斯托芬集
- 《阿卡奈人》笺释 [古希腊]阿里斯托芬 著

色诺芬注疏集
- 居鲁士的教育 [古希腊]色诺芬 著

色诺芬的《会饮》　[古希腊]色诺芬 著

柏拉图注疏集
立法与德性——柏拉图《法义》发微　林志猛 编
柏拉图的灵魂学　[加]罗宾逊 著
柏拉图书简　彭磊 译注
克力同章句　程志敏 郑兴凤 撰
哲学的奥德赛——《王制》引论　[美]郝兰 著
爱欲与启蒙的迷醉　[美]贝尔格 著
为哲学的写作技艺一辩　[美]伯格 著
柏拉图式的迷宫——《斐多》义疏　[美]伯格 著
哲学如何成为苏格拉底式的　[美]朗佩特 著
苏格拉底与希琵阿斯　王江涛 编译
理想国　[古希腊]柏拉图 著
谁来教育老师　刘小枫 编
立法者的神学　林志猛 编
柏拉图对话中的神　[法]薇依 著
厄庇诺米斯　[古希腊]柏拉图 著
智慧与幸福　程志敏 选编
论柏拉图对话　[德]施莱尔马赫 著
柏拉图《美诺》疏证　[美]克莱因 著
政治哲学的悖论　[美]郝岚 著
神话诗人柏拉图　张文涛 选编
阿尔喀比亚德　[古希腊]柏拉图 著
叙拉古的雅典异乡人　彭磊 选编
阿威罗伊论《王制》　[阿拉伯]阿威罗伊 著
《王制》要义　刘小枫 选编
柏拉图的《会饮》　[古希腊]柏拉图 等著
苏格拉底的申辩（修订版）　[古希腊]柏拉图 著
苏格拉底与政治共同体　[美]尼柯尔斯 著
政制与美德——柏拉图《法义》疏解　[美]潘戈 著
《法义》导读　[法]卡斯代尔·布舒奇 著
论真理的本质　[德]海德格尔 著
哲人的无知　[德]费勃 著
米诺斯　[古希腊]柏拉图 著
情敌　[古希腊]柏拉图 著

亚里士多德注疏集
《诗术》译笺与通绎　陈明珠 撰
亚里士多德《政治学》中的教诲　[美]潘戈 著
品格的技艺　[美]加佛 著
亚里士多德哲学的基本概念　[德]海德格尔 著
《政治学》疏证　[意]托马斯·阿奎那 著
尼各马可伦理学义疏　[美]伯格 著
哲学之诗　[美]戴维斯 著
对亚里士多德的现象学解释　[德]海德格尔 著
城邦与自然——亚里士多德与现代性　刘小枫 编
论诗术中篇义疏　[阿拉伯]阿威罗伊 著
哲学的政治　[美]戴维斯 著

普鲁塔克集
普鲁塔克的《对比列传》　[英]达夫 著
普鲁塔克的实践伦理学　[比利时]胡芙 著

阿尔法拉比集
政治制度与政治箴言　阿尔法拉比 著

马基雅维利集
君主及其战争技艺　娄林 选编

莎士比亚绎读
莎士比亚的历史剧　[英]蒂利亚德 著
莎士比亚戏剧与政治哲学　彭磊 选编
莎士比亚的政治盛典　[美]阿鲁里斯/苏利文 编
丹麦王子与马基雅维利　罗峰 选编

洛克集
上帝、洛克与平等　[美]沃尔德伦 著

卢梭集
论哲学生活的幸福　[德]迈尔 著
致博蒙书　[法]卢梭 著
政治制度论　[法]卢梭 著
哲学的自传　[美]戴维斯 著
文学与道德杂篇　[法]卢梭 著
设计论证　[美]吉尔丁 著
卢梭的自然状态　[美]普拉特纳 等著
卢梭的榜样人生　[美]凯利 著

莱辛注疏集

汉堡剧评 [德]莱辛 著
关于悲剧的通信 [德]莱辛 著
《智者纳坦》（研究版） [德]莱辛 等著
启蒙运动的内在问题 [美]维塞尔 著
莱辛剧作七种 [德]莱辛 著
历史与启示——莱辛神学文选 [德]莱辛 著
论人类的教育 [德]莱辛 著

尼采注疏集

何为尼采的扎拉图斯特拉 [德]迈尔 著
尼采引论 [德]施特格迈尔 著
尼采与基督教 刘小枫 编
尼采眼中的苏格拉底 [美]丹豪瑟 著
尼采的使命 [美]朗佩特 著
尼采与现时代 [美]朗佩特 著
动物与超人之间的绳索 [德]A.彼珀 著

施特劳斯集

论僭政（重订本） [美]施特劳斯 [法]科耶夫 著
苏格拉底问题与现代性（增订本）
犹太哲人与启蒙（增订本）
霍布斯的宗教批判
斯宾诺莎的宗教批判
门德尔松与莱辛
哲学与律法——论迈蒙尼德及其先驱
迫害与写作艺术
柏拉图式政治哲学研究
论柏拉图的《会饮》
柏拉图《法义》的论辩与情节
什么是政治哲学
古典政治理性主义的重生（重订本）
回归古典政治哲学——施特劳斯通信集
苏格拉底与阿里斯托芬

***

施特劳斯的持久重要性 [美]朗佩特 著
论源初遗忘 [美]维克利 著

政治哲学与启示宗教的挑战 [德]迈尔 著

阅读施特劳斯 [美]斯密什 著
施特劳斯与流亡政治学 [美]谢帕德 著
隐匿的对话 [德]迈尔 著
驯服欲望 [法]科耶夫 等著

施米特集

宪法专政 [美]罗斯托 著
施米特对自由主义的批判 [美]约翰·麦考米克 著

伯纳德特集

古典诗学之路（第二版） [美]伯格 编
弓与琴（重订本） [美]伯纳德特 著
神圣的罪业 [美]伯纳德特 著

布鲁姆集

巨人与侏儒（1960-1990）
人应该如何生活——柏拉图《王制》释义
爱的设计——卢梭与浪漫派
爱的戏剧——莎士比亚与自然
爱的阶梯——柏拉图的《会饮》
伊索克拉底的政治哲学

沃格林集

自传体反思录 [美]沃格林 著

大学素质教育读本

古典诗文绎读 西学卷·古代编（上、下）
古典诗文绎读 西学卷·现代编（上、下）

中国传统：经典与解释
Classici et Commentarii
刘小枫 陈少明○主编

《孔丛子》训读及研究 /雷欣翰 撰
论语说义 /[清]宋翔凤 撰
周易古经注解考辨 /李炳海 著
浮山文集 /[明]方以智 著
药地炮庄 /[明]方以智 著
药地炮庄笺释·总论篇 /[明]方以智 著

青原志略 / [明]方以智 编
冬灰录 / [明]方以智 著
冬炼三时传旧火 / 邢益海 编
《毛诗》郑王比义发微 / 史应勇 著
宋人经筵诗讲义四种 / [宋]张纲 等撰
道德真经藏室纂微篇 / [宋]陈景元 撰
道德真经四子古道集解 / [金]寇才质 撰
皇清经解要 / [清]沈豫 撰
经学通论 / [清]皮锡瑞 著
松阳讲义 / [清]陆陇其 著
起凤书院答问 / [清]姚永朴 撰
周礼疑义辨证 / 陈衍 撰
《铎书》校注 / 孙尚扬 肖清和 等校注
韩愈志 / 钱基博 著
论语辑释 / 陈大齐 著
《庄子·天下篇》注疏四种 / 张丰乾 编
荀子的辩说 / 陈文洁 著
古学经子 / 王锦民 著
经学以自治 / 刘少虎 著
从公羊学论《春秋》的性质 / 阮芝生 撰

现代人及其敌人
海德格尔与中国
共和与经纶
现代性与现代中国
现代性社会理论绪论
诗化哲学 [重订本]
拯救与逍遥 [修订本]
走向十字架上的真
西学断章
编修 [博雅读本]
  凯若斯：古希腊语文读本 [全二册]
  古希腊语文学述要
  雅努斯：古典拉丁语文读本
  古典拉丁语文学述要
  危微精一：政治法学原理九讲
  琴瑟友之：钢琴与古典乐色十讲
译著
  普罗塔戈拉（详注本）
  柏拉图四书

刘小枫集

民主与政治德性
昭告幽微
以美为鉴
古典学与古今之争 [增订本]
这一代人的怕和爱 [第三版]
沉重的肉身 [珍藏版]
圣灵降临的叙事 [增订本]
罪与欠
儒教与民族国家
拣尽寒枝
施特劳斯的路标
重启古典诗学
设计共和

经典与解释辑刊

1. 柏拉图的哲学戏剧
2. 经典与解释的张力
3. 康德与启蒙
4. 荷尔德林的新神话
5. 古典传统与自由教育
6. 卢梭的苏格拉底主义
7. 赫尔墨斯的计谋
8. 苏格拉底问题
9. 美德可教吗
10. 马基雅维利的喜剧
11. 回想托克维尔
12. 阅读的德性
13. 色诺芬的品味
14. 政治哲学中的摩西
15. 诗学解诂
16. 柏拉图的真伪
17. 修昔底德的春秋笔法
18. 血气与政治
19. 索福克勒斯与雅典启蒙
20. 犹太教中的柏拉图门徒
21. 莎士比亚笔下的王者
22. 政治哲学中的莎士比亚
23. 政治生活的限度与满足
24. 雅典民主的谐剧
25. 维柯与古今之争
26. 霍布斯的修辞
27. 埃斯库罗斯的神义论
28. 施莱尔马赫的柏拉图
29. 奥林匹亚的荣耀
30. 笛卡尔的精灵
31. 柏拉图与天人政治
32. 海德格尔的政治时刻
33. 荷马笔下的伦理
34. 格劳秀斯与国际正义
35. 西塞罗的苏格拉底
36. 基尔克果的苏格拉底
37. 《理想国》的内与外
38. 诗艺与政治
39. 律法与政治哲学
40. 古今之间的但丁
41. 拉伯雷与赫尔墨斯秘学
42. 柏拉图与古典乐教
43. 孟德斯鸠论政制衰败
44. 博丹论主权
45. 道伯与比较古典学
46. 伊索寓言中的伦理
47. 斯威夫特与启蒙
48. 赫西俄德的世界
49. 洛克的自然法辩难
50. 斯宾格勒与西方的没落
51. 地缘政治学的历史片段
52. 施米特论战争与政治
53. 普鲁塔克与罗马政治
54. 罗马的建国叙述
55. 亚历山大与西方的大一统
56. 马西利乌斯的帝国